学ぶ人は、
変えて
ゆく人だ。

目の前にある問題はもちろん、

人生の問いや、

社会の課題を自ら見つけ、

挑み続けるために、人は学ぶ。

「学び」で、

少しずつ世界は変えてゆける。

いつでも、どこでも、誰でも、

学ぶことができる世の中へ。

旺文社

JN047419

受験生の
50%以上が解ける

落とせない
入試問題 社会

三訂版

旺文社

CONTENTS

社会情勢の変化により，掲載内容に違いが生じる事柄があります。
弊社ホームページ『知っておきたい時事ニュース』をご確認ください。
https://service.obunsha.co.jp/tokuten/jiji_news/

❀❀❀ スタッフ

● 編集協力／有限会社編集室ビーライン
● 校正／須藤みどり・株式会社東京出版サービスセンター
● 本文・カバーデザイン／伊藤幸恵
● 巻頭イラスト／栗林ゑゐこ
写真提供／壱岐市教育委員会，石山寺所蔵，公益財団法人明るい選挙推進協会，慈照寺，写真：アフロ，写真：毎日新聞社／アフロ，千曲市教育委員会協力，提供　朝日新聞社，提供：Alamy／アフロ，提供：姫路市，奈良市教育委員会，山口県文書館所蔵，Image：TNM Image Archives，Photo：Kobe City Museum / DNP artcom

本書の効果的な使い方

本書は，各都道府県の教育委員会が発表している公立高校入試の設問別正答率データをもとに，受験生の50%以上が正解した問題を集めた画期的な一冊。落とせない基本的な問題ばかりだからしっかりとマスターしておこう。

 出題傾向を知る

まずは，最近の入試出題傾向を分析した記事を読んで「正答率50%以上の落とせない問題」とはどんな問題か，またその対策をチェックしよう。

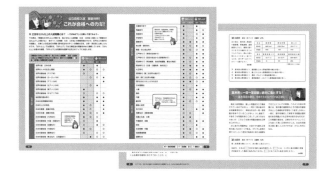

 例題で要点を確認する

出題傾向をもとに，例題と入試に必要な重要事項，答えを導くための実践的なアドバイスを掲載。得点につながるポイントをおさえよう。

全ての問題に正答率が表示されています（都道府県によっては抽出データを含みます）。

入試によく出る項目の要点を解説しています。

 問題を解いて鍛える

「実力チェック問題」には入試によく出る，正答率が50%以上の問題を厳選。不安なところがあれば，別冊の解説や要点まとめを見直して，しっかりマスターしよう。

 多くの受験生が解けた，正答率80%以上の問題には，「絶対落とすな!!」のマークがついています。

設問ごとにチェックボックスがついています。

本書がマスターできたら…

正答率50%以下の問題でさらに得点アップをねらおう！

『受験生の50%以下しか解けない 差がつく入試問題 ● 社会 [三訂版]』

本冊96頁・別冊24頁　定価 990円（本体 900円＋税10%）

これが合格へのカギ！

● 正答率50%以上の入試問題とは？　～「50%以下」と比較して見てみよう～

下の表は，「受験生の50%以上が解ける　落とせない入試問題　社会　三訂版（本書）」と「受験生の50%以下しか解けない　差がつく入試問題　社会　三訂版」の掲載問題の中から，記号などの選択式の問題と，文章による記述式の問題（語句記述をのぞく）の掲載状況を，分野・項目別に比較したものです。「50%以上」では選択式，「50%以下」では文章記述の問題を多めに掲載しています。「50%以上」は基本の確認，「50%以下」は発展的な理解や応用力のアップに対応します。

「受験生の50%以上が解ける　落とせない入試問題 ● 社会　三訂版（本書）」と「受験生の50%以下しか解けない　差がつく入試問題 ● 社会　三訂版」の掲載項目の比較表		↑ 50%以上		↓ 50%以下	
		選択	文章記述	選択	文章記述
地理分野	世界の姿，日本の姿	●		●	
	世界の人々の生活と環境	●	○	○	○
	世界の諸地域（アジア州）	○		●	
	世界の諸地域（ヨーロッパ州）		○	○	●
	世界の諸地域（アフリカ州）				●
	世界の諸地域（北アメリカ州）		○	●	
	世界の諸地域（南アメリカ州）	●			
	世界の諸地域（オセアニア州）	○		○	○
	地形図の読み取り	●		●	●
	日本の自然環境の特色	●		●	●
	日本の人口の特色	●	○		●
	日本の資源・産業の特色	●	○		●
	日本の交通・通信の特色	●	○	○	●
	日本の諸地域（九州地方）	●	○	○	
	日本の諸地域（中国・四国地方）	○		●	
	日本の諸地域（近畿地方）	○		●	○
	日本の諸地域（中部地方）	●	○		○
	日本の諸地域（関東地方）	○		○	○
	日本の諸地域（東北地方，北海道地方）		●	○	○

文章記述の問題は，「50%以下」でも問題を解いて補完しよう。

		50%以上		50%以下	
		選択	文章記述	選択	文章記述
歴史分野	古墳時代まで	●		●	
	飛鳥時代	●		●	○
	奈良時代	●		○	●
	平安時代	●		●	●
	鎌倉時代	●	●	●	●
	南北朝・室町時代	●	○	●	○
	戦国・安土桃山時代	●	○	○	
	江戸時代 ①（享保の改革まで）	●		●	●
	江戸時代 ②（田沼の政治から戊辰戦争まで）	●	○	●	●
	明治時代 ①（明治維新，自由民権運動，憲法の制定）	●	○	●	●
	明治時代 ②（日清・日露戦争，条約改正）	●	●	●	●
	大正時代	●		●	●
	昭和時代（第二次世界大戦まで）	●	○	●	●
	現代（第二次世界大戦後）	●	○	○	●
公民分野	現代社会とわたしたちの生活	●	●	○	●
	日本国憲法	●		●	
	人権	●	○	●	●
	国会	●		●	●
	内閣	●		●	●
	裁判所	●	○	○	●
	選挙と政党	●			●
	地方自治	●		●	●
	消費生活・消費者保護	○	○		●
	流通と生産，企業	●	●		
	市場経済，金融	●	○	●	●
	財政	●		●	
	社会保障・労働	●	●	○	●
	地球環境問題	●	○	○	●
	国際社会	●		●	●

歴史分野・公民分野は，各項目まんべんなく掲載されている。正答率の差はどんなところでつくのか，「50%以下」で確認してみよう。

「50%以上」では選択式が中心だ。ステップアップしたいキミは，「50%以下」に進もう。

● ⇒ 複数問掲載　○ ⇒ 1問掲載　空らん ⇒ 掲載なし

各分野，各項目の出題傾向
～バランスよく学習することが大切！～

ここで，分野ごと（地理・歴史・公民）と，各分野の項目別の過去の出題実績をみてみよう。分野別のグラフからわかるように，歴史分野の出題割合が若干高いものの，実際の配点は3分野均等となっていることが多い。また，各分野の項目別の出題実績をみても，出題範囲が広いか狭いかの違いによるばらつきはみられるものの，とくに大きな偏りは認められない。だから，社会科の対策では，バランスを重視し，各分野，各項目ともまんべんなく学習することが求められる。

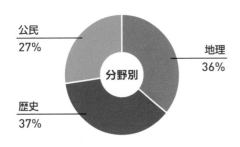

〈分野別・各分野の項目別　出題数の割合〉

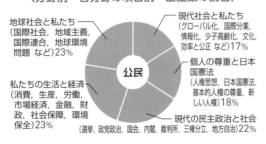

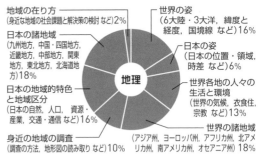

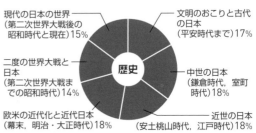

資料を征するものは社会を征す！
～よく出る資料をおさえよう！～

社会科の問題の特色の1つに，資料の多用があげられる。グラフや地図，統計資料，写真，年表など，短い試験時間の中でこれらの資料を落ち着いて読み解くのは難しいかもしれない。だからこそ，資料読解の成否が得点を大きく左右することになる。

資料を使った問題を攻略する第一歩は，よく出る資料を確実におさえておくことだ。とくに，教科書に掲載されている資料や問題集でよく見かける資料は，本番の試験でも取り上げられやすい。また，なかには，読解さえ出来れば，余計な知識なしで解答できてしまう問題もある。だから，臆せずに取り組んでみよう。次に，「統計資料」を使った問題の例を挙げる。

　※データは，2022年に実施された全国の公立入試問題について，旺文社が独自に調べたものです。

出題例　本文：35ページ　正答率：69%

右の表は，栃木県と群馬県の総面積，耕地面積，農業就業人口など，農業に関するさまざまな統計をまとめたものである。表から読み取れることを正しく述べたものを，次の**ア**～**エ**のうちから一つ選びなさい。

〈栃木県〉

県名	総面積	耕地面積	総人口
栃木県	6408(km²)	1220(百ha)	1934(千人)
群馬県	6362	668	1943

県名	農業就業人口	農家総数	農業総産出額
栃木県	62(千人)	554(百戸)	2859(億円)
群馬県	44	501	2361

(「県勢」ほかにより作成)

ア　栃木県は群馬県より，総面積に占める耕地面積の割合が低い。
イ　栃木県は群馬県より，総人口に占める農業就業人口の割合が高い。
ウ　栃木県は群馬県より，農家一戸あたりの耕地面積が狭い。
エ　栃木県は群馬県より，農業就業者一人あたりの農業総産出額が多い。

基本的な一問一答問題は絶対に落とすな！
～基本用語の筆記，せめてカタカナだけは正確に～

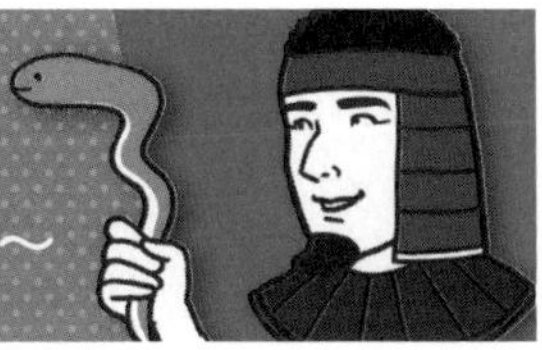

高校入試問題は，難しい問題ばかりで構成されているのではない。一問か二問は基本的な知識事項をきく，単純な形式の一問一答問題が含まれていることが多い。少し複雑で，手強そうな問題を取りこぼしてしまうのは仕方ないが，このような基本問題は確実な正解を心がけたい。

次にあげた問題例は，本誌中でも最も正答率の高いものの1つである。「ポツダム宣言の受け入れ」という歴史の転換点にあたる重要なできごとについての問題。このような基本問題には，教科書の重要語句とその意味を確認するという基礎的な学習をくり返すしかない。一般に，語句を筆記して解答する問題は選択肢のある問題よりも正答率は落ちるものだが，この問題の場合は，正解がカタカナということもあって高い正答率を示した。社会科用語を正確に書くことができれば，さらに有利になる。

出題例　本文：59ページ　正答率：94%

第二次世界大戦について，次の問いに答えなさい。

1945年，日本は［　　］宣言を受諾し無条件降伏した。［　　］には，この年に連合国側の首脳が会談を行った場所の地名があてはまる。［　　］にあてはまる地名を書きなさい。

〈山形県〉

地 理　世界の姿

例 題 正答率 → 65%	右の略地図を見て，次の問いに答えなさい。〈北海道〉

(1) Aの大陸は，世界の6つの大陸（六大陸）のうち，最も面積が広く，アジア州やヨーロッパ州を含んでいる。Aの大陸の名を書きなさい。

(2) 世界の3つの海洋（三大洋）のうち，B，C，Dの大陸が共通して面している海洋の名を書きなさい。

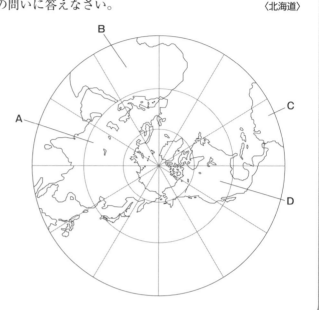

解き方・考え方

(1) 六大陸は，ユーラシア大陸，アフリカ大陸，北アメリカ大陸，南アメリカ大陸，オーストラリア大陸，南極大陸。このうち，面積が最大で，アジア州とヨーロッパ州を含むのは，ユーラシア大陸である。略地図のBはアフリカ大陸，Cは南アメリカ大陸，Dは北アメリカ大陸。なお，略地図は北半球のみがあらわされており，大陸全体が南半球に位置するオーストラリア大陸と南極大陸は，描かれていない。

(2) 三大洋は，太平洋，大西洋，インド洋。このうち，アフリカ大陸，北アメリカ大陸，南アメリカ大陸が面しているのは大西洋である。太平洋は面積が最大で，ユーラシア大陸，北アメリカ大陸，南アメリカ大陸，オーストラリア大陸，南極大陸に面している。インド洋は面積が最小で，ユーラシア大陸，アフリカ大陸，オーストラリア大陸，南極大陸に面している。

解 答 (1) ユーラシア大陸　(2) 大西洋

 入試必出!　**要点まとめ**

■ **六大陸**
　ユーラシア大陸，アフリカ大陸，北アメリカ大陸，南アメリカ大陸，オーストラリア大陸，南極大陸。

■ **三大洋**
　太平洋，大西洋，インド洋。

■ **地球上の位置**
　緯度と経度によって示す。

● **緯度**　赤道を0度とし，地球を南北へそれぞれ90度に分けたもの。

● **経度**　ロンドンを通る本初子午線を0度とし，地球を東西へそれぞれ180度に分けたもの。

■ **さまざまな国々**

● **国境線**　山脈や川などの自然による国境線。緯線や経線などによる直線的な国境線。

● **海洋国と内陸国**　海に囲まれた海洋国〔島国〕と海に接していない内陸国。

■ **世界の地域区分**
　アジア州，ヨーロッパ州，アフリカ州，北アメリカ州，南アメリカ州，オセアニア州。

1 右の図は，北極を中心に北緯30度までの距離と方位を正しく表した地図である。世界の三大洋のうち，2つは地図に描かれている。描かれていないもう一つの大洋の名称を書きなさい。　　　　　　　　　　　　　　　〈秋田県〉

2 右の図は，地球儀を東京が中心になるように正面から見て描いたものである。これを見て，次の問いに答えなさい。
〈岡山県〉

[1] 図中の　　　　で示した大陸は，六大陸の一つである。この大陸を何というか，その名称を書きなさい。

[2] 地球儀で東京の真裏の地点に近い都市として，アルゼンチンのブエノスアイレスがある。地球儀を，このブエノスアイレスが中心になるように正面から見て描いたものを，次の**ア〜エ**のうちから一つ選びなさい。

ア　　　　　　　イ　　　　　　　ウ　　　　　　　エ

3 68% **地図1**は，緯線と経線が直角に交わった地図であり，**地図2**は，東京を中心とし，東京からの距離と方位が正しい地図である。航空機を利用して東京から都市ⓐに行くときの最短経路を示したものとして最も適切なものを，**地図1**のあ〜うの中から1つ選び，記号で答えなさい。　　　　　　　　　　　　　　　　　　　　　　〈静岡県〉

地図1

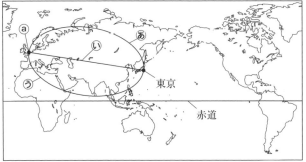

地図2

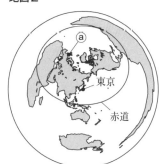

日本の姿

 例題

正答率 ↓

(1) 67%

(2) 64%

(1) 右の地図中の**A・B**の県と県庁のある都市の正しい組み合わせを，次の**ア～エ**のうちから一つ選びなさい。

〈神奈川県〉

ア　A－滋賀県・津市
　　B－三重県・大津市

イ　A－滋賀県・大津市
　　B－三重県・津市

ウ　A－三重県・津市　　B－滋賀県・大津市

エ　A－三重県・大津市　B－滋賀県・津市

(2) 右の地図中の**X**で示した●の位置は，北緯45度，東経145度である。地図中の**Y**で示した●の位置を，次の**ア～エ**のうちから一つ選びなさい。　〈高知県〉

ア　北緯25度，東経125度

イ　南緯25度，西経125度

ウ　北緯35度，東経135度

エ　南緯35度，西経135度

解き方・考え方

(1)　滋賀県と三重県は隣接していて県庁所在地の都市名も似ているので注意する。

(2)　Yは，兵庫県内に位置している。兵庫県明石市は，日本の標準時子午線である東経135度の経

線が通っているので，Yの経度はこの経線の経度と同じだと予想できる。また，日本は北半球の国だから，緯度はすべて北緯で表される。よって，**ウ**があてはまる。

解答　(1) **イ**　(2) **ウ**

 入試必出！ **要点まとめ**

■ **日本の位置**
日本はユーラシア大陸の東にある。

■ **日本のはし**
日本の北端は**択捉島**，南端は**沖ノ鳥島**，東端は**南鳥島**，西端は**与那国島**。南端の沖ノ鳥島では水没を防ぐための護岸工事が行われた。

■ **時差**
経度差**15**度で**1**時間の時差。日本の標準時子

午線は東経135度の経線。

■ **領土をめぐる問題**
択捉島などの北方領土は**ロシア連邦**が，**竹島**（島根県）は韓国が不法に占拠。尖閣諸島（沖縄県）は中国などが領有を主張。

■ **日本の地域区分**
日本は，北海道，東北，関東，中部，近畿，中国，四国，九州の各地方に区分される。

1　次の問いに答えなさい。　　　　　　　　　　　　　　　　　　　〈北海道〉

絶対落とすな!!
89% 〔1〕**略地図1**の（　　　）で囲まれた島々は日本固有の領土であり，北方領土とよばれている。次の表の**a〜c**に当てはまる島（群島）を**ア〜ウ**からそれぞれ選びなさい。

略地図1

島（群島）	a	色丹島	b	c
面積（km²）	93	248	1,489	3,167

（「理科年表2019」及び外務省ホームページより作成）

ア 国後島　　**イ** 歯舞群島　　**ウ** 択捉島

56% 〔2〕**略地図2**の①〜④の都市を，東京との時差が小さい順に並べなさい。

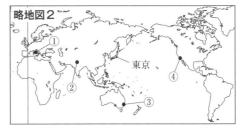

略地図2

東京

2　右の略地図を見て，次の問いに答えなさい。

64% 〔1〕略地図中の山梨県と同じように海に面していない県を，次の**ア〜エ**のうちから一つ選びなさい。　〈鹿児島県〉

ア 山形県　　**イ** 茨城県
ウ 滋賀県　　**エ** 島根県

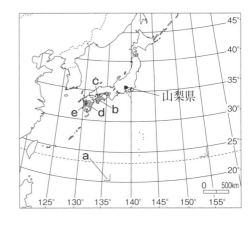

山梨県

62% 〔2〕略地図中の**a**は，わが国の南端に位置する沖ノ鳥島を示している。この島について述べた次の文中の　**A**　・　**B**　にあてはまる数字を書きなさい。〈鹿児島県〉

> 　わが国は，原則として干潮のときの海岸線から　**A**　海里の範囲を領海としている。さらに，海岸線から　**B**　海里までの範囲のうち，領海をのぞく部分を経済水域としている。
> 　この経済水域の縮小を防ぐため，波の浸食から島を守る工事が行われた。

60% 〔3〕略地図中に示した**b〜e**の県の中で，愛媛県と宮崎県を正しく組み合わせたものを，次の**ア〜エ**のうちから一つ選びなさい。　　〈埼玉県〉

ア 愛媛県－**b**，宮崎県－**d**　　　　　**イ** 愛媛県－**b**，宮崎県－**e**
ウ 愛媛県－**c**，宮崎県－**d**　　　　　**エ** 愛媛県－**c**，宮崎県－**e**

世界各地の人々の生活と環境

例題

正答率

↓

絶対落とすな!!

(1) 96%

(2) 78%

右の地図について次の問いに答えなさい。
〈兵庫県〉

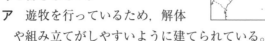

(1) 写真は，地図の**A**で見られる気候帯の伝統的な家屋である。この家屋の説明として適切なものを，次の**ア～エ**から1つ選んで，その符号を書きなさい。

ア 遊牧を行っているため，解体や組み立てがしやすいように建てられている。

イ 湿気がこもらないようにするため，大きな窓や入口を設け，石を組んで建てられている。

ウ 風通しを良くするため，床を地面から離して木材で建てられている。

エ 森林が少なく木材を得にくいため，日干しレンガを積み上げて建てられている。

(2) 右の図の**X～Z**は，それぞれ地図の**A～C**いずれかの国の宗教別人口構成を示している。そのうち**A**，**B**と**X～Z**の組み合わせとして適切なものを，次の**ア～カ**から1つ選んで，その符号を書きなさい。

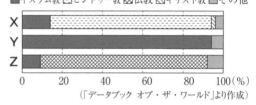

（「データブック オブ・ザ・ワールド」より作成）

ア A-X B-Y 　**イ** A-X B-Z

ウ A-Y B-X 　**エ** A-Y B-Z

オ A-Z B-X 　**カ** A-Z B-Y

解き方・考え方

(1) **A**のサウジアラビアは乾燥帯で，国土の大半が砂漠が占めているので，**エ**があてはまる。

(2) **A**ではイスラム教，**B**ではヒンドゥー教，**C**では仏教を信仰する人が多数を占める。

解答 (1) エ (2) ウ

入試必出! 要点まとめ

■気候

● **熱帯** 年じゅう高温。**熱帯雨林気候**と**サバナ気候**。

● **温帯** 四季の変化が明確。**西岸海洋性気候**，**地中海性気候**，**温暖湿潤気候**。

● **乾燥帯** 降水量が少ない。**砂漠気候**，**ステップ気候**。**遊牧**がみられる。

● **冷帯〔亜寒帯〕** 冬の寒さがきびしい。

● **寒帯** 年じゅう寒さがきびしい。**氷雪気候**と**ツンドラ気候**。

● **高山気候** 低緯度のわりに低温。アンデス山脈の高地で**リャマ**，**アルパカ**が飼育される。

■宗教

三大宗教…**キリスト教**，**イスラム教**，**仏教**。

1

右の地図を見て，次の問いに答えなさい。

[1] 次の写真は，自然環境やその地域の人々の生活と関わりが深い家屋を撮影したものである。地図中の**A**の地域で撮影した写真として，最も適切なものを，次の**ア〜エ**からひとつ選び，記号で答えなさい。 〈鳥取県〉

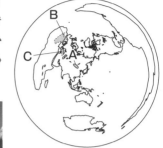

ア 土でつくられた家　　**イ** 草でつくられた家

ウ 動物の毛でつくられた家　　**エ** 石づくりの家

67% [2] 地図中の**B**国，**C**国において，最も多くの人々が信仰している宗教として適当なものを，次の**ア〜エ**の中から一つ選びなさい。 〈福島県〉

ア イスラム教　　　**イ** キリスト教　　　**ウ** ヒンドゥー教　　　**エ** 仏教

2 65%

次のグラフは，右の地図の@〜©のいずれかの都市の，気温と降水量を示したものである。グラフに当たる都市として適切なものを，@〜©の中から1つ選び，記号で答えなさい。 〈静岡県〉

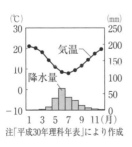

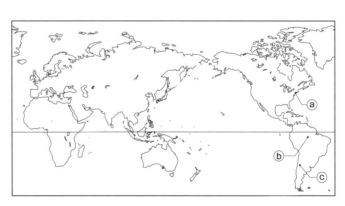

世界の諸地域（1）

右の略地図を見て，次の問いに答えなさい。

〈鹿児島県〉

〔1〕 略地図中の**A～D**国の産業について述べた次の**ア～エ**の文のうち，**C**国について述べた文として，最も適当なものはどれか。

正答率

(1)
74%

(2)
65%

ア ボーキサイトや石炭などの資源が豊富で，北西部に大規模な露天掘りの鉄山がみられる。

イ 英語を話せる技術者が多く，南部のバンガロールなどでは情報技術産業が成長している。

ウ 南部の沿岸地域で原油の産出が多く，国の貿易輸出総額の7割近くを原油が占めている。

エ 税金などの面で優遇される経済特区を沿岸部に設け，外国企業を積極的に誘致している。

〔2〕 略地図中の⊗では，氷河によってけずられた谷に海水が入りこんでできた奥行きの長い湾がみられる。この地形を何というか。

解き方・考え方

(1) C国は中国。中国では，1980年代から経済発展を目指す改革が進められ，沿岸部に外国企業を受け入れる経済特区が設置された。よって，**エ**があてはまる。A国はナイジェリア。原油の輸出にたよるモノカルチャー経済の国なので，**ウ**があてはまる。B国はインド。かつてイギリスの植民地であったことから英語を話せる国民が多く，情報通信技術〔ICT〕産業がさかんなので，**イ**

があてはまる。D国はオーストラリア。鉄鉱石や石炭，ボーキサイトなどの鉱産資源に恵まれているので，**ア**があてはまる。

(2) ⊗はスカンディナビア半島の大西洋沿岸。ここにみられる氷河地形はフィヨルドである。山地が海に沈んでできたリアス海岸とはことなるので注意する。

解答 〔1〕 エ 〔2〕 フィヨルド

入試必出！ 要点まとめ

■ **アジアの国々**
● **中国** 人口の約9割を占める**漢族〔漢民族〕**と50を超える少数民族。**経済特区**のある沿岸部と内陸部の**経済格差**が大きい。
● **インド** ヒンドゥー教徒が多い。**情報通信技術〔ICT〕産業**がさかん。
● **東南アジア** 東南アジア諸国連合〔ASEAN〕を結成し，政治や経済面で協力。

■ **ヨーロッパ・アフリカの国々**
● **ヨーロッパ連合〔EU〕** 27か国が加盟（2021年）。政治・経済面で統合を進める。加盟国の多くで共通通貨の**ユーロ**を使用。航空機を共同生産するなどしている。
● **アフリカ** かつてヨーロッパ諸国の**植民地**とされた。**レアメタル〔希少金属〕**を産出。**モノカルチャー経済**の国が多い。

1 次の会話の2人は，右の地図中の**あ**～**え**のいずれかの国に住んでいる。これについて，あとの各問いに答えなさい。　　　　　　　　　　　　〈鳥取県〉

> たろうさん：私の住んでいる国は，a ヨーロッパ連合〔EU〕域内での共通通貨を使っていて，パスポートなしで国境をこえて買い物をする人がみられます。
>
> じろうさん：b 私の住んでいる国は，カーニバルが有名で，たくさんの観光客が訪れます。また，世界で2番目に長いアマゾン川も有名です。

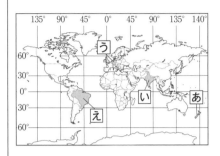

絶対落とすな!! **99%**

(1) 会話中の下線部 **a** に関連して，たろうさんが住んでいる国は，ヨーロッパ連合〔EU〕に加盟している。ヨーロッパ連合〔EU〕域内の多くの国で導入している共通通貨を何というか，カタカナで答えなさい。

78%

(2) 会話中の下線部 **b** に関連して，右の表中の**ア**～**エ**は，じろうさんが住んでいる国，アメリカ，中国，ロシアのいずれかの国の人口，人口密度，生産しているおもな農産物，おもな輸出品を示したものである。じろうさんが住んでいる国のものとして，最も適切なものを，表中の**ア**～**エ**からひとつ選び，記号で答えなさい。

	人口 （万人）	人口密度 （人/km²）	生産している おもな農産物	おもな輸出品
ア	14593	9	大麦 てんさい	原油　石油製品 鉄鋼
イ	21256	25	さとうきび コーヒー豆	大豆　原油 鉄鉱石
ウ	33100	34	とうもろこし 大豆	機械類　自動車 石油製品
エ	143932	150	米 小麦	機械類　衣類 繊維品

（「世界国勢図会2021/22年版」より作成）

2 絶対落とすな!! **89%**

次のレポートは，アフリカの産業の特色をまとめたものである。レポート中の（　**A**　）にあてはまる語句を，カタカナで答えなさい。　　　　　　　　〈鳥取県〉

> **右のグラフをみてわかったこと**
> ・エチオピアではコーヒー豆，コートジボワールではカカオ豆などの農産物を多く輸出している。
> ・ガーナでは金，ザンビアでは銅などの鉱産資源を多く輸出している。
>
> ↓
>
> アフリカの多くの国は，特定の農産物や鉱産資源の輸出にたよった（　**A**　）経済の国となっている。

グラフ　アフリカ各国のおもな輸出品の内訳

エチオピア（2018年）
ごま　肉類 6.6%
| 24.3% | 19.0% | 18.2% | その他 31.9% |
コーヒー豆　└野菜・果実

コートジボワール（2019年）　野菜・果実 8.1%
| カカオ豆28.1% | | その他 46.5% |
石油製品 8.8%　└金（非貨幣用）8.5%

ガーナ（2019年）　カカオ豆 11.0%　その他
| 金 37.0% | 原油 31.3% | 20.7% |

ザンビア（2019年）
| 銅 71.8% | その他 28.2% |

「世界国勢図会2021/22年版」より作成

地理　世界の諸地域（2）

例題

次の**表**と**資料**を参考に，あとの**メモ**の ☐ にあてはまることがらを，「農地」，「大型機械」という二つの言葉を用いて，簡潔に書きなさい。　〈岐阜県〉

正答率

76%

表　日本とアメリカの農業経営の比較

	日本	アメリカ
農民一人あたりの農地の面積（2012年）	3.7ha	169.6ha
農民一人あたりの機械の保有台数（2007年）	1.64台	1.77台

（「FAOSTAT」より作成）

資料　アメリカの大規模なかんがい農業

たくさんのスプリンクラーがついた，長さ400mのかんがい装置が散水しながら動く。

メモ

　日本とアメリカの農業経営を比べると，アメリカの農業の特色は，少ない労働力で ☐ という，企業的な農業が主流となっていることである。

解き方・考え方

表から，農民一人あたりの農地の面積は，アメリカが日本の約46倍，農民一人あたりの機械の保有台数はアメリカがやや多くなっていることがわかる。また，**資料**から，アメリカでは大きな機械を用い，大規模な農業が営まれていることがわかる。以上の読み取りを，「農地」，「大型機械」の言葉を用いて，前後がつながるような文章にまとめる。

解答　（例）広大な<u>農地</u>を，<u>大型機械</u>を使って経営する

🌳🌳🌳 入試必出！ **要点まとめ**

■ 北アメリカ
● **自然**　けわしい<u>ロッキー山脈</u>。広大な<u>ミシシッピ川</u>。
● **アメリカ合衆国**　<u>適地適作</u>の企業的な農業。北緯37度以南の<u>サンベルト</u>や，<u>シリコンバレー</u>で情報通信技術（ICT）産業が発達。世界的な多国籍企業が多い。

■ 南アメリカ
● **自然**　太平洋岸に<u>アンデス山脈</u>，北部に流域面積が世界最大の<u>アマゾン川</u>。
● **歴史**　かつてヨーロッパ人の<u>植民地</u>。ポルトガル語やスペイン語が<u>公用語</u>。

● **ブラジル**　<u>コーヒー</u>や<u>大豆</u>の生産がさかん。アマゾン川流域で<u>焼畑農業</u>。さとうきびから<u>バイオエタノール</u>を生産。

■ オセアニア
● **自然**　オーストラリア大陸と，<u>さんご礁</u>や火山の島々。
● **歴史**　多くの国がかつてイギリスの植民地。オーストラリアの<u>アボリジニ</u>，ニュージーランドの<u>マオリ</u>などの先住民は開拓とともに人口が減少。
● **オーストラリア**　鉄鉱石，石炭などが豊富。アジアからの移民を制限する<u>白豪主義</u>を止め，<u>多文化社会</u>へ。

実力チェック問題

解答・解説 別冊 P. 2

---

1 70%

次はアメリカの料理についての会話文である。会話文中の（　　　）に当てはまる語句を，漢字5字で書きなさい。　〈大分県〉

> 花子：アメリカの料理を調べたところ，ハンバーガーがアメリカの料理として紹介されているホームページもありました。
>
> 太郎：そう考えると，アメリカの料理の店は，とても多くなりますね。アメリカの有名なハンバーガーチェーン店は世界中に広がっていますから。
>
> 先生：ええ，各国の食文化に新たな影響をもたらしていますね。このような世界中に支店を持つ企業のことを何というか覚えていますか。
>
> 花子：はい。（　　　）です。

---

2 60%

次の**グラフ1**のⅠ，Ⅱ，**グラフ2**のⅢ，Ⅳは，それぞれ1960年，2018年のいずれかである。2018年の正しい組み合わせを，**ア～エ**から一つ選び，符号で書きなさい。　〈岐阜県〉

グラフ1　オーストラリアの貿易相手国の割合

	アメリカ	日本	
Ⅰ	イギリス 31.0	12.1	9.5　その他 47.4

	日本	アメリカ	
Ⅱ	中国 27.5	10.8	8.0　その他 53.7

0　20　40　60　80　100%

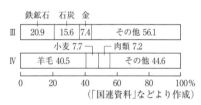

グラフ2　オーストラリアの輸出品の割合

	鉄鉱石	石炭	金	
Ⅲ	20.9	15.6	7.4	その他 56.1

	羊毛	小麦 7.7	肉類 7.2	
Ⅳ	羊毛 40.5			その他 44.6

0　20　40　60　80　100%
（「国連資料」などより作成）

ア　グラフ1＝Ⅰ　グラフ2＝Ⅲ　　**イ**　グラフ1＝Ⅰ　グラフ2＝Ⅳ
ウ　グラフ1＝Ⅱ　グラフ2＝Ⅲ　　**エ**　グラフ1＝Ⅱ　グラフ2＝Ⅳ

---

3 60%

太郎さんは，日本の主な輸入相手国であるブラジルについて調べる中で，近年，農業生産や貿易の状況が変化し，その結果，新たな課題が発生していることを知った。右の資料は，その状況を示したものである。資料中の（　**A**　）～（　**C**　）に当てはまる語句の組み合わせとして最も適当なものを，次の**ア～エ**から1つ選び，記号を書きなさい。　〈大分県〉

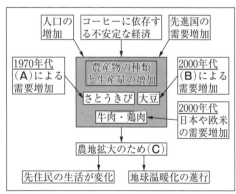

ア　A中国の発展　B石油危機　C沿岸部を埋立て
イ　A中国の発展　B石油危機　C熱帯林を開発
ウ　A石油危機　　B中国の発展　C沿岸部を埋立て
エ　A石油危機　　B中国の発展　C熱帯林を開発

例題

正答率
↓
絶対落とすな!!
84%

次の２つの地形図は同じ範囲の地域を表したもので，昭和22年発行のものと，平成９年発行のものである。これらの**地形図１・２**を比較し，読み取ることができる地域の変化として適当でないものを，あとの**ア～エ**のうちから一つ選びなさい。
〈岡山県〉

地形図１

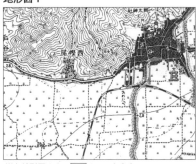

地形図２

(注)**地形図１**中の[田]は，田を表す。
(地理調査所昭和22年発行２万５千分の１地形図「武生」より)

(国土地理院平成９年発行２万５千分の１地形図「武生」より)

(編集部注：地形図１，地形図２ともに実際の地形図を73％に縮小して掲載)

ア　田が減少している。

イ　学校のあった場所が桑畑になっている。

ウ　鉄道の駅がなくなっている。

エ　田の中に新しく道路がつくられている。

解き方
・
考え方

地形図１では，地形図中の南側には田が広がっているが，**地形図２**では，「西樫尾」の方には田が広がっているものの，「粟田部」の方では一部に田が残っているだけである。したがって**ア**は適当。**地形図１**と**地形図２**で学校の建物は変わっているが，場所はほぼ同じで桑畑にはなっていない。し

たがって**イ**は適当でない。**地形図１**では見られる鉄道や「あわたべ」駅は**地形図２**では見られない。したがって**ウ**は適当。**地形図１**で田が広がっていた場所に，**地形図２**では新しい道路がつくられている。したがって**エ**は適当。

解答　イ

　入試必出!　**要点まとめ**

■**方位**
　８方位などで表す。地図はふつう<u>北</u>が上になっている。

■**縮尺**
　実際の距離を縮めた割合。地形図は主に５万分の１と２万５千分の１。
　<u>縮尺の分母×地形図上の長さ＝実際の距離</u>
　(例)５万分の１の地形図上で４cmの区間の実際の距離＝50000×４cm＝200000cm＝2000 m＝２km。

■**等高線**
　同じ高さの地点を結んだ線。高度や傾斜を読み取ることができる。<u>間隔が広いほど傾斜がゆるやかで，狭いほど傾斜が急である。</u>

■**入試でよく出る地図記号**

畑	果樹園	病院	博物館・美術館

1 次の地形図を見て，あとの問いに答えなさい。

〈長崎県・改〉

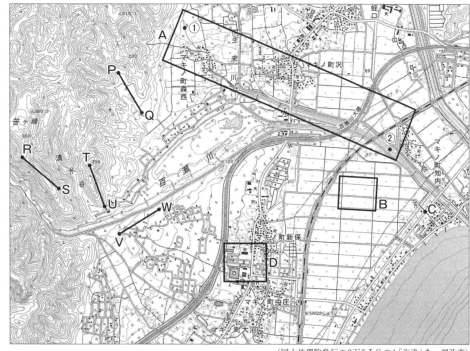

（国土地理院発行の2万5千分の1「海津」を一部改変）
（編集部注：実際の試験で使われた地形図を73％に縮小して掲載）

93% (1) 地形図を正しく読み取ったものを，次の**ア～エ**のうちから一つ選びなさい。

　　ア　地形図の**A**の範囲を流れる河川は，②から①に向かって流れている。

　　イ　地形図中の**B**の範囲には，果樹園が広がっている。

　　ウ　地形図中の**C**点から見ると，おうみなかしょう駅は北西の方角にある。

　　エ　地形図の**D**の範囲には，工場と病院がある。

74% (2) 地形図上の**P－Q**，**R－S**，**T－U**，**V－W**のうち，高低差が最も大きいものを一つ選び，記号を書きなさい。

2 **88%** 右の地形図は，姫路城を中心とした地域の2万5千分の1の地形図である。地形図中の**P**地点から**Q**地点までの地図上の長さは2cmであった。この2地点間の実際の距離を，次の**ア～エ**のうちから1つ選びなさい。

〈奈良県〉

　　ア　100 m　　　**イ**　250 m
　　ウ　500 m　　　**エ**　1000 m

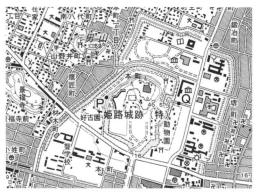

（国土地理院発行1：25000「姫路北部」より）

日本の自然環境の特色

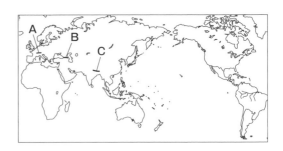

例題

正答率
↓

(1) 73%

(2) 65%

〔1〕 右の略地図中の**A〜C**の山脈を含む造山帯の名称を書きなさい。　〈北海道〉

〔2〕 次の文は，日本の河川の特徴と河川がつくる地形について述べている。文中の　**A**　・　**B**　にあてはまる語句を，あとの**ア〜オ**のうちから一つずつ選びなさい。　〈北海道〉

> 　日本の国土は狭く，山地が多いため，世界の大きな河川に比べて，日本の河川は短く流れが急である。河川が山地から平野や盆地にさしかかる谷口付近になると，傾斜が急にゆるやかになり，上流から運ばれてきた大きな砂利が堆積し，　**A**　を形成する。さらに河口付近になると，細やかな砂や泥が堆積し，　**B**　を形成する。

ア 三角州　　　**イ** 海溝　　　　　**ウ** 山脈
エ 扇状地　　　**オ** さんご礁

解き方・考え方

〔1〕 **A**はヨーロッパのアルプス山脈，**B**はカフカス山脈，**C**はヒマラヤ山脈。アルプス・ヒマラヤ造山帯はヨーロッパから中央アジア，東南アジアへと連なる造山帯。環太平洋造山帯は，ロッキー山脈，アンデス山脈，日本列島など，太平洋をとり囲むように連なる造山帯である。

〔2〕 **A**は川が山地から平地に出るところに土砂が堆積してできた地形で，水はけがよく果樹栽培に適している。**B**は川の河口付近に土砂が堆積してできた地形で，水を得やすいため稲作に適している。

解答 (1) アルプス・ヒマラヤ造山帯
(2) A−エ　B−ア

 入試必出！・要点まとめ

■ 世界の地形
環太平洋造山帯，アルプス・ヒマラヤ造山帯では大地の動きがさかん。

■ 日本の地形
山がちな国土。火山が多く分布。
● **扇状地** 川が山地から平地に出るところに土砂が堆積してできるゆるやかな傾斜地。
● **三角州** 川の河口付近にできる平らな低地。

■ 世界の気候
熱帯，乾燥帯，温帯，冷帯〔亜寒帯〕，寒帯に分類。

■ 日本の気候
● **北海道** 冷帯に属し，比較的気温が低い。
● **太平洋側** 夏に雨が多く，冬は比較的乾燥する。
● **日本海側** 北西の季節風により冬に雪が多い。
● **中央高地** 冬は低温で，降水量は少ない。
● **瀬戸内** 年間を通して降水量が少ない。
● **南西諸島** 亜熱帯の気候。

■ 日本の自然災害
地震や津波，梅雨や台風による集中豪雨，東北日本の冷害や西日本の干害などの自然災害がある。

1 _{96%} 市区町村では，災害による被害をできるだけ少なくするため，地域の危険度を住民にあらかじめ知らせる地図を作成し，公開している。このような目的で作成され，公開されている地図は何とよばれるか。その名称を書きなさい。　〈静岡県〉

2 _{76%} 三角州について正しく述べているのはどれか。　〈栃木県〉
　ア　河川によって運ばれた土砂が，河口部に堆積した地形である。
　イ　河川が山間部から平野に出た所に，土砂が堆積して造られる地形である。
　ウ　小さな岬と奥行きのある湾が繰り返す地形である。
　エ　風で運ばれた砂が堆積した丘状の地形である。

3 _{75%} 次の文中の[　　]に当てはまる語を書きなさい。　〈栃木県〉
　東北地方の太平洋側では，夏の初め頃に冷たく湿った「やませ」とよばれる風が長い間吹くと，日照不足や気温の低下などにより[　　]という自然災害がおこり，米の収穫量が減ることがある。

4 右の略地図を見て，次の問いに答えなさい。

(1) 略地図中のア～エで示した地域のうち，平野ではない地域を一つ選びなさい。　〈青森県〉

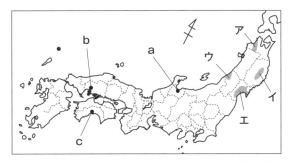

(2) 右の表は，略地図中のa～cの3つの都市の気温と降水量を示したものである。a～cのそれぞれの都市にあてはまるものはどれか。表のア～ウのうちから一つずつ選びなさい。　〈千葉県〉

図に示した都市	気温（℃）			降水量 (mm)		
	1月	8月	年平均	1月	8月	全年
ア	6.7	27.9	17.3	59	284	2,666
イ	3.0	26.9	14.5	259	207	2,374
ウ	5.4	28.5	16.5	46	131	1,572

（注）・データは1991年から2020年までの平均値を示す。
　　　・降水量の全年とは1月から12月までの合計を示す。
（「理科年表2022」より作成）

5 _{57%} 次のア～エは，日本の7地方区分のうち，4つの地方について説明した文章である。中部地方にあてはまる文章として，最も適切なものを，あとのア～エからひとつ選び，記号で答えなさい。　〈鳥取県〉
　ア　中央部には巨大なカルデラがあり，その南にはけわしい山々がつらなっている。また，西部や南部には火山があり，現在も活発に活動していて，たびたび噴火する。
　イ　北部にはなだらかな山地が続き，南部にはけわしい山地がある。北部や南部では山地が海岸までせまっており，海岸線が複雑に入り組んだリアス海岸が広がっている。
　ウ　中央には山脈がはしり，太平洋側には高地，日本海側には山地が広がっている。太平洋側にはリアス海岸がみられるのに対して，日本海側には砂浜が続く海岸線がみられる。
　エ　中央部には3000m級の山脈があり，火山も点在している。山々からは多くの河川が流れ出し，土砂を運び堆積させることにより，多くの盆地や平野をつくっている。

日本の人口の特色

例題

正答率

↓

(1)
78%

(2)
77%

〔1〕 右の**資料1**はブラジルの総人口と年代別男女人口の割合，**資料2**は同じ年の日本の総人口と人口ピラミッドを示している。**資料1・2**を正し

資料1 ブラジルの総人口 2.13億人

歳	男 割合(%)	女 割合(%)
80以上	0.7	1.2
70～79	1.8	2.3
60～69	3.7	4.3
50～59	5.5	6.0
40～49	6.8	7.1
30～39	8.0	8.1
20～29	8.1	8.0
10～19	7.5	7.2
0～9	7.0	6.7

（「世界の統計2022」による）

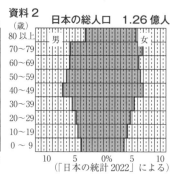

資料2 日本の総人口 1.26億人

（「日本の統計2022」による）

く読み取ったものを，次の**ア～エ**のうちから一つ選びなさい。　〈青森県〉

ア ブラジルの総人口のおよそ5人に1人，日本のおよそ5人に2人が，0～19歳である。

イ 50歳以上のすべての年代別男女人口の割合は，ブラジルよりも日本の方が高い。

ウ ブラジルと日本は，どちらもすべての年代で，総人口に占める女性の割合が高い。

エ 80歳以上の女性の人口を比較したとき，日本よりもブラジルの方が多い。

〔2〕 全国の山間部や離島などで見られる，人口の減少と経済活動の衰退によって，地域社会を維持することが難しくなっている地域を何というか，その名称を書きなさい。　〈福島県〉

解き方・考え方

〔1〕 **資料2**から日本では0～19歳の人口の割合は20%未満。したがって**ア**は誤り。**資料1，2**から50歳以上の年代別男女人口の割合はブラジルより日本が高く，**イ**は正しい。**資料1，2**からブラジル，日本とも男性の割合が高い年代もあり，**ウ**は誤り。**資料2**から日本の80歳以上の女性の人口割合は約5.7%で約718万人，**資料1**で1.2%（約257万人）になっているブラジルより多く，**エ**は誤り。

〔2〕 地域社会の維持が困難になるほど人口が減る現象を過疎化という。

解答 〔1〕**イ** 〔2〕過疎（地域）

 入試必出！ 要点まとめ

■人口構成
● **日本の人口** 2008年の1.28億人をピークに減少傾向。
● **少子高齢化** 1980年代に出生数が減り，高齢者が増えて，進行。
● **人口ピラミッド** 「富士山型」→「つりがね型」→「つぼ型」と変化。

■人口分布
● **三大都市圏** 東京，名古屋，大阪の都市圏に人口が集中。
● **過密** 人口が集中し，交通渋滞などの問題。郊外に**ニュータウン**。
● **過疎** 人口が減少し，高齢化が進み，社会の維持が困難に。

1　会話文について，あとの問いに答えなさい。
〈山梨県〉

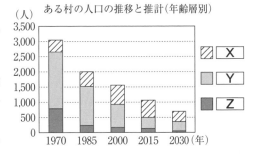

ある村の人口の推移と推計(年齢層別)

鈴木：右のグラフを見てください。例えば，この村では人口減少が進んでいます。総人口に占める　X　の人口の割合は上昇していますが，　Y　の人口の割合や，　Z　の人口の割合は低下しています。特に　Z　の人口の減少は，地域の核となっている学校の閉校をまねき，地域の活力低下にもつながります。こうした状況は，農村や山間部，離島を中心に全国に広がっているのです。

田中：なるほど。このように地域の(**ア**　過疎化　　**イ**　過密化)が進むと，伝統文化を受け継いでいくことも難しくなるのですね。

(1) 会話文中の　X　～　Z　は，次の**ア**～**ウ**のいずれかである。　X　～　Z　に当てはまるものを，**ア**～**ウ**から一つずつ選び，記号で書きなさい。
　　　ア　0～14歳　　**イ**　15歳～64歳　　**ウ**　65歳以上

(2) 会話文中の(　　　)の中から適切な語句を一つ選び，記号で書きなさい。

2　(68%)　次の文中の(　　　)に当てはまる語句を，漢字4字で書きなさい。
〈大分県〉

　　広島市は高層ビルが多く，中国地方の地方中枢都市であり，人口50万人以上の条件で政府から指定された(　　　)都市でもあることが感じ取れた。

3　(59%)　社会の変化にともなう人口の移動について，次の**グラフ**のⅠ，Ⅱ，**表**のⅢ，Ⅳは，東京都中央区，東京都多摩市のいずれかである。東京都中央区の正しい組み合わせを，**ア**～**エ**から一つ選び，符号で書きなさい。
〈岐阜県〉

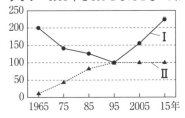

グラフ　1995年を100としたときの人口の変化

表　年齢層別の人口の割合 (2015年)(単位：%)

	Ⅲ	Ⅳ	日本全体
0～14歳	12.0	12.2	12.9
15～64歳	71.6	62.4	61.5
65歳以上	16.4	25.4	25.6

(グラフ，表とも「東京都の統計」などより作成)

ア　グラフ＝Ⅰ　表＝Ⅲ　　**イ**　グラフ＝Ⅰ　表＝Ⅳ
ウ　グラフ＝Ⅱ　表＝Ⅲ　　**エ**　グラフ＝Ⅱ　表＝Ⅳ

日本の資源・産業の特色

例題

正答率
↓

(1) B
51%

絶対落とすな!!

(1) C
93%

(2)
79%

右の略地図を見て，次の問いに答えなさい。

(1) 右下の表の**A～D**には，略地図中の**ア～エ**の県のいずれかがあてはまる。表の**B・C**にあてはまる県名を書きなさい。また，その県の位置を，略地図中の**ア～エ**のうちから一つ選びなさい。　〈北海道〉

(2) 略地図中の**X**で示した範囲には，臨海部を中心として工業生産がさかんであり，人口が集中している帯状の地域が見られ

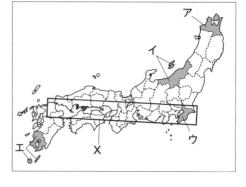

項目 県	米の生産量 (t)	ほうれんそう の生産量(t)	りんごの 生産量(t)	肉用牛の飼 育頭数(頭)
A	88,400	…	…	351,100
B	297,500	19,400	16	40,000
C	283,900	…	463,000	53,400
D	666,800	…	586	11,500

（「データでみる県勢2022年版」より作成）

る。この帯状の地域を何というか，その名称を書きなさい。　〈長崎県〉

解き方・考え方

(1) 米の生産量を見ると，**D**が最も多い。このことから**D**は新潟県だと判断できる。りんごの生産量を見ると，最も多い**C**が青森県と分かる。同様に肉用牛の飼育頭数が最も多い**A**は鹿児島県だと判断できる。**B**はほうれんそうの生産量が多い。ほうれんそうは大都市向けの野菜を生産する

近郊農業がさかんな県での生産量が多い。よって，**B**は東京に近い千葉県があてはまる。
(2) 京浜・中京・阪神・北九州の工業地帯・工業地域が帯状に連なる地域。

解答 (1) B－千葉県，位置－ウ　C－青森県，位置－ア　(2) 太平洋ベルト

入試必出! 要点まとめ

■ 世界と日本のエネルギー資源
日本は資源の大部分を輸入にたよっている。また，**太陽光**，**風力**など再生可能エネルギーの開発と利用を進めている。

■ 日本の工業
かつて**加工貿易**で発展。多くの工業製品を輸出。
● **工業地帯・工業地域**　中京・京浜などの工業地帯・地域が**太平洋ベルト**に集中。**中京工業地帯**が最大の製造品出荷額 (2018年)。
● **工業地域の広がり**　ＩＣ〔集積回路〕などの電子部品を中心に内陸部へも工業地域が広がった。

■ 日本の農業
経営規模が小さい。**食料自給率**が低い。
● **促成栽培**　他の地域より早く出荷するように**ピーマン**やきゅうりなどの野菜を栽培している。
● **近郊農業**　大消費地向けに野菜や卵などを生産。
● **畜産**　北海道では**酪農**がさかん。鹿児島県や宮崎県では豚や**肉用若鶏**などの飼育がさかん。

■ 産業の分類
第一次産業…農林水産業。**第二次産業**…工業など。**第三次産業**…情報や福祉のサービス業など。

1 ^{絶対落とすな!!} **91%**

右の**グラフ**は，日本の発電電力量の推移を示したものである。ななみさんは，**グラフ**をみてわかったことを，次の**ノート**にまとめた。**ノート**中の**A～C**にあてはまる語句の組み合わせとして，最も適切なものを，次の**ア～エ**からひとつ選び，記号で答えなさい。
〈鳥取県〉

グラフ　日本の発電電力量の推移

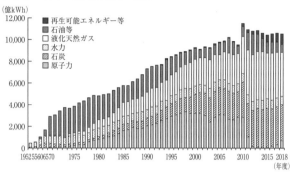

資源エネルギー庁「エネルギー白書2020」より作成

ノート

① 1960年度まで：水力が最も多かった。

② 1970年代　　：（**A**）が最も多かった。

③ 2011年度から：2011年度に（**B**）が前年度の半分以下になったのは，東日本大震災の影響だと考えられる。また，2018年度の（**C**）は，2011年度と比べると3倍以上になった。

ア　**A** – 石炭　　**B** – 原子力　**C** – 再生可能エネルギー等

イ　**A** – 石炭　　**B** – 水力　　**C** – 液化天然ガス

ウ　**A** – 石油等　**B** – 水力　　**C** – 液化天然ガス

エ　**A** – 石油等　**B** – 原子力　**C** – 再生可能エネルギー等

2

右の略地図を見て，次の問いに答えなさい。

79% 〔1〕略地図中の**X**で示した県を含む工業がさかんな地域の名称として，最も適当なものを，次の**ア～エ**から一つ選びなさい。　〈新潟県〉

ア　阪神工業地帯　　イ　北陸工業地域

ウ　中京工業地帯　　エ　瀬戸内工業地域

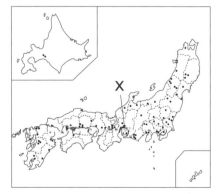

〈栃木県〉

76% 〔2〕略地図中の**●**は，主なIC工場の分布（2020年）を示している。IC工場の分布と最も強い関連が見られるものを，次の**ア～エ**のうちから一つ選びなさい。

ア　原子力発電所の位置　　　イ　高速道路の路線網

ウ　都道府県庁所在地　　　　エ　石油（原油）の輸入港の位置

地理

日本の交通・通信の特色

例題

正答率 ↓

61%

海上輸送と航空輸送に関する次の**表**から読みとれることを、あとのようにまとめた。**表**と**まとめ**の中の**X〜Z**にあてはまる語句の組み合わせとして正しいものを、**ア〜エ**の中から一つ選び、その記号を書きなさい。　　　〈埼玉県〉

表 2020年における横浜港と成田国際空港の輸出入総額に占める輸出入品目の割合（上位2品目）

	X		Y	
横浜港	自動車	15.9%	石油	6.3%
	プラスチック	4.7%	有機化合物	3.4%
成田国際空港	半導体等製造装置	8.4%	通信機	14.1%
	金（非貨幣用）	7.6%	医薬品	13.3%

（日本国勢図会2021/22年版から作成）

まとめ

　　輸出入総額に占める輸出入品目の割合をみると、海上輸送の拠点である横浜港では、自動車など輸送機械の　X　の割合が高く、鉱産資源の　Y　の割合が高いことがわかります。また、航空輸送の拠点である成田国際空港では、横浜港に比べて、おもに通信機のような　Z　品目の輸出入の割合が高いことがわかります。

ア　**X**－輸出　　**Y**－輸入　　**Z**－重量の軽い

イ　**X**－輸入　　**Y**－輸出　　**Z**－重量の軽い

ウ　**X**－輸出　　**Y**－輸入　　**Z**－重量の重い

エ　**X**－輸入　　**Y**－輸出　　**Z**－重量の重い

解き方・考え方

海上輸送は容量や重量があるもの、航空輸送は小型・軽量で高価なものの輸送に適している。横浜港で高い割合を占める自動車は日本の主要な輸出品の一つなので**X**は輸出、鉱産資源である石油は日本の主要な輸入品の一つなので**Y**は輸入と考えられる。また、携帯電話などの通信機は小型・軽量の貨物である。

解答　**ア**

入試必出! 要点まとめ

■**交通**

● **海上輸送**　石油、液化天然ガスなどの鉱産資源や自動車、鉄鋼などの工業製品の輸送に適している。

● **航空輸送**　小型・軽量の工業製品や野菜や生花などの生鮮品の輸送に適している。

● **自動車輸送**　旅客や貨物の個別輸送に適している。

● **高速交通網**　高速道路や航空網の整備。

■**通信**

通信ケーブルや通信衛星などの**情報通信網**の整備で**インターネット**の活用度が向上。

日本の海上輸送量の品目別割合（2019年）

輸出	機械類	電気製品 0.8	
1億5966万t	鉄鋼 20.9% ・ 8.0	その他 59.9	
	セメント 6.5	乗用車 3.9	

輸入		鉄鉱石 16.2	
7億3793万t	石炭 25.2% ・ 原油 19.9	その他 23.2	
	液化ガス 11.9	農作物 3.6	

（2021/22年版「日本国勢図会」）

1 86%　次の文中の　a　，　b　に当てはまる言葉の正しい組み合わせを，**ア～エ**から一つ選び，符号で書きなさい。　〈岐阜県〉

　交通網が整備された結果，大都市に人が引き寄せられる現象を　a　という。交通の発達は，都市と農村の時間距離を　b　が，その一方で，地方や農村の消費が落ち込み，経済を衰退させることもある。

ア　a＝ドーナツ化現象　b＝縮める　　**イ**　a＝ストロー現象　b＝縮める
ウ　a＝ドーナツ化現象　b＝伸ばす　　**エ**　a＝ストロー現象　b＝伸ばす

2 79%　日本の貨物輸送の特徴として，当てはまらないのはどれか。　〈栃木県〉

ア　航空機は，半導体などの軽くて高価なものの輸出に利用されることが多い。
イ　高速道路のインターチェンジ付近に，トラックターミナルが立地するようになっている。
ウ　船舶は，原料や燃料，機械などの重いものを大量に輸送する際に用いられることが多い。
エ　鉄道は環境への負荷が小さいため，貨物輸送に占める割合は自動車と比べて高い。

3 76%　右のグラフは，2019年における，成田国際空港と横浜港で扱った輸出品の，重量と金額を示している。成田国際空港と横浜港を比べると，それぞれで扱う輸出品の傾向には，違いがあると考えられる。グラフから読み取れる，成田国際空港で扱う輸出品の重量と金額の関係を，横浜港で扱う輸出品の重量と金額の関係との違いに着目して，簡単に書きなさい。　〈静岡県〉

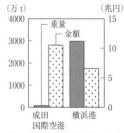

注　東京税関資料などにより作成

4 71%　次の図は，地図中の松山空港（愛媛県）から，伊丹空港（大阪府），那覇空港（沖縄県），羽田空港（東京都），福岡空港（福岡県）に向けて1日に出発する飛行機の便数と，その所要時間を示している。福岡空港はどれか。　〈栃木県〉

図

	出発便数（便）	所要時間（分）
ア	12	85 ～ 90
イ	12	50 ～ 60
ウ	4	50
エ	1	110

（「松山空港ホームページ」により作成）

日本の諸地域（1）

例題

正答率

(1)
79%

(2)
71%

右の略地図を見て，次の問いに答えなさい。

(1) 次の文は，ある県について述べたものである。この文にあてはまる県を，略地図中の**ア〜エ**のうちから一つ選びなさい。〈山梨県〉

> この県は，年号が平成にかわってから大きな地震の被害を受けた。県庁のある都市には，貿易額で日本有数の港がある。また，南西部の都市には，世界遺産に登録された城がある。

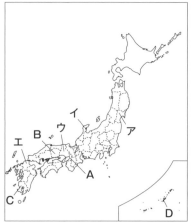

(2) 右の表の①〜④の府県は，略地図中の**A〜D**のいずれかの府県と一致する。略地図中の**D**の府県にあてはまるものを，表の①〜④のうちから一つ選びなさい。〈広島県〉

府県	豚飼育頭数 （百頭）	金属製品 出荷額(億円)	年間宿泊者数 （万人）
①	2034	548	1379
②	427	2673	377
③	32	16634	1972
④	12340	529	513

（「データでみる県勢 2022 年版」，宿泊旅行統計調査報告
令和 2 年による）

解き方・考え方

(1) 年号が平成にかわってから，いくつかの大きな地震が発生しているが，1995（平成 7）年 1 月 17 日に発生した阪神・淡路大震災と，2011 年 3 月 11 日に発生した東日本大震災がとくに大きな被害を出しており，多くの命が奪われた。また，文中の世界遺産に登録された城とは姫路城のことなので，**ウ**の兵庫県が正しい。

(2) **D**は沖縄県。沖縄県は観光産業がさかんで，年間宿泊者数は多い。年間宿泊者数が多いのは①と③であるが，③の府県は金属製品出荷額が多いことから阪神工業地帯がある大阪府と考えられる。したがって①が正解である。

解答 (1) ウ (2) ①

 入試必出！ 要点まとめ

■ **近畿地方**
● **琵琶湖** 日本最大の湖。京阪神地方の水がめ。
● **関西国際空港** 大阪湾の泉州沖にある海上空港。
■ **中国・四国地方**
● **本州四国連絡橋** 明石海峡大橋や瀬戸大橋，瀬

戸内しまなみ海道の 3 つのルートがある。
● **広島市** 世界で初めて原子爆弾の被害を受けた。
■ **九州地方**
● **シリコンアイランド** 九州には I C 工場が多い。
● **沖縄県** 米軍基地が多い。観光産業がさかん。

1

絶対落とすな!!　83%

右の略地図を見て，次の問いに答えなさい。

(1) 略地図中の──→は，新潟市から大阪市まで新幹線を乗り継いで行くときの経路を示したものである。この経路上で，新幹線が通過する県を，次の**ア**〜**エ**のうちから一つ選びなさい。　〈新潟県〉

　　ア　埼玉県　　　　**イ**　栃木県
　　ウ　千葉県　　　　**エ**　茨城県

58%

(2) 略地図中の──→に沿って移動したときのようすについて述べた次の文中の　**A**　・　**B**　にあてはまる語句の正しい組み合わせを，あとの**ア**〜**エ**のうちから一つ選びなさい。　〈新潟県〉

> 　県庁所在地であるこの市の北部には，　**A**　が広がっている。この市を出発し，中国山地を越えると，瀬戸内海の臨海部には，石油化学工場などが密集する工業地域があった。昭和63（1988）年に開通した　**B**　をすぎると，讃岐平野が見えた。

　　ア　A–砂浜海岸，B–しまなみ海道　　　**イ**　A–砂浜海岸，B–瀬戸大橋
　　ウ　A–リアス海岸，B–しまなみ海道　　　**エ**　A–リアス海岸，B–瀬戸大橋

2

右の地図を見て，次の問いに答えなさい。　〈静岡県〉

76%

(1) 地図の**A**では，ピーマンの促成栽培がさかんであり，東京や大阪などに出荷している。**グラフ1**は，2021年の東京の市場における，**A**，関東地方，その他の道府県の，ピーマンの月別入荷量と，ピーマン1kg当たりの平均価格を示している。促成栽培を行う利点を，**グラフ1**から読み取れる，入荷量と価格に関連づけて，簡単に書きなさい。

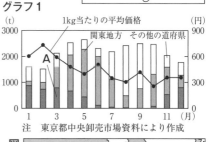

62%

(2) 地図の北九州市は，北九州工業地域〔北九州工業地帯〕の中心的な都市である。**グラフ2**は，1960年と2014年における，福岡県の工業出荷額と，工業出荷額に占める工業製品の割合を示している。図は，2014年における，北九州市周辺の工場の分布を示している。**グラフ2**の@〜ⓒ，図の@〜①は，機械工業，金属工業，化学工業のいずれかを表している。**グラフ2**の@〜ⓒ，図の@〜①の中から，機械工業に当たるものを1つずつ選び，記号で答えなさい。

グラフ1

（t）　　　　1kg当たりの平均価格　　　　（円）
3000　　　　　　関東地方　その他の道府県　900

注　東京都中央卸売市場資料により作成

グラフ2

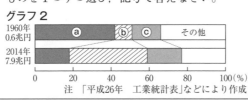

注　「平成26年　工業統計表」などにより作成

図

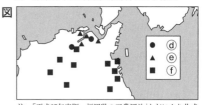

注　「平成27年度版　福岡県の工業団地」などにより作成

29

例題

正答率 ↓

(1) **60%**

(2) **57%**

〔1〕 次の**Ａ〜Ｃ**は，山梨県，青森県，岡山県のいずれかの県についてまとめたものである。それぞれの内容に合う県を考えた上で日本列島の西から東の順になるように，**Ａ〜Ｃ**の記号で書きなさい。〈山梨県〉

Ａ 県の北部にはなだらかな山地が東西につらなる。臨海部には石油製品の生産に関連する企業が集まる石油化学コンビナートがある。

Ｂ 県の南部には世界遺産に登録されている山地があり，ブナの原生林がある。伝統的工芸品として地元の漆を活用した漆器がある。

Ｃ 県の南東部に火山，中央部に盆地がある。電子部品をつくる工場が進出している。伝統的工芸品として水晶細工がある。

〔2〕 次の**資料１〜３**を参考にして，北海道の農業の特徴を簡潔に書きなさい。〈佐賀県〉

資料１　耕地面積と農家戸数（2019年）

	耕地面積	農家戸数
全国平均	9.4万ha	4万5900戸
北海道	114.4万ha	4万4400戸

（注）全国平均は日本の全耕地面積，全農家戸数をそれぞれ都道府県数で割ったものである

（「データブック オブ・ザ・ワールド 2021」から作成）

資料２　農業総生産額の内訳（2019年）

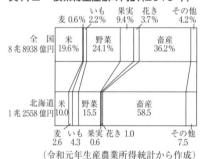

全国 8兆8938億円　米 19.6%　麦 0.6%　いも 2.2%　野菜 24.1%　果実 9.4%　花き 3.7%　畜産 36.2%　その他 4.2%

北海道 1兆2558億円　米 10.0　野菜 15.5　畜産 58.5　麦 2.6　いも 4.3　果実 0.6　花き 1.0　その他 7.5

（令和元年生産農業所得統計から作成）

資料３　おもな農産物の収穫量の都道府県順位（2019年）

	1位	2位	3位	4位	5位
米	新潟	北海道	秋田	山形	宮城
小麦	北海道	福岡	佐賀	愛知	三重
大豆	北海道	宮城	秋田	福岡	滋賀
じゃがいも	北海道	鹿児島	長崎	茨城	千葉
たまねぎ	北海道	佐賀	兵庫	長崎	愛知

（「データブック オブ・ザ・ワールド 2021」から作成）

解き方・考え方

〔1〕 **Ａ**は，倉敷市水島地区に石油化学コンビナートがあるので，岡山県。**Ｂ**は世界遺産の白神山地と津軽塗から，青森県。**Ｃ**は甲府盆地と水晶細工から，山梨県。西から順に岡山県，山梨県，青森県となる。

〔2〕 **資料１**から北海道の農家１戸あたりの耕地面積の広さ，**資料２**から北海道で畜産がさかんなよ

うす，**資料３**から北海道では穀物や野菜の収穫量も多いことを読み取る。

解答 〔1〕 Ａ→Ｃ→Ｂ 〔2〕（例）農家１戸あたりの耕地面積が広く，農業総生産額に占める畜産の割合が高い。また，穀物や野菜の収穫量も多い。

🌿🌿🌿 **入試必出!** 要点まとめ

■中部地方
● **日本アルプス**…飛驒・木曽・赤石山脈の総称。
● **中京工業地帯**…豊田市で自動車工業。
■関東地方
● **東京**…日本の首都。臨海部で再開発。

● **産業**…情報通信技術〔ICT〕産業。近郊農業。
■東北・北海道地方
● **東北地方**…稲作。冷害の被害。伝統文化。
● **北海道地方**…アイヌの人々の文化。規模の大きな農業。酪農や畜産がさかん。

1 秋田県が属する東北地方の伝統文化に関する**資料１，２**について，下のようにまとめた。**資料１，２**をもとに，**まとめ**中の　**ア**　，　**イ**　に入る適切な内容を書きなさい。　〈宮崎県〉

 ア 61%

 イ 70%

資料１　秋田竿燈まつりに関する資料

秋田平野には，広大な水田があり，稲作が盛んである。秋田竿燈まつりでは，竿燈全体を稲穂に，提灯を米俵に見立てている。

資料２　東北地方の主な夏祭り（2018年）

開催日（8月）	祭りの名前
1〜4日	盛岡さんさ踊り（盛岡市）
2〜7日	青森ねぶた祭（青森市）
3〜6日	秋田竿燈まつり（秋田市）
6〜8日	仙台七夕まつり（仙台市）

まとめ

　東北地方の夏祭りには，例えば，**資料１**のように，　**ア**　がこめられているものがある。これらの祭りは，観光資源にもなっており，**資料２**のように，日程調整がなされているのは，観光客が　**イ**　ことができるようにするためと考えられる。

2 右のカードはある県についてまとめたものである。これを見て，次の問いに答えなさい。

中京工業地帯が形成されている。都道府県別の工業生産額は日本一である。

60% [1] この県は，どの地方に属するか，次の**ア〜エ**のうちから一つ選びなさい。　〈秋田県〉

　ア　近畿地方　　**イ**　中部地方　　**ウ**　中国地方　　**エ**　関東地方

64% [2] カードの下線部に関して，右下のグラフは1955年と2018年のこの県の工業別の生産額の割合を示したものである。グラフについて述べた次の文中の　**A**　・　**B**　にあてはまる語句を，あとの**ア〜オ**のうちから一つずつ選びなさい。　〈北海道・改〉

　1955年と2018年の工業別の出荷額（生産額）を比較すると，割合が最も増加したのは　**A**　工業であり，割合が最も減少したのは　**B**　工業である。

ある県の工業別の出荷額（生産額）の割合（%）

1955年 出荷額 5742億円	重化学工業			軽工業		
	機械 16.9			せんい 41.3	その他 15.3	

金属 6.7　　化学 7.8　　食料品 12.0

2018年 出荷額 48兆9829億円	重化学工業			軽工業	
	金属 9.7	機械 71.9		その他 8.9	

化学 4.2　　食料品 4.5　　せんい 0.8

（昭和30年「工業統計表」，2021/22年版「日本国勢図会」より作成）

　ア　金属　　**イ**　機械　　**ウ**　化学　　**エ**　食料品　　**オ**　せんい

例題

正答率

絶対落とすな!!

83%

右の表は，1950年と2020年の，世界の6つの地域の年齢区分別の人口の割合を示したものである。この表を見て，世界の6つの地域に関する次のA，Bの文の正誤を正しく組み合わせたものを，あとのア〜エのうちから一つ選びなさい。〈長崎県〉

	1950年 (%)		2020年 (%)	
	0〜14歳	65歳以上	0〜14歳	65歳以上
アフリカ	41.4	3.2	40.3	3.5
アジア	36.4	4.0	23.5	8.9
ヨーロッパ	26.3	8.0	16.1	19.1
ラテンアメリカ	40.5	3.5	23.9	9.0
北アメリカ	27.1	8.2	18.1	16.8
オセアニア	30.1	7.3	23.6	12.8

（注1） 北アメリカとはアメリカとカナダを示し，ラテンアメリカとはメキシコ以南の国々を示す。
（「データブック オブ・ザ・ワールド2022」から作成）

A　1950年，2020年ともに6つの地域を比較すると，アフリカは，0〜14歳の人口の割合が最大で65歳以上の人口の割合が最小である。

B　1950年に65歳以上の人口が7％を超えているすべての地域は，2020年には65歳以上の人口が14％を超えている。

ア　A－正，B－正　　　イ　A－正，B－誤
ウ　A－誤，B－正　　　エ　A－誤，B－誤

解き方・考え方

Aの文に関して，表中の1950年と2020年のアフリカの年齢区分別の人口の割合を見ると，ほとんど変化がなく，1950年，2020年ともに0〜14歳の人口の割合が最大で，65歳以上の人口の割合が最小である。したがって，Aの文は正しい。Bの文に関して，1950年に65歳以上の人口が7％を超えている地域は，ヨーロッパ，北アメリカ，オセアニアである。これらの地域では2020年の65歳以上の人口の割合は高くなっているが，オセアニアは14％未満である。したがって，Bの文は誤りである。

解答　イ

入試必出! **要点まとめ**

■ **よく出題される地理の資料問題1**

● **農業に関する資料**

各県の耕地面積や作付面積の資料を示して，農業の特色を読み取る。特に北海道の農業の特色の読み取りは出題頻度が高い。

農家の1戸あたり平均耕地面積（2020年）

経営規模別の農業経営体数割合（2020年）

（「日本国勢図会 2021/22年版」により作成）

● **工業に関する資料**

工業地帯や工業地域に含まれる都道府県の工業生産の内訳を示し，工業の特色を読み取ったり都道府県名を答えさせる問題が多い。

京浜工業地帯，瀬戸内工業地域，中京工業地帯の製造品出荷額等の産業別割合

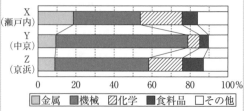

（「日本国勢図会 2020/21年版」をもとに作成）
（愛知県で出題された資料）

1 72%　Aさんは環境面から考えた森林のはたらきの重要性に着目して調べ，右の**表**と**グラフ**をつくった。**表**は，1990年から2005年にかけて世界の国々の中で森林面積が大きく減少した3か国と日本を比較したもの，**グ ラフ**は，国土面積に対する森林面積の割合を示したものである。**表**と**グラフ**から読み取れる内容を正しく述べたものを，次の**ア**～**エ**のうちから一つ選びなさい。

〈埼玉県〉

表　森林面積が大きく減少した国と日本の比較

順位	国　名	森林の減少面積(千k㎡)
1	ブラジル	423
2	インドネシア	281
3	スーダン	88
69	日　本	1

ア　4か国の中では，森林面積の割合の高い国ほど森林面積の減少が大きい。

イ　インドネシアにおける森林の減少面積は2005年の日本の森林面積より少ない。

ウ　ブラジルにおける森林の減少面積は，日本の国土面積を上回る。

エ　4か国の中では，国土面積の広い国ほど森林の減少面積が大きい。

グラフ　国土面積に対する森林面積の割合（2005年）

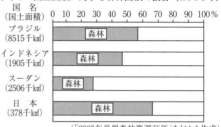

（「2005年世界森林資源評価」などから作成）

---

2 55%　日本では，近年，食料の生産量や農業就業人口について，さまざまな変化がおこっている。次の**資料1**は，小麦，野菜，肉類を日本が輸入している国の割合，**資料2**は，日本のおもな食料生産量と輸入量の変化，**資料3**は，日本の農業就業人口の変化を示している。**資料1**～**3**から読み取れることとして適切なものを，あとの**ア**～**エ**のうちからすべて選びなさい。

〈長野県・改〉

資料1　日本が食料を輸入している国（2019年）

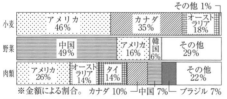

※金額による割合。カナダ 10% 中国 7% ブラジル 7%

資料2　日本のおもな食料生産量と輸入量の変化

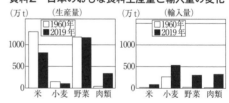

資料3　日本の農業就業人口の変化

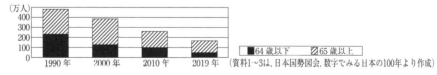

（資料1～3は，日本国勢図会，数字でみる日本の100年より作成）

ア　小麦，野菜，肉類の輸入先を見ると，上位2か国で占める割合は小麦が最も大きく，3品目ともに，上位2か国の占める割合が50％を超えている。

イ　1960年と2019年を比べると，輸入量の増え方が大きかったのは肉類と野菜であり，2019年には野菜の輸入額の50％以上をアジアの国が占めている。

ウ　1990年と2019年を比べると，農業就業人口は，全体の人数も64歳以下の人数も100万人以上減っており，その結果，農業就業人口に占める割合は65歳以上が増加している。

エ　米，小麦，野菜，肉類を見ると，1960年，2019年ともに，4品目すべてにおいて，生産量が輸入量を上回っている。

地理の資料を読み取る問題（2）

例題

正答率
↓
絶対落とすな!!
80%

Bさんは，日本の漁獲高と魚介類の貿易量の変化について，次の**グラフ1・2**を見つけた。**グラフ1**は，日本の漁獲高の推移，**グラフ2**は，日本の魚介類の貿易量の推移を示している。**グラフ1・2**から読み取れる内容を述べた文として誤っているものを，あとの**ア〜エ**のうちから一つ選びなさい。〈埼玉県〉

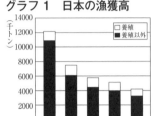

グラフ1 日本の漁獲高

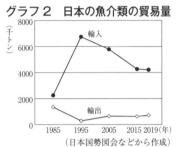

グラフ2 日本の魚介類の貿易量

（日本国勢図会などから作成）

ア 日本の漁獲高のうち養殖以外は，1985年に比べ2019年はおよそ3分の1に減少した。

イ 1985年に比べ2019年の日本の魚介類の貿易量は，輸入が大幅に増加し，輸出が減少した。

ウ 1985年に比べ1995年の日本の漁獲高が減少する一方，魚介類の輸入量は増加した。

エ 日本の漁獲高に占める養殖の割合は，1985年に比べ2019年は低くなった。

解き方・考え方

グラフ1から，日本の養殖以外の漁獲高は1985年には約1100万t，2019年は約330万tで約3分の1になっている。したがって，**ア**は正しい。**グラフ2**から，1985年に比べて2019年の日本の魚介類の貿易量は輸入が大幅に増加し，輸出は減少した。したがって，**イ**は正しい。**グラフ1，2**

から，1985年に比べて1995年の日本の漁獲高は減少しているが，魚介類の輸入は増加している。したがって，**ウ**は正しい。**グラフ1**から，1985年に比べて2019年の日本の漁獲高に占める養殖の割合は大きくなっている。したがって，**エ**は誤り。

解答 エ

入試必出! 要点まとめ

■よく出題される地理の資料問題2

● **貿易に関する資料**

日本との貿易品の内訳から相手国を答える問題や，貿易品から貿易港を答える問題が多い。

日本のおもな国からの輸入品の割合（2020年）

中国 (17.5兆円)	機械類 48.6%	金属製品 3.5 プラスチック製品 2.2 衣類 8.4 その他 34.7
サウジ アラビア (20兆円)	原油 93.2%	家具 2.6 その他 4.7 石油製品 2.1
オースト ラリア (3.8兆円)	液化天然ガス 33.8 石炭 26.8% 鉄鉱石 14.1	銅鉱 5.3 肉類 5.1 その他 14.9

（「日本国勢図会 2021/22年版」により作成）

● **人口に関する資料**

各国の人口ピラミッドを使った問題や，産業別人口割合から都道府県を答える問題が多い。

日本の人口ピラミッドの推移

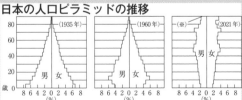

（※）85歳以上（「日本国勢図会 2021/22年版」他により作成）

実力チェック問題

解答・解説

別冊
P. 5

1 72%　右の**表1**は，わが国における資源の国内生産量と輸入量，**表2**は，わが国における資源の輸入先第1位の国と輸入額を示している。**表1・2**を正しく読み取ったものを，次の**ア**〜**エ**のうちから一つ選びなさい。　〈北海道〉

ア　原油の国内生産量は2020年より1970年の方が少ない。また，2020年のサウジアラビアからの原油の輸入額は1970年のイランからの原油の輸入額の5倍以上である。

イ　石炭の輸入量は2020年では国内生産量の200倍以上である。また，2020年のオーストラリアからの石炭の輸入額は1兆円を下回っている。

ウ　鉄鉱石の輸入量は1970年より2020年の方が少ない。また，2020年のオーストラリアからの鉄鉱石の輸入額は，1970年のオーストラリアからの鉄鉱石の輸入額の3倍以上である。

エ　木材の国内生産量は2020年では3000万㎥以上である。また，2020年のアメリカからの木材の輸入額は，1970年のアメリカからの木材の輸入額を上回っている。

表1　わが国における資源の国内生産量と輸入量

資　源	国内生産量と輸入量	年	
		1970	2020
原　油	国内生産量（千kl）	899	512
	輸入量　　　（千kl）	195,825	143,880
石　炭	国内生産量（千t）	38,329	772
	輸入量　　　（千t）	50,950	173,730
鉄鉱石	国内生産量（千t）	862	－
	輸入量　　　（千t）	102,091	99,437
木　材	国内生産量（千m³）	49,780	※ 30,988
	輸入量　　　（千m³）	56,821	※ 50,917

※2019年
（「数字でみる日本の100年」，総理府統計局「日本統計年鑑」（昭和47年），「日本国勢図会2021/22年版」より作成）

表2　わが国における資源の輸入先第1位の国と輸入額
（単位　百万円）

資源 年	1970	2020
原　油	イラン　　　　　（335,754）	サウジアラビア（1,836,396）
石　炭	アメリカ　　　　（224,284）	オーストラリア（1,027,736）
鉄鉱石	オーストラリア（151,785）	オーストラリア　（540,654）
木　材	アメリカ　　　　（186,405）	アメリカ　　　　（58,419）

※（　）内の数値は，各資源におけるそれぞれの国からの輸入額である。
（総理府統計局「日本統計年鑑」（昭和47年），財務省貿易統計より作成）

2 69%　右の表は，栃木県と群馬県の総面積，耕地面積，農業就業人口など，農業に関するさまざまな統計をまとめたものである。表から読み取れることを正しく述べたものを，次の**ア**〜**エ**のうちから一つ選びなさい。

〈栃木県〉

県　名	総 面 積	耕 地 面 積	総 人 口
栃木県	6408(km²)	1220(百ha)	1934(千人)
群馬県	6362	668	1943

県　名	農 業 就 業 人 口	農 家 総 数	農業総産出額
栃木県	62(千人)	554(百戸)	2859(億円)
群馬県	44	501	2361

（「県勢」ほかにより作成）

ア　栃木県は群馬県より，総面積に占める耕地面積の割合が低い。

イ　栃木県は群馬県より，総人口に占める農業就業人口の割合が高い。

ウ　栃木県は群馬県より，農家一戸あたりの耕地面積が狭い。

エ　栃木県は群馬県より，農業就業者一人あたりの農業総産出額が多い。

35

地理の文章で答える問題

例題

正答率
↓

63%

次の**グラフ**は，右の地図の**A**国と日本の人口ピラミッドである。**グラフ**を参考にして，日本と比較したときの**A**国の人口の特徴を，次の二つの語句を用いて書きなさい。

〈福島県〉

| 出生率 | 少子化 |

グラフ　A国と日本の人口ピラミッド

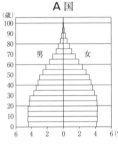
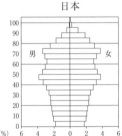

（世界の統計2022年版により作成）

解き方・考え方

日本と比較した場合の地図の**A**国（メキシコ）の人口の特徴を，**グラフ**から読み取る。日本は少子高齢社会であり，その人口ピラミッドは，0〜14歳の人口割合が低く，65歳以上の人口割合が高い，つぼ型となっている。一方，発展途上国のメキシコは，出生率が高く，平均寿命が短いため，0〜14歳の人口割合が高く，65歳以上の人口割合が低い，富士山型に近い形の人口ピラミッドになる。

解答　（例）日本に比べて，A国は<u>出生率</u>が高く，<u>少子化</u>は進んでいない。

🌳🌳🌳 入試必出！ **要点まとめ**

■ **よく出題される地理の論述問題**

● **日本海側の気候の特色**
日本海側の気候の特色を説明する問題。
対策…北西の季節風の影響をおさえておこう。

● **野菜の促成栽培**
高知平野や宮崎平野でさかんな野菜の促成栽培を説明する問題。
対策…「出荷時期」という語句を指定されることが多い。また，高速道路など交通網の発達によって，大消費地から離れた地域でさかんになったことなどもおさえておこう。

● **製造業が生産拠点を海外へ移している理由**
日本の工業製品の製造工場が外国へ多く移された理由を説明する問題。
対策…欧米諸国への移転の場合は貿易摩擦の解消，中国や東南アジア諸国への移転の場合は安い労働力を求めた生産コストの削減が目的。その結果「産業の空洞化」が進んだことも重要。

● **都心で人口が増加した理由**
東京都心で人口が増加している理由を説明する。
対策…都心の再開発などにともない，都心の人口が増加していることを理解しておく。

1 (78%) 明子さんは，下の地図中の**A国**，**B国**，**C国**の家畜の飼育頭数を調べて，右の**資料**をつくった。**資料**を見て，**A国**の家畜の飼育頭数を，**B国**，**C国**と比べたとき，**A国**の飼育頭数の特色を，宗教にもとづく生活習慣に着目して書きなさい。〈山形県〉

資料　A国，B国，C国の家畜の飼育頭数（2019年）

	牛（千頭）	豚（千頭）	羊（千頭）
A国	17,034	2	35,159
B国	24,723	2,319	65,755
C国	11,500	14,399	828

（「世界国勢図会 2021/22 年版」から作成）

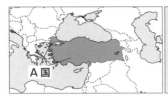
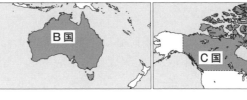

2 (68%) 次の**資料1**は，ノルウェーの主要輸出品目と輸出額，**資料2**は，主な原油輸出国の産出量と輸出量，**資料3**は，ノルウェーとロシアの発電量を示したものである。**資料1・2**から現在のノルウェーは，産出した原油のほとんどを輸出していることがわかる。ノルウェーがそうすることができる理由を，**資料1〜3**を参考にして，簡潔に書きなさい。〈宮城県〉

資料1　ノルウェーの主要輸出品目と輸出額

1973年		2019年	
品　目	金額（百万ドル）	品　目	金額（百万ドル）
船舶	961	原油	29,305
機械類	453	天然ガス	19,313
アルミニウム	366	魚介類	11,725
魚介類	331	機械類	7,489
鉄鋼	301	アルミニウム	3,547
その他	2,268	その他	32,651
輸出総額	4,680	輸出総額	104,030

資料2　主な原油輸出国の産出量と輸出量（2018年）

輸出国	産出量（万トン）	輸出量（万トン）
サウジアラビア	59,927	36,742
ロシア	64,738	25,983
ノルウェー	8,786	6,154

資料3　ノルウェーとロシアの発電量（2018年）

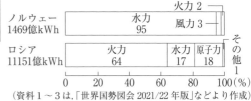

（資料1〜3は，「世界国勢図会 2021/22 年版」などより作成）

3 (73%) 次の問いに答えなさい。

〔1〕右の資料は，わが国の農業就業人口の推移を示したグラフである。次の会話の中の **X** に当てはまる言葉を，資料を参考にして簡潔に書きなさい。〈奈良県〉

たかし：1995年から2019年までの間に，農業就業人口が大幅に減少していることが分かるね。

みさき：そうね。それ以外に，**X** という課題もグラフから読み取れると思うわ。

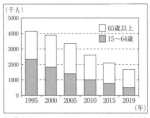

（「数字でみる日本の100年」より作成）

〔2〕(50%) 北陸地方で，輪島塗，高岡銅器などの製造をはじめとする地場産業が発展したのはなぜか。その理由を，「副業」という語句を用いて書きなさい。〈新潟県〉

縄文・弥生・古墳時代

 例題

正答率
↓

 (1)
79%

 (2)
51%

〔1〕 右の写真は，長崎県壱岐市にあり，弥生時代の遺跡である原の辻遺跡で復元された住居である。地面を掘り下げて床面とし，その上を屋根でおおった，このようなつくりの住居を何というか，その名称を書きなさい。〈長崎県〉

〔2〕 紀元前4世紀ごろから紀元3世紀ごろにかけて，社会のしくみや人々の生活が大きく変わっていった。当時の社会や人々の生活のようすについて述べた文として最も適切なものを，次のア～エのうちから一つ選びなさい。〈山形県〉

ア　鉄製の農具が広まり，稲の収穫量が増えたが，人口も増加したため，口分田が不足してきた。

イ　食料を煮たり保存したりするため，縄文土器とよばれる土器がつくられはじめた。

ウ　貧富の差や身分のちがいが生まれ，各地で有力な指導者によって小さな国がつくられていった。

エ　耕作に牛馬を利用したり，肥料を使ったりするようになり，二毛作が各地に広まった。

解き方
考え方

〔1〕　縄文時代からつくられるようになった住居。人々が定住し小さな集落を形成しはじめたころである。

〔2〕　紀元前4世紀ごろから紀元3世紀ごろにかけては弥生時代。このころ，稲作が広まり，貧富の

差が生まれるとともに力の強いむらが弱いむらを従える動きがみられ，小国が誕生した。よって正解はウである。アは「口分田が不足」から奈良時代，イは「縄文土器」から縄文時代，エは「耕作に牛馬」や「二毛作」から鎌倉時代。

解答 〔1〕たて穴〔竪穴〕住居　〔2〕ウ

 入試必出！・**要点まとめ**

■ **古代文明**
ナイル川などの大河流域で古代文明が発生。
■ **縄文時代**
約1万年前，日本列島ができる。縄文土器。
● **土偶**　魔よけや祈とうに使われた土の人形。
● **たて穴住居**　地面を掘って屋根をはった住居。
■ **弥生時代**
稲作が広まり，集落が拡大。弥生土器。貧富の差ができ，指導者があらわれた。

● **高床の倉庫**　稲の穂をたくわえるための倉庫。
● **邪馬台国**　女王卑弥呼が治めた国。中国の魏に使いを送った。
■ **古墳時代**
前方後円墳などの古墳。古墳のまわりにはにわ。
● **渡来人**　大陸から移り住み，漢字や機織りの技術などを伝えた人々。
● **大和政権**　5世紀に九州から東北地方南部までを支配下に。大王は中国へ使いを送った。

1 縄文時代・弥生時代について，次の問いに答えなさい。

91% (1) 邪馬台国の当時のようすを述べたものを，次の**ア〜エ**のうちから一つ選びなさい。
〈高知県〉

ア 国々の争いが続いたために，女性の王が立てられ国を治めた。
イ 天皇が幼いうちは摂政が，成人した後は関白が天皇の政務を代行した。
ウ 極楽浄土へ生まれ変わることを願う浄土信仰が人々の間で広まった。
エ 墾田永年私財法により，開墾した者に土地の所有が認められ，開墾が進んだ。

87% (2) 縄文時代のようすについて述べているものを，次の**ア〜エ**のうちから一つ選びなさい。
〈栃木県〉

ア 狩りや採集などで得た食料の保存や煮たきのため，土器が使われるようになった。
イ 地域ごとにあらわれた有力な豪族たちは，やがて大王に従うようになった。
ウ 気候は寒冷で，人々はナウマンゾウなどの獲物を求めて移動しながら生活していた。
エ 稲作が広まり，土地や水をめぐって争いがおきて，敵の襲来に備える施設を整えた大規模な集落がつくられた。

 79% (3) 右の資料は，一郎君のグループがつくった歴史カルタの読み札の一部である。資料中の□□□にあてはまる語句を，次の**ア〜エ**のうちから一つ選びなさい。　〈宮崎県〉

ア 登呂（とろ）　　　**イ** 三内丸山（さんないまるやま）
ウ 岩宿（いわじゅく）　**エ** 吉野ヶ里（よしのがり）

> 佐賀県　敵の来襲を防ぐため濠（ほり）や柵（さく）を設けた□□□遺跡

2 右の写真は，「森将軍塚（もりしょうぐんづか）」という史跡の写真である。この写真について説明した次の文を読んで，あとの問いに答えなさい。

> これは4世紀中ごろにこの地域を支配した有力者の墓で発掘調査にもとづき，そのかたちが正確に復元してある。表面には石が敷かれ，上部には埴輪（はにわ）が並んでいる。

82% (1) 写真のような墓がつくられた古墳時代に，養蚕（ようさん），土木，鉄器づくりなどの新しい技術や，漢字などの知識をもった人々が，朝鮮半島などから日本列島に移住してきた。この人々を何というか，その名称を書きなさい。
〈栃木県〉

79% (2) 次の文中の□□□にあてはまる語句を漢字4字で書きなさい。
〈神奈川県〉

> このような地方の豪族など，有力者の墓とみられるもののうち，写真のように円形と四角形を組み合わせたものを，その形から□□□墳（ふん）という。

例題

正答率
↓

(1)
65%

(2)
64%

〔1〕日本は，663年に右の略地図の**A**の復興を助けるために，唐と略地図の**B**の連合軍と白村江で戦った。略地図の**B**の国の名を，**ア～エ**から一つ選び，符号で書きなさい。 〈岐阜県〉

7世紀半ばの東アジア

高句麗
唐　白村江　B
A

ア　伽耶〔任那〕　　イ　高麗
ウ　百済　　　　　　エ　新羅

〔2〕平城京に都が置かれていた期間の出来事として最も適切なものを，**ア～エ**から一つ選び，符号で書きなさい。 〈岐阜県〉

ア　聖徳太子が，仏教や儒学の考え方を取り入れた十七条の憲法で，役人の心構えを示した。

イ　聖武天皇と光明皇后が，仏教の力に頼って国家を守ろうと，都に大仏を造らせた。

ウ　中大兄皇子が，中臣鎌足などとともに蘇我蝦夷・入鹿の親子を倒した。

エ　藤原道長が，四人の娘を天皇のきさきにすることで権力を握った。

解き方・考え方

〔1〕朝鮮半島では4世紀から高句麗，百済，新羅が勢力を争っていたが，7世紀に新羅が唐と連合して高句麗と百済の軍を破った。よって，**B**が新羅，**A**が百済となる。663年の日本軍と新羅・唐の連合軍との戦いを白村江の戦いという。この戦いに敗れた日本は朝鮮半島から撤退した。

〔2〕平城京に都が置かれていたのは奈良時代（710～794年）。東大寺や大仏がつくられたので，**イ**があてはまる。**ア**は聖徳太子から飛鳥時代の前半，**ウ**は大化の改新の始まりとなったできごとで飛鳥時代の中ごろ，**エ**は藤原道長から平安時代の中ごろ。

解答 〔1〕エ　〔2〕イ

 入試必出! 要点まとめ

■ **聖徳太子〔厩戸皇子〕の政治**
推古天皇の摂政。十七条の憲法，冠位十二階の制度の制定。小野妹子らを隋に派遣した。
● **十七条の憲法**　役人の心構えを示した。
● **冠位十二階の制度**　その人の能力や功績によって，役人に取り立てられるようにした。
● **遣隋使**　対等の立場で隋と国交を開こうとした。
■ **大化の改新**
中大兄皇子や中臣鎌足らが蘇我氏を倒して，中央集権国家を目指した改革を行った。

■ **大宝律令**
中央に2官8省。地方は多くの国に分けられた。
■ **平城京**
唐の長安にならってつくられた都。
● **遣唐使**　政治のしくみや文化を学ぶために唐に送られた。鑑真が来日して唐招提寺を建てた。
● **聖武天皇**　仏教の力で国を治めようとして，東大寺に大仏をつくり，地方に国分寺を建てた。
● **墾田永年私財法**　口分田の不足をおぎなうために，自分で開墾した土地の永久私有を認めた。

1 右の略年表を見て、次の問いに答えなさい。

年 代	で き ご と
604	十七条の憲法が定められる。…a
701	大宝律令が定められる。………b
710	都を□□に移す。

X

75% 〔1〕 **a**に関して、この法律を定めた人物が行ったことを述べた次の文中の A ・ B にあてはまる語句を正しく組み合わせたものを、あとの**ア～エ**のうちから一つ選びなさい。 〈新潟県〉

> 仏教をあつく信仰して A を建てるとともに、 B を遣隋使として派遣し、すすんだ政治のしくみや文化を取りいれようとした。

ア A－東大寺、B－小野妹子　　**イ** A－東大寺、B－阿倍仲麻呂
ウ A－法隆寺、B－小野妹子　　**エ** A－法隆寺、B－阿倍仲麻呂

83% 〔2〕略年表中の**X**の時期のできごとについて述べた文として最も適当なものを、次の**ア～エ**のうちから一つ選びなさい。 〈新潟県〉

ア 中大兄皇子や中臣鎌足は蘇我氏をたおし、政治の改革を始めた。
イ 邪馬台国の女王卑弥呼は、中国に使いを送り、親魏倭王の称号を得た。
ウ ワカタケル大王は、九州から関東にいたる各地の豪族を従えるようになった。
エ 桓武天皇は、坂上田村麻呂を征夷大将軍に任命して、蝦夷を制圧するために東北地方へ派遣した。

50% 〔3〕**b**に関して、大宝律令にもとづく国のしくみでは、戸籍に登録された6歳以上の人々に口分田があたえられた。この制度を何というか、その名称を書きなさい。 〈新潟県〉

60% 〔4〕略年表中の□□にあてはまる都の名を漢字3字で書きなさい。また、□□にあてはまる都の位置を、右の略地図中の**ア～エ**から一つ選びなさい。 〈北海道〉

2 **68%** 右の資料は、出発準備のために父母にことばもかけずに来てしまったことを後悔している兵士の気持ちを詠んだ歌である。この兵士のように、律令制のもとで主に九州北部の警備のために配置された兵士は何と呼ばれているか、その名称を書きなさい。 〈大阪府〉

> 「水鳥の立ちの急ぎに父母に物言ず来にて今ぞ悔しき」
> （『万葉集』による）

例題

正答率

↓

絶対落とすな!!

(1) 85%

絶対落とすな!!

(2) 86%

(1) 健一さんは，歴史の流れを整理してノートにまとめた。右のノート中の□□□にあてはまるものを，次のア～エのうちから一つ選びなさい。　〈長野県〉

ノート

> 政治を立て直そうと，ここに都が移された。のちに娘を天皇の后にして勢力を伸ばす貴族があらわれた。貴族の住む□□□も生まれた。

　ア　たて穴住居　　　　イ　寝殿造の様式
　ウ　書院造の様式　　　エ　諸藩の蔵屋敷

(2) 幸子さんは，古代の特色を右のカードにまとめた。カード中の下線部が示すできごとに最も関係のある人物を次のア～エのうちから一つ選びなさい。　〈福岡県〉

古代　唐にならった国づくりがすすめられ，律令国家が成立し，後には貴族による摂関政治が行われた。一方，都を中心に国際色豊かな文化が栄え，後に日本の風土や生活にかなった文化が発展し，国風文化が生まれた。

　ア　北条泰時　　　　イ　藤原道長
　ウ　中大兄皇子　　　エ　桓武天皇

解き方・考え方

(1) 平安時代の貴族は，自然を庭園に取り入れるなどした寝殿造の邸宅に住んだ。アは縄文時代以降奈良時代ごろまでみられた一般的な住居，ウは室町時代に生まれ，現代の和風建築のもととなった建築様式，エは江戸時代に諸藩が年貢米や特産物を売るために大阪などに置いた建物。

(2) 摂関政治は，天皇が幼いときには摂政として，成人してからは関白として，天皇の代わりに政治を行う役職を，藤原氏一族が独占して行ったもの。その全盛期は11世紀前半の藤原道長と，その子頼通のころである。

解答 (1)イ (2)イ

 入試必出！・要点まとめ

■**平安京**
　桓武天皇が都を平安京に移す。
●**蝦夷の平定**　坂上田村麻呂を征夷大将軍に任じて，東北地方の蝦夷を平定した。
■**平安時代初期の仏教**
　最澄は延暦寺を建て天台宗を，空海は金剛峯寺を建て真言宗を，それぞれ広めた。
■**摂関政治**
　藤原氏の一族が摂政，関白の地位を独占して行った政治。藤原道長・頼通のころが全盛。
●**荘園**　貴族や寺社の私有地。藤原氏や院政を行った上皇のもとに多く集まった。

■**地方の政治**
　国司が私欲に走り，地方の政治がみだれた。
■**武士のおこり**
　源氏と平氏が武士団を形成して台頭。東北地方で奥州藤原氏が栄える。
■**院政**
　白河天皇は位をゆずって上皇となった後も上皇の御所である院で政治を行った。
■**平氏の政権**
　保元，平治の乱で勝った平清盛が武士で初めて太政大臣になる。兵庫の港を整備し，宋と貿易を行った。

1 次の文を読んで，あとの問いに答えなさい。 〈新潟県〉

> 平清盛は，1167年，武士としてはじめて[　　　]の地位についた。中国との貿易による利益を得るため，<u>兵庫の港〔大輪田泊〕</u>を整備した。

79% 〔1〕 文中の[　　　]にあてはまる語句として最も適当なものを，次のア～エのうちから一つ選びなさい。

ア　太政大臣　　　　イ　摂政
ウ　大王　　　　　　エ　関白

89% 〔2〕 文中の下線部に関して，兵庫の港〔大輪田泊〕がある地点を，右の略地図中のア～エのうちから一つ選びなさい。

2 藤原氏について，次の問いに答えなさい。

①83% **②84%** 〔1〕 藤原氏と国風文化について述べた次の文中の｜｜①・②のそれぞれにあてはまる語句を，ア～ウのうちから一つ選びなさい。 〈北海道〉

> 国風文化が最も栄えたのは，藤原氏による①｜ア　摂関政治　　イ　建武の新政　ウ　院政｜のころであった。このころ，②｜ア　紫式部　　イ　清少納言　　ウ　紀貫之｜によって書かれた「枕草子」など，かな文字を用いたすぐれた文学作品が生まれた。

51% 〔2〕 藤原氏について述べた次の文中の[　　　]にあてはまる語句を書きなさい。 〈鹿児島県〉

> 道長・頼通のときに全盛期をむかえた藤原氏は，朝廷の役職の多くを一族で占め国司のおくりものや所有する土地である[　　　]からの収入などで，はなやかな生活を送った。

3 **74%** 日本と諸外国との関係について調べていた貞夫さんは，「古今和歌集」が編集されたころ，中国との国交がなくなり，日本の風土や生活にあった独自の文化がみられるようになったことがわかった。次のア～エのうち，「古今和歌集」が編集された時期に最も近いできごとを一つ選びなさい。 〈山形県〉

ア　白村江の戦いがおこる。　　　　イ　唐のおとろえにより遣唐使が廃止される。
ウ　明の沿岸を倭寇が襲う。　　　　エ　日本に元が襲来する。

例題

正答率

(1) **66%**

(2) **53%**

(1) 鎌倉幕府において，御家人たちは，将軍からの「御恩」に対して，「奉公」にはげんだ。御家人たちは「奉公」としてどのようなことを行ったか，具体的に一つ書きなさい。　〈山形県〉

(2) 右の図は，鎌倉幕府のしくみの一部を示している。図中の[A]・[B]にあてはまる語句を，下の資料中の語句から一つずつ抜き出して書きなさい。〈山梨県〉

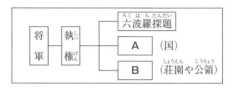

> 一　諸国の守護の仕事は，……大番（京都の警備）の催促，謀反人と殺害人の取りしまりである。……近年……国司でもないのに地方を支配し，地頭でもないのに税をとったりする者がいる。このようなことはやめること。
> （鎌倉時代に定められた法律の一部要約）

解き方・考え方

(1) 鎌倉幕府の将軍と主従関係を結んだ武士は御家人とよばれた。御家人は，先祖代々伝わる土地を守ってもらったり，役人に任命されて，新しい土地をもらったりする「御恩」を期待して，将軍に対して戦のときには一族を率いてかけつけるなどの「奉公」をした。御家人の「奉公」は武士にとって，命懸けの仕事であった。

(2) 鎌倉幕府の地方の役人は，国の軍事や警察の役割を担った守護と，荘園や公領の管理や年貢の取り立てを行った地頭がいた。荘園や公領には領主もおり，地頭と領主の間にはたびたび争いがおこった。

解答 (1)（例）将軍のために戦いに参加すること。
(2) A－守護　B－地頭

 入試必出! 要点まとめ

■ **平氏滅亡**
源義経らによって平氏は壇ノ浦で滅亡した。

■ **鎌倉幕府の成立**
源頼朝は守護，地頭を設置。後に征夷大将軍となって，鎌倉に幕府を開いた。

● **鎌倉幕府のしくみ**　将軍と御家人の「御恩」と「奉公」の関係により成り立つ。将軍の下に執権，中央にはその下に侍所，政所，問注所が，地方には守護，地頭が置かれた。

● **執権政治の確立**　3代将軍源実朝が暗殺され，北条氏による執権政治が確立。

■ **承久の乱**
後鳥羽上皇が挙兵するが敗れる。幕府は京都に六波羅探題を設置して朝廷を監視した。

■ **御成敗式目〔貞永式目〕**
北条泰時が裁判の基準を定めた。

■ **元寇**
元のフビライが北九州に大軍を派遣。幕府軍は2度とも退けたが，幕府衰退の原因となる。

■ **新しい仏教**
親鸞の浄土真宗，日蓮の日蓮宗，一遍の時宗など。わかりやすい教えが武士や民衆に広まった。

1

□□□ 69%

文化や宗教について，次の問いに答えなさい。

(1) 鎌倉時代の文化について述べた次の文中の〔　　〕にあてはまる作品を，あとの**ア**～**エ**の
うちから一つ選びなさい。　　　　　　　　　　　　　　　　　　　　　　　　　　〈滋賀県〉

> 　武士と民衆の力がのびてくるとともに，素朴で力強い感じをあたえる文化が生ま
> れてきた。文学では，軍記物の〔　　〕が，琵琶法師によって人々の間に語り伝えら
> れた。

ア　平家物語　　　**イ**　源氏物語　　　**ウ**　古事記　　　**エ**　南総里見八犬伝

□□□ 58%

(2) 鎌倉時代に，時宗を開き「踊念仏」を広めた僧を，次の**ア**～**エ**のうちから一つ選びなさい。
ア　日蓮　　　**イ**　一遍　　　**ウ**　空海　　　**エ**　法然　　　　　　　　　〈神奈川県〉

2

□□□ 63%

右の略年表を見て，次の問いに答えなさい。

(1) **a**のできごとに関して，次の文は，
元軍の襲来後のわが国のようすにつ
いて述べたものである。文中の
〔 **A** 〕・〔 **B** 〕にあてはまる語句を
正しく組み合わせたものを，あとの
ア～**エ**のうちから一つ選びなさい。
　　　　　　　　　　　　〈新潟県〉

年　代	で　き　ご　と
1192	源頼朝が征夷大将軍となる
1274	元軍が北九州に襲来する
1281	再び元軍が北九州に襲来する
1338	足利尊氏が征夷大将軍となる

> 　御家人たちの生活は苦しくなり，領地を手放す者も多くなった。幕府は〔 **A** 〕を
> 出して御家人を救おうとしたが，失敗に終わった。また，武士の中には，荘園にお
> し入ったり，年貢をうばったりする〔 **B** 〕とよばれる集団があらわれたが，幕府は
> その集団の取りしまりを十分に行うことができず，しだいに幕府の力はおとろえた。

ア　**A**－分国法，**B**－倭寇　　　　**イ**　**A**－分国法，**B**－悪党
ウ　**A**－徳政令，**B**－倭寇　　　　**エ**　**A**－徳政令，**B**－悪党

□□□ 54%

(2) 略年表中の**X**の時期のできごとについて述べたものを，次の**ア**～**エ**のうちから一つ選び
なさい。　　　　　　　　　　　　　　　　　　　　　　　　　　　　　　　　　〈高知県〉

ア　多くの守護大名をまきこんだ戦乱は10年以上続き，京都の町の大半は焼け野原に
なり，地方にも戦乱は広がった。

イ　武士の社会で行われてきた慣習などにもとづいて御成敗式目が制定され，御家人の
権利や義務，裁判の基準が定められた。

ウ　都市では，商人が株仲間という同業者組織をつくり，幕府の許可を得て，営業を独
占して大きな利益を上げた。

エ　二つの内乱に勝利した人物が武家として初めて太政大臣となり，彼の一族の多くは
高い官職について，広大な荘園を支配した。

南北朝・室町時代

例題

正答率

(1)
55%

(2)
74%

次の文を読んで，あとの問いに答えなさい。

　　a南北朝の対立から応仁の乱にかけて，武家の支配がいっそう進み，また，産業や経済の発展にともない，政治やb文化の面で民衆が活躍するようになった。

〔1〕下線部**a**に関して，南北朝を統一して政治の権限を幕府に集中させ，また，明との間で国交を結んで貿易を始めたのはだれか，その人物名を書きなさい。　　〈山形県〉

〔2〕下線部**b**に関して，右の写真の面は，上の文で述べた時代に，観阿弥・世阿弥親子が舞台芸術として大成した伝統演劇で用いられる女面である。この伝統演劇を何というか，その名称を書きなさい。　〈愛媛県〉

解き方・考え方

〔1〕 足利義満は，室町幕府を開いた足利尊氏の孫にあたる。後醍醐天皇が行った建武の新政が2年余りで終わった後，京都と吉野で二つの朝廷が対立。全国の武士がどちらかについて争っていたが，義満が3代将軍となったころに南朝がおとろえ，南北朝が統一された。その後，義満は，明が倭寇の取りしまりを求めると，倭寇を禁止し，

明との間で勘合を用いた貿易を開始した。

〔2〕 平安時代以来演じられていた田楽や猿楽という芸能をもとに観阿弥・世阿弥親子が大成した。

解答　〔1〕足利義満　〔2〕能〔能楽〕

　入試必出! **要点まとめ**

■ 建武の新政
足利尊氏らの活躍により鎌倉幕府が滅亡。後醍醐天皇が自ら政治を行ったが，公家を重視したため尊氏が挙兵し，天皇は吉野へ逃れた。

■ 南北朝の対立
全国の武士が吉野方の南朝か京都方の北朝のどちらかについて争った。

■ 室町幕府の成立
後醍醐天皇に対して挙兵した足利尊氏が京都に幕府を開いた。

● 室町幕府のしくみ　将軍の下に執権に代わって管領が置かれた。地方の守護が国内の武士を従え，守護大名となって領地を支配しはじめた。

■ 応仁の乱
幕府内部の争いや将軍家や管領家の相続争いが結びついてはじまり，11年も続いて京都は焼け野原となった。幕府の力は衰退し，地方の庶民や武士が力をつけた。

■ 土一揆
農民が徳政をかかげて高利貸しや寺院などを襲撃し，借金の証文や物品をうばった。

■ 北山文化
金閣を建てた3代将軍足利義満のころの文化。

■ 東山文化
銀閣を建てた8代将軍足利義政のころの文化。書院造の様式が生まれた。

1 75% 14世紀後半に元を中国から追い出して中国を統一した明は，日本に倭寇の禁止を求めてきた。これに対し，当時の幕府がとった政策について述べたものを，次の**ア～エ**のうちから一つ選びなさい。　　　　　　　　　　　　　　　　　　　　　　　　　　　　　　　　　　　　〈千葉県〉

ア　二度にわたって，国内の大名に命じて大軍を組織して大陸に出兵した。
イ　貿易の発展につとめ，海外に向かう貿易船に対して，朱印状をあたえた。
ウ　博多湾岸に防塁（石塁）を築いて，敵の上陸に備えた。
エ　海賊行為を禁じるとともに，貿易を許可した船に勘合をあたえた。

2 右の資料は，1428（正長元）年の土一揆のときに記された碑文である。これを見て，次の問いに答えなさい。

「正長元年ヨリサキ者（正長元年以前は）カンベ四カンガウ（神戸 4 か郷）ニヲキメ（借金）アルベカラズ」と記されている。

70% (1) この一揆をおこした人々の要求を，資料をもとにして簡潔に書きなさい。　〈岐阜県〉

66% (2) この一揆がおこった時代には，有力な農民を中心に，村ごとに自治組織がつくられ，かんがい用水路や林野の管理などについて，村のおきてを定めたりしていた。この自治組織を何というか，その名称を書きなさい。　〈山形県〉

51% (3) この一揆がおきたころの各地のようすを正しく述べたものを，次の**ア～エ**のうちから一つ選びなさい。　〈岐阜県〉
ア　平戸や長崎では，ポルトガルとの南蛮貿易が行われた。
イ　大阪は「天下の台所」とよばれる商業の中心地であった。
ウ　京都では，土倉や酒屋とよばれる富豪が金融業を営んだ。
エ　安土の城下では，楽市・楽座の政策がとられ，商工業が発達した。

3 69% 右の写真について説明した次の文中の　　　にあてはまる語句を書きなさい。　〈栃木県〉

> 　これは，銀閣のある慈照寺の東求堂同仁斎とよばれる部屋である。この時代には　　　という建築様式が発達した。この様式は，写真のように，床に畳を敷きつめ，柱は角柱にし，明障子を用いているところや，違い棚がもうけられているところなどに特徴がある。

戦国・安土桃山時代

 例題

正答率

↓

絶対落とすな!!
(1)
86%

絶対落とすな!!
(2)
85%

(1) 「室町幕府の滅亡」から「豊臣秀吉の全国統一」までの期間におこった社会の変化について正しく述べたものを，次の**ア〜エ**のうちから一つ選びなさい。 〈宮城県〉

ア 荘園ごとに地頭が配置されたことで，将軍を頂点とした主従関係による支配制度が整った。

イ 藩主のかわりに府知事や県令が派遣されたことで，中央に権力を集める体制ができあがった。

ウ 農民から刀などの武器を取りあげたことで，武士と農民との区別が明らかになった。

エ 戸籍が作成され班田収授法が実施されたことで，民衆と土地を支配するしくみができあがった。

(2) 織田信長は，市場の税を免除し，商工業の発展をはかるための政策を実施した。この政策を何というか，その名称を書きなさい。 〈青森県〉

解き方・考え方

(1) 豊臣秀吉は，全国統一(1590年)の前，1582年からの太閤検地と1588年の刀狩により，農民と武士の身分の区別を明確にする兵農分離を進めたので，**ウ**があてはまる。**ア**は，「地頭が配置」から鎌倉時代，**イ**は「府知事や県令が派遣」から明治時代，**エ**は「班田収授法」から飛鳥時代とわかる。

(2) 織田信長は，商工業を発展させるため，関所を廃止するとともに，市場の税を免除して，商品取り引きをさかんに行えるようにした。

解答 (1) ウ (2) 楽市・楽座

入試必出! **要点まとめ**

■**戦国大名**
応仁の乱後，**下剋上**の風潮が広まり，**戦国大名**が台頭。
● **分国法** 戦国大名が領地を治めるために制定。

■**ヨーロッパ人の来航**
● **鉄砲伝来** 種子島に流れ着いたポルトガル人により鉄砲が伝来。堺や国友などで製造された。
● **キリスト教伝来** イエズス会の宣教師**ザビエル**など多くの宣教師が来日。布教活動を行った。

■**南蛮貿易**
ポルトガル人やスペイン人と平戸や長崎などで貿易。生糸などを輸入，銀を輸出した。

■**織田信長の統一事業**
室町幕府を滅ぼす。**本能寺の変**で自害。
● **楽市・楽座** 安土などの城下で，座を廃止し，市場の税を免除して，商工業の発展をはかった。

■**豊臣秀吉の統一事業**
信長を継いで，1590年に全国統一を成しとげた。
● **太閤検地** 全国の田畑を調査し，田畑の生産量を石高で表すようになった。
● **刀狩** 一揆を防ぐために農民から武器を取り上げた。検地と刀狩によって**兵農分離**が確立。
● **朝鮮出兵** 明を攻めるため，2度にわたって朝鮮に出兵。豊臣氏の没落を早めた。

■**桃山文化**
千利休(わび茶)，**狩野永徳**(障壁画)，姫路城。

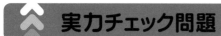
1 79%
室町時代に流行した茶の湯に関連して，堺の商人で，わび茶を完成させた人物の名前を，漢字で書きなさい。
〈大分県〉

2
右の資料を見て，次の問いに答えなさい。

(1) 62%
この人物が来日し，その後，南蛮貿易とよばれる貿易がはじまった。南蛮貿易で中国から日本へ輸入されたものとして最も適当なものを，次のア〜エのうちから一つ選びなさい。
〈宮崎県〉

ア 塩　　イ 生糸　　ウ 金　　エ 銀

> ☐の宣教師として，鹿児島に上陸し，2年あまり博多や山口などでキリスト教の布教活動を行った。

(2) 59%
この人物が，日本にキリスト教を伝えた後，多くの宣教師やヨーロッパの商人が来日した。その背景として正しいものを，次のア〜エのうちから一つ選びなさい。
〈佐賀県〉

ア　イギリスで産業革命がおこった。
イ　スペインやポルトガルが新航路を開拓した。
ウ　フランス革命がおこり，人権宣言が出された。
エ　イギリスがガンディ〔ガンジー〕による民族自決の運動を弾圧した。

(3) 58%
資料中の☐には，日本に宣教師を派遣した教団があてはまる。その教団の名称を書きなさい。
〈福島県〉

3 58%
織田信長に関することがらとして適当なものを，次のア〜エのうちから一つ選びなさい。
〈愛媛県〉

ア　延暦寺などの仏教勢力や自治都市の堺に対して厳しい態度でのぞみ，屈伏させた。
イ　長崎が外国の教団に寄進されていたことを知り，宣教師の国外追放を命じた。
ウ　大阪〔大坂〕に壮大な城を築いて本拠地とし，朝廷から関白に任命された。
エ　太閤検地をおし進める一方，刀狩を行い，農民から武器を取りあげた。

4 57%
次の文中の☐にあてはまる語句を書きなさい。
〈栃木県〉

> 応仁の乱以後，戦乱が広がるなかで各地にあらわれた戦国大名は，☐とよばれる独自のきまりを定め，領内の武士や農民を支配した。

例題

正答率

↓

絶対落とすな!!

(1)
90%

(2)
60%

徳川家康についてまとめた右のカードを見て，次の問いに答えなさい。

〈新潟県・改〉

(1) 資料中の　　　　にあてはまる語句を，次の**ア**〜
　　エのうちから一つ選びなさい。
　　ア 執権　　　　**イ** 京都所司代
　　ウ 管領　　　　**エ** 征夷大将軍

(2) 下線部に関して，次の文は徳川家康が行った貿
　　易について述べている。文中の　**A**　・　**B**
　　にあてはまる語句を正しく組み合わせたもの
　　を，あとの**ア**〜**エ**のうちから一つ選びなさい。

> 1603年，　　　　に任
> じられて江戸幕府を
> 開いた。朝鮮との国
> 交を回復し，オラン
> ダやイギリスとの通
> 商をはじめ，貿易の
> 発展につとめた。

　　　大名や商人は，　**A**　とよばれる文書によって，わが国の商船であ
　ることが証明された船を用いて貿易を行った。貿易がさかんになるに
　つれて多くの日本人が海外に渡り，　**B**　の各地には日本町ができた。

ア　**A**－朱印状，**B**－東南アジア　　　**イ**　**A**－朱印状，**B**－ヨーロッパ
ウ　**A**－勘合，**B**－東南アジア　　　**エ**　**A**－勘合，**B**－ヨーロッパ

解き方・考え方

(1) 関ヶ原の戦いに勝った徳川家康は，源頼朝が任じられて以来，武家の棟梁を意味する征夷大将軍となって，江戸に幕府を開いた。

(2) この文が述べているのは朱印船貿易。徳川家康は，大名や商人に朱印状（**A**）をあたえて，貿

易の発展につとめた。勘合は室町時代の勘合貿易〔日明貿易〕で使われた合い札のこと。朱印状をもった貿易船は，東南アジアへ出向いて各地で貿易を行ったため，日本人の町ができた。したがって，**B**は東南アジアである。

解答　(1) **エ**　(2) **ア**

入試必出!・要点まとめ

■江戸幕府の成立
　関ヶ原の戦いに勝った**徳川家康**が**征夷大将軍**となって江戸に幕府を開いた。
● **江戸幕府のしくみ**　幕藩体制。**親藩・譜代大名**は重要な地域，**外様大名**は遠い地域に配置。
● **参勤交代**　大名は1年おきに領地と江戸を往復し，妻子は江戸に住まわせた。

■鎖国
　ポルトガル船の来航禁止により**鎖国**が完成。長崎など4つの窓口での対外交流は続いた。

■幕政の改革
● **享保の改革**　8代将軍**徳川吉宗**による。上げ米の制，**公事方御定書**の制定，**目安箱**の設置など。
● **寛政の改革**　老中**松平定信**による。倹約令，**昌平坂学問所**の設置。囲米の実施など。
● **天保の改革**　老中**水野忠邦**による。物価引き下げをはかるため，**株仲間の解散**を命じるなどした。

■産業の発達
　農具の改良，商品作物の栽培。**五街道**の整備。都市では**株仲間**が結成される。

1 77%

次の文は, 鎖国政策のもとでも海外と交易をしていたある港について述べたものである。この港の位置を, 右の略地図中の**ア～エ**のうちから一つ選びなさい。 〈千葉県〉

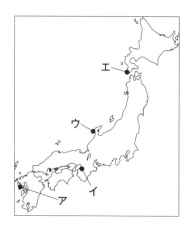

> 幕府は, この地の出島にオランダ商館を移して, 日本人との接触を制限する一方, オランダから世界の情勢をまとめた報告書を提出させた。

2

江戸時代の社会について, 次の問いに答えなさい。

(1) 田沼意次が幕府で力をふるっていた時期の国内の経済や社会のようすを正しく述べたものを, 次の**ア～エ**のうちから一つ選びなさい。 〈埼玉県〉 72%

　　ア　国内で生産された生糸が輸出用に買い占められて品不足になり, 日常品の物価も上昇した。このような中で外国人に反感をもつ人があらわれた。

　　イ　経済活動が発展する一方で, 地位や権利を得るため, わいろがさかんになった。また, 天明の大ききんの際には, 百姓一揆や大規模な打ちこわしがおこった。

　　ウ　二毛作が各地に広まり, 牛馬や水車を利用するようになって収穫が増えた。また有力な農民の指導のもとで, 村ごとに惣とよばれる自治的な組織がつくられた。

　　エ　都まで運んで納める税や, 九州北部に送られて防衛などにあたる兵役の負担を逃れるため, 逃亡する人がいた。

(2) 江戸時代に整備された五街道のうち, 江戸と京都を結ぶ街道を何というか, その名称を書きなさい。 〈福島県〉 51%

3 50%

右の略地図は, 江戸幕府の主な大名の配置図を示している。略地図を参考にして, 江戸幕府がどのように大名を配置したかを説明した次の文中の　**A**　・　**B**　にあてはまる語句を書きなさい。 〈佐賀県〉

主な大名の配置図（1664年）

…親藩（ ▨ …御三家）,
…譜代大名, …外様大名

> 　**A**　は, 江戸など重要な地域に近い場所に配置された。
> 　**B**　は江戸から遠く離れた場所に配置された。

例題

正答率
↓

絶対落とすな!!
(1)
88%

(2)
52%

〔1〕 次の文中の＿＿＿にあてはまる語句を，あとの**ア〜オ**のうちから一つ選びなさい。 〈長野県・改〉

> 化政文化を代表する葛飾北斎が「富嶽三十六景」を描いていたころ，町人や百姓の子どもたちに，読み，書き，そろばんを教える＿＿＿が数多くあった。

ア 蘭学 　　　**イ** 南蛮寺 　　　**ウ** 俳諧
エ 国分尼寺 　　　**オ** 寺子屋

〔2〕 大政奉還前のできごとである次の**A〜C**を，古い順に正しく並べたものを，あとの**ア〜エ**のうちから一つ選びなさい。 〈神奈川県〉

> **A** 大老の井伊直弼が桜田門外で暗殺された。
> **B** 坂本龍馬の仲立ちで薩摩藩と長州藩が同盟を結んだ。
> **C** 長州藩が外国から攻撃され，下関の砲台を占領された。

ア A→B→C 　　　**イ** A→C→B
ウ B→A→C 　　　**エ** C→A→B

解き方・考え方

〔1〕 寺子屋は，民間につくられた教育施設。生徒数は20〜30人程度の小規模であった。読み，書き，そろばんを教え，幕末には全国的に数が増えた。これによって庶民の識字率は高くなった。

〔2〕 Aの井伊直弼が暗殺されたのは1860年。Bの薩摩藩と長州藩の同盟締結は1866年。Cの外国の連合軍による下関砲台占領は1864年。ペリーの来航以後，長州藩を中心として尊王攘夷運動がさかんとなるが，下関砲台占領などで攘夷の無謀をさとった長州藩と薩摩藩は倒幕へ動いた。

解答 〔1〕オ 〔2〕イ

🌳🌳🌳 **入試必出!・ 要点まとめ**

■ **ペリーの来航**
　1853年，アメリカの使節ペリーが来航。大統領の国書を出して開国を要求。

■ **開国**
　翌年，再びペリーが来航。日米和親条約を結び下田と函館を開港。食料や水を供給。

■ **不平等条約**
　日米修好通商条約を結び貿易開始。領事裁判権を認め，日本に関税自主権がない不平等条約。

■ **安政の大獄**
　井伊直弼が幕府を批判する勢力を処罰。

■ **尊王攘夷運動から倒幕運動へ**
　尊王攘夷運動の限界を知り，薩摩藩と長州藩が坂本龍馬の仲介で同盟。倒幕へ。

■ **大政奉還**
　15代将軍徳川慶喜が政権を朝廷に返上。

■ **戊辰戦争**
　新政府軍と旧幕府軍が各地で戦う。函館で終結。

1　右の略地図を見て，次の問いに答えなさい。

74%　(1) 次の文で述べたできごとがおこった場所を，右の略地図中の**ア～エ**のうちから一つ選びなさい。　〈東京都〉

> 　太平洋横断航路や太平洋で操業する捕鯨船の食料や水の補給地として，日本の港を利用したいと考えていたアメリカ合衆国は，ペリーを使節として日本に派遣した。ペリーは4隻の軍艦を率いてこの地に来航し，大統領の国書を提出して，開国を求めた。

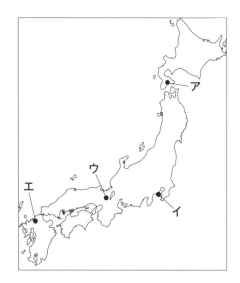

63%　(2) (1)の文のできごとの後，日本はアメリカと条約を結び，下田と函館を開港し，アメリカの船に水や食料などを供給することを認めた。この条約を何というか，その名称を書きなさい。　〈栃木県〉

2　次の文を読んで，あとの問いに答えなさい。　〈鹿児島県〉

> 　天保のききんで苦しむ人々を救うために，もと役人であった大塩平八郎が門弟らとおこした乱は，1日でしずめられたが，幕府はこの事件に大きな衝撃を受けた。

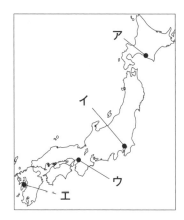

72%　(1) 下線部の乱がおこった場所を，右の略地図中の**ア～エ**のうちから一つ選びなさい。

63%　(2) この文で述べた乱がおこった当時，幕府は日本の沿岸に接近する外国船に対して，どのように対応する方針をとっていたか，簡潔に書きなさい。

明治時代（1）

例題

正答率

(1) **55**%

(2) **68**%

(3) **53**%

次の３枚のカードは，明治維新を学習するために先生が示したキーワードである。これを見て，次の問いに答えなさい。

| A　新政府の方針 | B　富国強兵・殖産興業 | C　地租改正 |

(1) Aのカードに関して，1868年に明治新政府の方針が発表された。このとき発表された新政府の方針の一部としてあてはまるものを，次の**ア～エ**のうちから一つ選びなさい。　〈岡山県〉

ア 「和をもって貴しとし（貴しとなし）さからうことなきを宗とせよ（宗となせ）」

イ 「広ク会議ヲ興シ万機公論ニ決スヘシ」

ウ 「天皇ハ神聖ニシテ侵スヘカラス」

エ 「思想及び良心の自由は，これを侵してはならない」

(2) Bのカードのキーワードと最も関係のあるできごとを，次の**ア～エ**のうちから一つ選びなさい。　〈福岡県〉

ア 国家総動員法が制定された。　イ シベリア出兵が行われた。

ウ 官営の富岡製糸場がつくられた。　エ 財閥が解体された。

(3) Cのカードの政策が実施されたころのできごとを，次の**ア～エ**のうちから一つ選びなさい。　〈滋賀県〉

ア 農地改革が行われた。　イ 天保の改革が行われた。

ウ 普通選挙法が成立した。　エ 学制が公布された。

解き方・考え方

(1) この新政府の方針を五箇条の御誓文という。1868年３月，天皇が神に誓うという形で出された。

(2) 富国強兵は，国の経済力を高めて軍隊をつくり国を強くすること。殖産興業は，近代産業を育てることである。そのために政府は富岡製糸場などの官営模範工場をつくった。

(3) 地租改正は1873年から行われた。新しい国づくりの柱の一つは税制の改革であった。

解答 (1)イ (2)ウ (3)エ

 入試必出！ **要点まとめ**

■**明治維新**
● **五箇条の御誓文** 新政府の方針を示す。
● **版籍奉還** 藩主に土地と人民を返させる。
● **廃藩置県** 藩を廃止して府・県を置いて，府知事・県令を任命した。
● **地租改正** 土地所有者に地券を発行し，地価の３％の地租を現金で納めさせた→財政が安定。

● **学制** ６歳以上の男女に小学校教育。
■**自由民権運動**
板垣退助らが民撰議院設立の建白書を提出。
■**大日本帝国憲法**
1889年に制定。プロイセンの憲法を手本。
■**帝国議会**
衆議院と貴族院の二院制。

1 76%

右の資料について説明した次の文中の　A　・
　B　にあてはまる人物名とことばを正しく
組み合わせたものを，あとのア～エのうちか
ら一つ選びなさい。　　　　　　　　　〈愛媛県〉

　　この写真は，　A　を全権大使とし，
木戸孝允（き ど たかよし）や大久保利通（おお く ぼ としみち）らを副使とした使
節団で，1871年から1873年にかけてア
メリカやヨーロッパを訪問したときのも
のである。この使節団は　B　帰国した。

ア　A－伊藤博文（い とう ひろ ぶみ），B－欧米の進んだ政治や産業，社会の状況を視察して
イ　A－伊藤博文，B－数年後に迫った国会開設に備えてプロイセンの憲法を学んで
ウ　A－岩倉具視（いわくら とも み），B－欧米の進んだ政治や産業，社会の状況を視察して
エ　A－岩倉具視，B－数年後に迫った国会開設に備えてプロイセンの憲法を学んで

2 X 61% / Y 72%

次の文は，明治初期の教育について述べたものである。資料中の　X　に当てはまる法令
の名前を書きなさい。また，　Y　に当てはまる内容を，簡潔に書きなさい。　〈山梨県〉

　　1872年，明治政府は　X　を公布し，6歳以上の男女はすべて小学校に通うように
定めた。しかし，当初は，農村などでは大人と同様に子どもも　Y　として大切な存
在であったことや，授業料負担が家計にとって重かったことから，子どもの通学に反
対する動きもあった。特に女子の就学率は低かった。

3

次の文を読んで，あとの問いに答えなさい。

　　明治新政府は，従来の納税方法を改め，土地の価格を定めて地券を発行し，土地の
持ち主が現金で納税する制度を採用した。その結果，国の財源は安定に向かった。

67% (1) 1869年，明治新政府は全国の藩主に土地と人民を返させた。このことを何というか，
その名称を書きなさい。　　　　　　　　　　　　　　　　　　　　　　　　〈山形県〉

55% (2) この文で述べたころのできごととして最も適当なものを，次のア～エのうちから一つ選
びなさい。　　　　　　　　　　　　　　　　　　　　　　　　　　　　　　〈千葉県〉
　　ア　東京の銀座に，れんが造りの建物が建てられ，ガス灯が設置された。
　　イ　電話交換手やバスの車掌など，さまざまな職業への女性の進出が進んだ。
　　ウ　石油価格の上昇により物価が急上昇し，日用品の買い占めがおこった。
　　エ　白黒テレビ，電気冷蔵庫，電気洗濯機が家庭に普及した。

例題

正答率

(1) **57**%

(2) **54**%

(3) **58**%

右の資料は，社会科の授業で研究発表をするために作成したものである。これを見て，次の問いに答えなさい。〈新潟県〉

下関条約	1895（明治28）年	a中国は，朝鮮の独立を認め，日本に対してb遼東半島や台湾などをゆずりわたし，賠償金を支払うことになった。

(1) 下線部 **a** に関して，中国のこの時期の王朝を何というか，その王朝名を書きなさい。

(2) 下線部 **b** に関して，遼東半島の位置を示すものとして最も適当なものを，右の略地図中の**ア〜ウ**のうちから一つ選びなさい。

略地図

(3) この条約が結ばれたのち，ロシア，ドイツ，フランスは，日本が獲得した遼東半島を中国に返すよう要求した。このできごとを何というか，その名称を書きなさい。

解き方・考え方

(1) 「下関条約」は，日清戦争の講和条約であるから，この時期の中国は清である。清は17世紀半ばに中国を統一し，20世紀初めの辛亥革命で滅んだ。

(2) 旅順や大連がある遼東半島は，三国干渉で日本が清に返還した後，ロシアが租借地とした。

(3) ロシアは露仏同盟によって同盟関係にあったフランスと，中国分割に野心をもっていたドイツを誘って，遼東半島の返還を日本に求めてきた。

解答 〔1〕清 〔2〕ア 〔3〕三国干渉

 入試必出！ 要点まとめ

■**日清戦争**
朝鮮をめぐって日本と清が対立。朝鮮での甲午農民戦争をきっかけに戦争へ。日本が勝利。
●**下関条約** 清は朝鮮の独立を認め，日本に遼東半島や台湾などをゆずり，賠償金を支払う。
●**三国干渉** ロシア，フランス，ドイツが遼東半島の返還を要求。日本は要求に応じ返還。
■**日英同盟**
利害が一致する日本とイギリスが同盟を結ぶ。イギリスは日露戦争で日本を支援。

■**日露戦争**
韓国や満州をめぐって日本とロシアが戦争へ。
●**ポーツマス条約** ロシアは韓国での日本の優越権を認め，旅順・大連の租借権などをゆずるが賠償金は支払われず→日比谷焼き打ち事件。
■**日本の産業革命**
1901年に八幡製鉄所が操業開始。
■**条約改正**
1894年，イギリスとの間で領事裁判権撤廃。関税自主権の回復は1911年。

1 かずみさんは歴史について興味のあるテーマを設定し，それについて調べて右のカードを作成した。これを見て，次の問いに答えなさい。

> **悲願の条約改正**
> わが国は，不平等条約の改正に努力を続けてきたが，なかなか成功しなかった。しかし，a国際情勢の変化もあり，不平等条約のなかの領事裁判権の撤廃に成功した。その後も，条約改正の努力を続け，b経済発展に必要な貿易上の権利を回復し，不平等条約の改正が達成された。

64% (1) 下線部**a**に関して，次の文は，国際情勢の変化について述べたものである。文中の **A**・**B** にあてはまる国を正しく組み合わせたものを，あとの**ア〜エ**のうちから一つ選びなさい。　〈高知県〉

> 東アジアでさらに勢力を拡大しようとしている **A** に対抗するために **B** はわが国と手を結ぶ政策をとるようになり，1902年にわが国と条約を結んだ。

　　ア A－フランス，B－イギリス　　　**イ** A－フランス，B－ドイツ
　　ウ A－ロシア，B－イギリス　　　　**エ** A－ロシア，B－ドイツ

78% (2) 下線部**b**に関して，条約改正をめざして，わが国では欧化政策が進められた。領事裁判権の撤廃とともに，経済発展に必要な貿易上の権利を回復するためである。この貿易上の権利とは何か，その名称を書きなさい。　〈奈良県〉

---

2 日本の産業革命について，次の問いに答えなさい。

74% (1) 右の資料は，わが国の輸入総額の内訳を示している。この資料から読み取れる輸入総額の内訳の変化について述べた次の文中の **A**・**B** にあてはまる語句を書きなさい。　〈福岡県〉

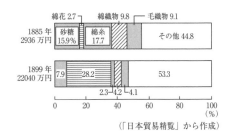

綿花 2.7　綿織物 9.8　毛織物 9.1
1885年 2936万円　砂糖 15.9%　綿糸 17.7　その他 44.8
1899年 22040万円　7.9　28.2　53.3
2.3　4.2　4.1
0　20　40　60　80　100 (%)
（「日本貿易精覧」から作成）

> 紡績業（ぼうせきぎょう）が発展したことにより，原料である **A** の輸入額の割合が **B** した。

68% (2) 日清戦争の後，明治政府は国内の産業を発展させるために，官営の施設を建設した。この施設を，次の**ア〜エ**のうちから一つ選びなさい。　〈埼玉県〉

　　ア 鹿鳴館　　　**イ** 富岡製糸場　　　**ウ** 八幡製鉄所　　　**エ** 開拓使

大正・昭和時代

例題

正答率

(1)
73%

(2)
53%

(3)
52%

右の略年表を見て，次の問いに答えなさい。

(1) 略年表中のXの時期にお
こった第一次世界大戦に関
係するできごととしてあて
はまるものを，次のア〜エ
のうちから一つ選びなさい。

年　代	で　き　ご　と
1912	第一次護憲運動がはじまる
1925	普通選挙法が制定される
1931	満州事変がおこる
1946	日本国憲法が公布される

〈福島県〉

ア　オーストリア皇太子夫妻が暗殺された事件を機に，戦争がはじまった。
イ　日本は日独伊三国同盟を結んでいたので，同盟国側に加わった。
ウ　フランスでは戦争や皇帝の専制に対する不満が高まり革命がおこった。
エ　アメリカで講和会議が開かれ，ポーツマス条約が結ばれた。

(2) 略年表中のYの時期におこったわが国のできごとについて述べたものを，
次のア〜エのうちから一つ選びなさい。　　　　　　　　　〈秋田県〉
ア　全国で初めてラジオ放送が開始された。
イ　太陽暦の採用で日曜日が休日となった。
ウ　生活物資の切符制や配給制がはじまった。
エ　米価が上がり米騒動が全国に広がった。

(3) aのできごとと同じころに，社会主義運動などを取りしまる法律が制定
された。この法律の名称を書きなさい。　　　　　　　　　〈福島県〉

解き方・考え方

(1)　アのオーストリア皇太子夫妻暗殺は，第一次世界大戦のきっかけとなったサラエボ事件。したがってアが正解。イの日独伊三国同盟締結は第二次世界大戦中のできごと。ウはフランスではなくロシアのできごと（1917年のロシア革命）。エのポーツマス条約は日露戦争の講和条約。

(2)　Yの時期には，国民生活が制限されたので，ウがあてはまる。アのラジオ放送の開始とエの米騒動は大正時代，イの太陽暦の採用は明治時代。

(3)　第二次世界大戦後に廃止された。

解答　(1) ア　(2) ウ　(3) 治安維持法

入試必出！・要点まとめ

■ 第一次世界大戦
三国協商と三国同盟の対立から開戦。

■ 米騒動
シベリア出兵をみこした米の買い占めにより米価が高騰。暴動が全国に広がる。

■ 大正デモクラシー
民主主義を求める運動。吉野作造の民本主義。

■ 世界恐慌
ニューヨークで株価が大暴落。アメリカはニューディール政策，イギリスなどはブロック経済。

■ 第二次世界大戦
ドイツがポーランドへ侵攻し開戦。日本は日独伊三国同盟を結び，太平洋戦争開戦。ポツダム宣言を受諾して，日本は無条件降伏。

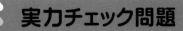

1 第二次世界大戦について，次の問いに答えなさい。

94% (1) 1945年，日本は［　　　］宣言を受諾し無条件降伏した。［　　　］には，この年に連合国側の首脳が会談を行った場所の地名があてはまる。［　　　］にあてはまる地名を書きなさい。

〈山形県〉

84% (2) 第二次世界大戦中，日本では「勤労動員(きんろうどういん)」が行われた。この「勤労動員」が行われた背景として最も適当なものを，次の**ア〜エ**のうちから一つ選びなさい。 〈神奈川県〉

 ア 労働組合法が制定され，労働組合の活動が活発になったから。
 イ 多くの人が戦場に送られ，国内の労働力が不足したから。
 ウ 小学校の就学率がほぼ100パーセントになったから。
 エ 繊維などの軽工業を中心に産業革命がおきたから。

60% (3) 右の図は，第二次世界大戦当時の国際関係を示したものである。図中の［　　　］にあてはまる語句を書きなさい。 〈福岡県〉

```
                    ┌──────────┐
                    │ アメリカ │
                    │ イギリス │
                    │ フランス │
                    └──────────┘
                    ↗          ↖
              [対立]          [対立]
              ↙                  ↖
┌──────────┐        ┌──────────┐        ┌──────┐
│ ドイツ   │ ──→   │ 1940年   │ ←──   │ 日本 │
│ イタリア │        │[　]締結(ていけつ)│        └──────┘
└──────────┘        └──────────┘
```

2 右の資料を見て，次の問いに答えなさい。

54% (1) 下線部**a**に関して，第一次世界大戦の講和条約と関係があるものを，次の**ア〜エ**のうちから一つ選びなさい。

〈宮崎県・改〉

 ア 日本は南満州鉄道株式会社を設立し，満州経営を本格化することが認められた。
 イ ロシア革命を支援するため，日本やアメリカなどによるシベリアへの出兵が決められた。
 ウ 国際協調・民族自決の方針のもと，ウィルソン大統領の提案で国際連盟が誕生した。
 エ 清は朝鮮の独立を認め，日本に遼東(リアオトン)半島や台湾などをゆずりわたした。

> a第一次世界大戦中に日本の艦隊が地中海に派遣された。この戦争が始まると，日本は日英同盟を理由にドイツに宣戦し，b中国山東省の青島(シャントン)(チンタオ)を占領した。

59% (2) 下線部**b**に関して，大正4（1915）年に，日本政府は，次の文で述べた内容の文書を中国政府に提出した。この文書を何というか，その名称を書きなさい。 〈新潟県〉

> 一，中国政府は，ドイツが山東省にもっているいっさいの権利を日本にゆずる。
> 一，日本の旅順(リュイシュン)・大連(ターリエン)の租借(そしゃく)の期限，南満州鉄道の期限を99か年延長する。

例題

正答率

(1) **65%**

絶対落とすな!!

(2) **87%**

次の文を読んで，あとの問いに答えなさい。　　　　　　　　〈愛媛県〉

　　日本経済は，1950年代の中ごろから，その後20年近くの間，高い成長を保ちながら発展した。1973年の◻◻◻◻◻で一時深刻な影響を受けたが，エネルギーなどをあまり使わないようにして，経済的に困難な状況を乗り切った。

〔1〕　文中の下線部におけるわが国の経済や社会のようすについて述べた文として最も適当なものを，次のア～エのうちから一つ選びなさい。

　　ア　熊本県の水俣や三重県の四日市などをはじめとする各地で，公害問題が深刻化した。

　　イ　富岡製糸場などの官営模範工場がつくられ，新技術の開発と普及がはかられた。

　　ウ　インターネットなどが急速に普及し，世界各地との結びつきがより強くなった。

　　エ　重工業の発展の基礎となる鉄鋼生産のため，官営の八幡製鉄所が設立されて操業をはじめた。

〔2〕　文中の◻◻◻◻◻には，1973年に中東で起きた戦争をきっかけに，中東などの石油産出国が石油価格を約4倍に引き上げたことにより，日本を含む世界の経済が打撃を受けたできごとの名称があてはまる。そのできごとの名称を書きなさい。

解き方・考え方

〔1〕　この時期の日本の経済成長を高度経済成長という。この時期には毎年，経済成長率が10%を超え，個人の所得ものびた。一方で，公害問題など，経済成長のひずみも顕著になっていった。1971年には，公害問題への対策として環境庁が設置され，その後，法律も整備された。

〔2〕　中東のイスラエルと周辺のアラブ諸国の対立はたびたび戦争に発展しており，1973年には第四次中東戦争がおこっている。その際，アラブ諸国が原油の輸出制限と価格の引き上げを行ったため，世界的に経済が混乱した。

解答　〔1〕ア　〔2〕石油危機〔オイル・ショック〕

入試必出!　要点まとめ

■ **戦後の民主化**
　財閥解体，農地改革などが実施され，20歳以上の男女に選挙権。日本国憲法が制定された。

■ **国際社会への復帰**
　サンフランシスコ平和条約によって日本は独立を回復。アメリカとの間で日米安全保障条約も結ばれる。1956年に日ソ共同宣言→国連加盟。

■ **冷たい戦争〔冷戦〕**
　戦後，アメリカ側とソ連側に分かれて対立。

■ **高度経済成長**
　1950年代後半から日本の経済は急激に成長。

■ **国際関係の変化**
　1980年代後半に東欧諸国で民主化。冷戦終結。ソ連解体。東西ドイツ統一。同時多発テロ。

実力チェック問題

解答・解説　別冊 P. 10

1　第二次世界大戦終結後の日本について，次の問いに答えなさい。

83% 絶対落とすな!!

[1] まいさんは，第二次世界大戦後の社会の変化に興味をもち，衆議院議員選挙の有権者数を示した右の**表**を作成した。そして，戦後初めて行われた衆議院議員選挙の投票のようすを表した**写真**を見つけた。**表**を見ると，1946年の有権者数が大幅に増加しているが，その理由を，写真を参考にして書きなさい。
〈岐阜県〉

[表]わが国の衆議院議員選挙の有権者数

西暦	有権者数(万人)
1936	1,430
1937	1,440
1942	1,459
1946	3,688
1947	4,091
1949	4,211

(「日本長期統計総覧」より作成)

[写真]戦後初の衆議院議員選挙の投票の様子

64%

[2] 右の**資料**は，福島県の自作地・小作地別耕地面積の割合の変化を表したものである。戦後の民主化政策のうち，この変化に大きく関わる政策を何というか。漢字4字で書きなさい。
〈福島県〉

資料　福島県の自作地・小作地別耕地面積の割合の変化

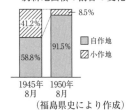

(福島県史により作成)

2　**72%**　次の文は，第二次世界大戦後の世界について述べたものである。文中の　　にあてはまる語句を書きなさい。
〈埼玉県・改〉

> 　日本がサンフランシスコ平和条約を締結したころ，世界では二つの陣営が形成され北大西洋条約機構とワルシャワ条約機構を結成するなどして対立した。その影響は，世界各地におよんだ。中心になった国どうしの直接の戦争はなかったため，この東西両陣営の対立を，「　　」とよぶ。

3　**55%**　「第二次世界大戦の終結(1945年)」から「ソ連の解体(1991年)」までの時期の日本の外交に関して述べた次の**A～D**の文を，年代の古い順に正しく並べかえたものを，あとの**ア～エ**のうちから一つ選びなさい。
〈埼玉県〉

> **A** アメリカの統治下にあった沖縄が，日本へ復帰した。
> **B** アメリカなど48か国とサンフランシスコ平和条約を締結した。
> **C** 日ソ共同宣言が出され，ソ連の支持も得て国際連合に加盟した。
> **D** 日中共同声明による国交の正常化に続き，日中平和友好条約を結んだ。

ア　A→B→D→C　　　イ　A→C→B→D
ウ　B→A→D→C　　　エ　B→C→A→D

歴史の資料を読み取る問題

例題

正答率
↓
絶対落とすな!!
82%

課題研究で，滋賀県と他地域との関わりについて調べていた真理さんは，滋賀県が昔は近江国と呼ばれていたことを知り，中世にえがかれた近江国に関する右の資料を見つけた。資料を参考にして，中世社会のようすについて述べた文として適当なものを，次のア〜エのうちから一つ選びなさい。　〈宮城県〉

中世にえがかれた近江国のようす

ア　中世の社会では，幕府が関所を廃止したため，庶民の寺社参詣がさかんになった。

イ　中世の社会では，都の奈良と地方を結ぶ街道に駅が設けられ，国司などが利用していた。

ウ　中世の社会では，商業が発達し，物資の流通が活発になり，馬借が活躍していた。

エ　中世の社会では，備中ぐわなど，農具の改良が進み，農業の生産力が高まっていた。

解き方・考え方

中世とは，平安時代末期から室町時代。それ以前を古代，安土桃山時代から江戸時代を近世，明治時代から第二次世界大戦前を近代，それ以降を現代と区分する。中世には，各地で産業がさかんになった。二毛作が広まり，農耕には水車や牛馬を使うようになった。産業がさかんになると，物資の流通が活発になり，資料に見られるような馬借が活躍していた。したがって，正解は**ウ**である。**ア**の寺社参詣は，江戸時代にさかんになったが，関所が廃止されたのは明治時代。**イ**は奈良時代，**エ**は江戸時代の社会のようす。

解答　**ウ**

　入試必出! **要点まとめ**

■ よく出題される歴史の資料問題

● **史料を使った問題**　下の「魏志」の倭人伝や十七条の憲法はよく出題される。また，刀狩令やポツダム宣言なども史料中の穴うめで出題される。

> 人々は，一人の女子を王とした。その名を卑弥呼といった。卑弥呼は神に仕え，夫はなく，弟が助けて国を治めている。……（略）
>
> 「魏志」の倭人伝より（部分要約）

> 一に曰く，和をもって貴しとなし，さからうことなきを宗とせよ。
> 二に曰く，あつく三宝を敬え。三宝とは仏・法・僧なり。
>
> 十七条の憲法（一部）

（秋田県で出題された史料）

● **グラフや表を使った問題**　下の衆議院議員総選挙の有権者数の推移を示したグラフはよく出題される。また，米騒動前の米価の推移や農地改革による自作農の増加も頻度が高い。

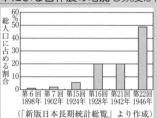

（「新版日本長期統計総覧」より作成）

（千葉県で出題されたグラフ）

1 74%

右の資料は，日露戦争前の国際関係を表したビゴーの風刺画である。日露戦争の前に，ロシアに対抗するために日本がとった外交上の政策について，資料を参考にして，簡潔に書きなさい。

〈宮崎県〉

資料	ビゴーの風刺画

2 68%

右の資料は，第二次世界大戦前の日本における銀行の数の推移を表したものである。資料中の**X**の期間に銀行の数が大きく減少した背景の説明として最も適当なものを，次の**ア〜エ**のうちから一つ選びなさい。

〈福島県〉

日本における銀行の数の推移

行

2500
2000
1500
1000
500
0
　1905　1915　1925　1935　1945　年

←**X**→

（「日本長期統計総覧」により作成）

ア 官営の富岡製糸場をつくるなど，政府が近代産業を育てようとしたため。

イ 第一次世界大戦による好景気が物価上昇をもたらし，米騒動が全国に広がったため。

ウ GHQが戦後の民主化をすすめる改革の一つとして，財閥解体を指示したため。

エ 震災後におきた金融恐慌や，世界恐慌の影響による昭和恐慌がおこったため。

3 63%

次の**資料**は，奈良時代に出された，ある法律の重要な内容を示したものである。資料中の　　　にあてはまる語句を，あとの**ア〜エ**のうちから一つ選びなさい。　　〈山梨県・改〉

> **資料**　……　　　　は，今後は，自由に私有の財産とし，みな永久にとりあげないことにする。……
> （「続日本紀」の記事の一部要約）

ア 荘園（しょうえん）　　**イ** 墾田（こんでん）　　**ウ** 口分田（くぶんでん）　　**エ** 公領（こうりょう）

4 54%

右の資料は，19世紀後半から20世紀前半にかけてのわが国の生糸と鉄の輸出額の推移を示している。この資料から，わが国の軽工業と重工業はどのような順に発達したか，「生糸に代表される」の書き出しで書きなさい。

〈福岡県〉

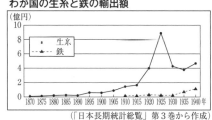

わが国の生糸と鉄の輸出額

（億円）

10
8
6
4
2
0
1870　1875　1880　1885　1890　1895　1900　1905　1910　1915　1920　1925　1930　1935　1940　年

生糸
鉄

（「日本長期統計総覧」第3巻から作成）

歴史の文章で答える問題

例題

正答率

(1)
57%

(2)
56%

(1) 右の写真は姫路城である。姫路城は桃山文化の特徴をよく表している。桃山文化とはどのような特徴をもつ文化か簡潔に書きなさい。

〈奈良県〉

(2) 1918年におこった米騒動の原因について，右の**略年表**と，当時の東京での1石（約150kg）あたりの米の価格を示した下の**表**を参考にして，簡潔に書きなさい。ただし，「米の買い占め」ということばを使うこと。

〈岐阜県〉

略年表

西暦	で き ご と
1914	第一次世界大戦が始まる。
1917	ロシア革命がおこる。
1918	シベリア出兵が始まる。
1919	ベルサイユ条約が結ばれる。

[表] 東京での1石（約150kg）あたりの米の価格
※価格は平均を示す。

西　　暦	1914	1915	1916	1917	1918	1919	1920
価格（円）	16.2	13.1	13.7	19.8	32.5	46.7	44.3

（「明治大正国勢総覧」より作成）

解き方・考え方

(1) 文化の特徴を述べるには，その文化が栄えた背景にあるものやその文化をになった人たちから考える。桃山文化は，新興の大名や豪商たちの気風を反映した文化で，豪華で雄大な文化という特徴がある。世界遺産に登録されている姫路城は，桃山文化を代表する建築物である。

(2) 指定語句の「米の買い占め」が，なぜ行われたのかを述べることがポイント。米の買い占めは，シベリア出兵をみこした商人たちが行ったもの。

解答 (1)（例）豪華で雄大な文化。 (2)（例）シベリア出兵をみこして米の買い占めが行われ，米の価格が急に上昇したから。

入試必出！ 要点まとめ

■よく出題される歴史の論述問題

● **墾田永年私財法が出された理由**
墾田永年私財法が出された理由を説明する。
対策…人口増加などにより，口分田が不足。口分田不足をおぎなうために出されたことを理解。

● **太閤検地と刀狩による社会の変化**
豊臣秀吉の政策による社会の変化を説明する。
対策…兵農分離が確立したことを理解しておく。

● **不平等条約の内容**
日米修好通商条約の不平等な内容を説明する。
対策…領事裁判権と関税自主権の内容を理解し，それぞれが改正された時期までおさえる。

● **殖産興業の目的**
明治新政府の殖産興業の目的を説明する。
対策…「官営」「近代産業」が指定語句とされることが多い。

1 72%

1931年，日本軍が満州事変をおこし，翌年「満州国」が建国されると，国際連盟は，下の**資料１**の調査団を派遣した。その報告書によって国際連盟は総会で，日本軍が満州国から撤退するよう求めた。このあと，日本は外交上どのような状況に追い込まれたか。**資料２**を参考にして「脱退」「孤立」という二つの語句を使って書きなさい。　〈佐賀県〉

【資料１】　爆破された線路を調べる調査団

【資料２】国際連盟総会から日本代表が退場したことを伝える新聞

2 62%

右の資料は，明治政府の歳入の変化を示している。この資料から読み取れることを一つ書きなさい。　〈青森県〉

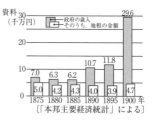

3 54%

右の**資料１**は，第一次世界大戦中の貿易額の推移，**資料２**は，同時期の物価と賃金の推移を示している。第一次世界大戦中の日本の景気は，好景気，不景気のどちらであったか。また，労働者の生活のようすはどうであったか。**資料１・２**を参考にして書きなさい。ただし，「物価」「賃金」という語句を使うこと。　〈鹿児島県〉

資料１　貿易額の推移

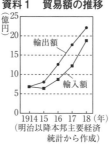

資料２　物価と賃金の推移

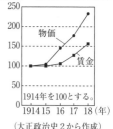

4 52%

次の文は，「鎌倉幕府の支配の拡大」について調べたある班のレポートの一部である。文中の　　　に適当なことばを入れて文を完成させなさい。ただし，「六波羅探題」「監視」の二つのことばを含めること。　〈愛媛県〉

> 　後鳥羽上皇は，鎌倉幕府の混乱を見て挙兵したが，幕府に敗れた。このできごとを承久の乱という。承久の乱をきっかけに，鎌倉幕府は，　　　　　　。

例題

正答率
↓

58%

次の略年表中の**A〜C**は，それぞれ政治組織としての「幕府」が大きな権力をもった時代である。それぞれの時代の「幕府」について述べた文として誤っているものを，あとの**ア〜エ**のうちから一つ選びなさい。〈埼玉県〉

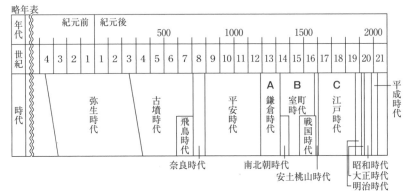

ア Aの「幕府」の実権は将軍から執権にうつり，北条氏がこれを独占した。

イ Bの「幕府」の将軍を補佐したのは管領で，有力な守護大名が任じられた。

ウ Cの「幕府」の将軍を補佐したのは摂政で，譜代大名などが任じられた。

エ A，B，C，いずれの「幕府」も，武家によって開かれた。

解き方・考え方

Aの時代の鎌倉幕府は3代将軍の源実朝が暗殺されたあと，幕府を開いた源頼朝の妻北条政子の実家である北条氏が代々受けついだ執権が実権をにぎった。したがって，**ア**は正しい。Bの時代の室町幕府では，有力な守護大名が管領の職について将軍を補佐した。したがって，**イ**は正しい。

Cの時代の江戸幕府で将軍を補佐したのは，譜代大名から選ばれた老中。摂政は聖徳太子や藤原氏などがついた朝廷の役職である。したがって，**ウ**は誤り。A，B，Cいずれの時代の幕府も武家によって開かれた。したがって，**エ**は正しい。

解答 ウ

 入試必出！ **要点まとめ**

■ 日本と外国の関係

時期	外交上のできごと
7世紀初め	遣隋使
7世紀〜9世紀終わり	遣唐使
平安時代〜鎌倉時代	日宋貿易
室町時代	日明〔勘合〕貿易
16世紀中ごろ	鉄砲・キリスト教の伝来
安土桃山時代	南蛮貿易
安土桃山〜江戸時代初め	朱印船貿易
1639〜1854年	鎖国
1854年	日米和親条約
1858年	日米修好通商条約

■ 主な文化の流れと代表的な建築物や作品

文化名	時期	代表的な建築物や作品など
飛鳥文化	飛鳥時代	法隆寺釈迦三尊像
天平文化	奈良時代	東大寺正倉院
国風文化	平安時代	「源氏物語」「枕草子」
鎌倉文化	鎌倉時代	東大寺南大門　「平家物語」
北山文化	室町時代前半	金閣
東山文化	室町時代中ごろ	銀閣
桃山文化	安土桃山時代	姫路城　「唐獅子図屛風」
元禄文化	江戸時代中ごろ	「奥の細道」「日本永代蔵」
化政文化	江戸時代終わり	「東海道中膝栗毛」「富嶽三十六景」

1　右の略年表は，なつ子さんがあるテーマにもとづいて作成したものである。これを見て，次の問いに答えなさい。

〈青森県〉

世紀	で　き　ご　と
3	邪馬台国の卑弥呼が魏に使いを送る
4〜6	渡来人が大陸文化を伝える
7	遣隋使が派遣される
13	元が二度にわたり襲来する
15	勘合貿易がはじまる
16	a南国人とよばれたポルトガル人やスペイン人が来航する
19	bアメリカのペリーが開国を要求する
	日清戦争がおこる
20	日露戦争がおこる

94%
(1) 略年表のテーマとして最も適切なものを，次のア〜エのうちから一つ選びなさい。
　　ア　日本とヨーロッパの貿易について
　　イ　諸外国の生活と文化について
　　ウ　日本と外国とのかかわりについて
　　エ　東アジアを訪れた日本人について

85%
(2) 下線部aは，なつ子さんがまちがって書いた。正しい語句になおして書きなさい。

52%
(3) 下線部bの結果結ばれた条約によって，日本が開港した港の名称を二つ書きなさい。

2　68%
次のア〜エは，20世紀にわが国がかかわった三つの戦争と，第二次世界大戦の後の冷戦における主な国々の関係を示したものである。このうち第二次世界大戦にあてはまるものを一つ選びなさい。〈愛媛県〉

ア
アメリカ　西ドイツ　日本 ⬌ ソ連　東ドイツ

イ
ドイツ　イタリア　日本 ⬌ アメリカ　イギリス　フランス　ソ連　中国

ウ
イギリス　アメリカ → 日本 ⬌ ロシア ← フランス

エ
ロシア　フランス　イギリス　アメリカ　日本 ⬌ ドイツ　オーストリア　トルコ

(注) 複数の国を囲んだ☐は同じ陣営を，→は戦費調達や資金援助の関係を，⬌は対立の関係を，それぞれ表している。

3　右の略年表は，わが国の土地制度と農村のようすの移り変わりをまとめたものである。略年表中の①〜④のころの農村のようすについて述べているものを，次のア〜エのうちから一つずつ選びなさい。

〈滋賀県〉

時代	飛鳥	奈良	平安	鎌倉	室町	安土・桃山	江戸	明治	大正	昭和
土地制度	公地公民					太閤検地		地租改正		農地改革
農村のようす			①		②			③	④	

(注：略年表の各時代の幅は，各時代の長さとは関係ない)

① 58%
② 54%
③ 64%
④ 60%

ア　牛馬を使った耕作や米と麦をつくる二毛作が各地に広まり，生産力が高まった。
イ　小作人が地主に対して，小作料の引き下げを要求する小作争議がひんぱんにおこった。
ウ　鉄製の農具も広まり稲の収穫が増えたが，人口も増加したため口分田が不足してきた。
エ　天明のききんがおこり，生活が苦しくなった百姓は一揆をおこした。

現代社会とわたしたちの生活

例題

正答率

65%

次の表は，日本および右の略地図のイギリス，スウェーデンの，1970年と2010年における年齢別人口割合をそれぞれ示したものである。表をもとにして，日本の高齢化がイギリス，スウェーデンと比べて急速に進んでいるということを説明しなさい。

〈北海道〉

国	項目 年	年齢別人口割合（%）		
		0〜14歳	15〜64歳	65歳以上
日　本	1970	24.1	68.9	7.0
	2018	12.2	59.7	28.1
イギリス	1970	24.1	62.9	13.0
	2018	17.9	63.8	18.2
スウェーデン	1970	20.8	65.5	13.7
	2018	17.7	62.4	19.8

（国際連合「世界人口予測1960〜2060」2012年版他より作成）

解き方・考え方

高齢化とは，総人口に占める65歳以上の高齢者の割合が高まること。65歳以上の人口割合は，1970年で比較すると，イギリスが13.0％，スウェーデンが13.7％であるのに対し，日本は7.0％である。2018年で比較すると，イギリスが18.2％，スウェーデンが19.8％であるのに対し，日本は28.1％となり，2つの国を上回っている。したがって，48年間で日本では急速に高齢化が進んだということがいえる。また，日本では0〜14歳の子どもの人口割合が低下する少子化も，2つの国よりも速く進行しているといえる。

解答 （例）日本の65歳以上の人口割合は，1970年には，イギリスやスウェーデンより低かったが，2018年には，イギリスやスウェーデンより高くなっていることからわかる。

入試必出！ 要点まとめ

■ **グローバル化**
交通網や情報通信網の発達を背景に，人やもの，情報，お金が国境を越えて自由に移動し，世界の一体化が進むこと。

● **国際競争**…より良い商品をより安く提供するための国家間の競争。

● **国際分業**…各国が競争力のある産業に力を入れ，競争力のない産業の商品は輸入すること。

■ **情報化**
社会で情報が果たす役割が大きくなること。必要な正しい情報を見極めて利用する**情報リテラシー**や，公正に情報を利用する**情報モラ**ルが重要となる。

■ **少子高齢化**
年少人口（0〜14歳）の割合が低く，老年人口（65歳以上）の割合が高くなること。合計特殊出生率（一人の女性が一生のうちに生む子どもの平均数）の低下と平均寿命ののびによる。

■ **文化**
グローバル化を背景に，**異文化理解と多文化共生**が求められている。

■ **対立から合意へ**
対立が生じたとき，**公正と効率**の観点を満たす解決策で**合意**へ。**全会一致**か**多数決**で決定。

1 ⓐ96% ⓑ85% ⓒ89%

日本の食文化は，年中行事と密接に関わって育まれてきた。中でも生活の節目の行事に用意する特別な食事を行事食という。次の表は，行事食の暦である。表中の ⓐ ～ ⓒ に当てはまる行事を，下のア～エから一つずつ選び，記号で書きなさい。　〈山梨県〉

月	1	2	3	4	5	6	7	8	9	10	11	12
行事	正月	ⓐ	お彼岸（ひがん）・ひな祭り		ⓑ		七夕（たなばた）		十五夜・お彼岸		ⓒ	冬至（とうじ）・大みそか
行事食	おせち	福豆	ぼたもち・ちらしずし		かしわもち		そうめん		だんご・おはぎ		ちとせ飴（あめ）	かぼちゃ料理・そば

(注) 行事の実施時期は，年や地域によって異なる場合がある。

ア　小正月　　イ　七五三　　ウ　端午（たんご）の節句（せっく）　　エ　節分

---

2 77%

次の文中の ◻ に当てはまる語を書きなさい。　〈栃木県〉

国やさまざまな集団において，対立や問題が生じた場合に合意を形成するための民主的な意思決定のあり方として，全員の意見の一致や ◻ の原理が挙げられる。

---

3 64%

対立を解消し，合意をめざす過程について述べた次の文中の X ～ Z に入る語句として適切なものを，それぞれあとのア～ウから１つ選んで，その符号を書きなさい。　〈兵庫県〉

人間は地域社会をはじめ様々な社会集団と関係を持ちながら生きており， X と言われる。意見が対立する場合，手続き，機会，結果の Y の考え方や，労力や時間，お金やものがむだなく使われているかという Z の考え方から合意を形成することが求められる。

X　ア　全体の奉仕者　　イ　オンブズパーソン　　ウ　社会的存在
Y　ア　公正　　イ　責任　　ウ　平等
Z　ア　契約　　イ　共生　　ウ　効率

---

4 55%

次の文の下線部のことを何というか。漢字４字で書きなさい。　〈山形県〉

国際競争が進むなか，各国が，自国の得意な分野の商品を輸出し，他国から別の商品を輸入するなど，一国の経済活動を越えて諸外国と相互に支え合っている。

公民 人権の尊重と日本国憲法

例題

正答率

絶対落とすな!!
(1)
90%

(2)
55%

〔1〕 人権思想の発達について述べた次の文中のＡ～Ｃにあてはまる語句の正しい組み合わせを，あとのア～エのうちから一つ選びなさい。　〈長野県・改〉

> 17世紀以降，自由で　Ａ　な社会の実現を目指した市民革命がおこり，フランスでは革命中に　Ｂ　が出された。第一次世界大戦後には，ドイツのワイマール憲法で，生存権を含む　Ｃ　が保障された。

ア　Ａ－民主的，Ｂ－独立宣言，Ｃ－社会権
イ　Ａ－平等，Ｂ－人権宣言，Ｃ－社会権
ウ　Ａ－豊か，Ｂ－人権宣言，Ｃ－請願権
エ　Ａ－基本的，Ｂ－独立宣言，Ｃ－請願権

〔2〕 平成19（2007）年５月に憲法改正の手続きを定めた，いわゆる国民投票法が成立した。日本国憲法の改正について説明した次の文中の　　　にあてはまる語句を，あとのア～エのうちから一つ選びなさい。　〈神奈川県〉

> 憲法改正は，衆議院と参議院の各議院の　　　の賛成で国会が発議し，国民投票で過半数の賛成を必要とする。

ア　総議員の３分の２以上　　イ　総議員の過半数
ウ　出席議員の３分の２以上　エ　出席議員の過半数

解き方・考え方

〔1〕 市民革命は，ロックやルソーらの人権思想が支えになっていた。また，彼らの思想は，フランス人権宣言やアメリカ独立宣言にもとり入れられた。20世紀になると，豊かに生きるための社会権が主張されるようになり，ワイマール憲法で初めて保障された。したがって，Ａは平等，Ｂは

人権宣言，Ｃは社会権が，それぞれあてはまる。

〔2〕 日本国憲法の改正の発議には両議院の総議員の３分の２以上の賛成が必要であり，慎重な手続きが必要とされている。

解答 〔1〕イ 〔2〕ア

入試必出！◦ 要点まとめ

■ 人権思想の発達
　市民革命によって専制政治から民主政治へ。
● ロック，ルソー，モンテスキューなどが活躍。
● フランス人権宣言やアメリカ独立宣言などが発表された。20世紀には，ドイツでワイマール憲法，日本で日本国憲法が制定された。

■ 日本国憲法
　国民主権，基本的人権の尊重，平和主義の３つが基本原理。

①国民主権…国の政治の決定権は国民が持つ。
②基本的人権の尊重…自由権，社会権，平等権などを国民の権利として保障。
③平和主義…戦争の放棄，交戦権の否認など。
● 公共の福祉…社会全体の利益。個人の基本的人権は公共の福祉によって制限されることがある。
● 日本国憲法の改正…衆議院・参議院の各議院の総議員の３分の２以上の賛成で国会が発議し，国民投票によって過半数の賛成で成立する。

1 次の文は，小学校で使用されている教科書の裏表紙に書かれているものである。この文の内容と関わりのある日本国憲法の条文を，あとのア～エのうちから一つ選べ。〈東京都〉

> この教科書は，これからの日本を担（にな）う皆さんへの期待をこめ，国民の税金によって無償で支給されています。大切に使いましょう。

ア　すべて国民は，法律の定めるところにより，その能力に応じて，ひとしく教育を受ける権利を有する。

イ　信教の自由は，何人に対してもこれを保障する。いかなる宗教団体も，国から特権を受け，又は政治上の権力を行使してはならない。

ウ　何人（なんびと）も，公共の福祉に反しない限り，居住，移転及び職業選択の自由を有する。

エ　すべて国民は，勤労の権利を有し，義務を負ふ。

2 78% 右の求人広告の下線部は，個人に関する情報がみだりに公開されたり，私生活にむやみに干渉されたりしない権利を尊重して記されたものである。この権利を何といいますか。〈長崎県〉

> 看護師募集
>
> 募集人員：2名
> やる気のある方
> 待っています！
>
> 応募用紙に氏名や住所など
> 必要事項を書いて申し込んでください。
>
> <u>応募用紙に記入された個人情報は，選考のためだけに利用します。</u>
>
> ○○病院

3 基本的人権について，次の問いに答えなさい。

(1) 62% 「経済活動の自由」にあてはまるものを，次のア～エのうちから一つ選びなさい。〈新潟県〉

ア　集会を開いて意見を主張することができる。

イ　宗教上の儀式に参加することを強制されない。

ウ　希望する地域に移り住むことができる。

エ　法律の定める手続きによらなければ逮捕されない。

(2) 55% 議会では「十分に議論すること」と「少数意見を尊重すること」が不可欠である。それらを保障する権利の組み合わせを，次のア～エのうちから一つ選びなさい。〈宮城県〉

ア　自由権と平等権　　　イ　自由権と社会権

ウ　社会権と生存権　　　エ　平等権と生存権

4 54% 次の文中の□□□に当てはまる言葉を書きなさい。〈岐阜県〉

　日本国憲法第12条では，国民に対して，自由や権利の濫用を認めず，常にそれらを□□□のために利用する責任があると定め，人権は，人々が同じ社会の中で生活していく必要から制限される場合があることが分かった。

例題

正答率 ↓

(1) **77%**

(2) **57%**

次の文を読んで，あとの問いに答えなさい。　　　　　　　　　　〈青森県〉

> 　国会は，国民から選ばれた代表者で構成され，国権の最高機関である。また，国会は唯一の（　**あ**　）機関であり，その他のいかなる機関も法律をつくることができない。ⓘ法律の制定は国会の重要な仕事の一つである。

〔1〕　（　**あ**　）にあてはまる語を書きなさい。

〔2〕　右の資料は，下線部ⓘが公布されるまでの過程を表している。**A〜C**にあてはまる語の組み合わせとして適切なものを，次の**ア〜エ**の中から一つ選び，その記号を書きなさい。

```
議員 → 法律案 ← A
          ┌─ 先議の議院 ─┐    ┌─ 後議の議院 ─┐
法律案 → 議長 → B → C   →  議長 → B → C → A → 天皇による公布
              公聴会              公聴会
```

ア　**A**−委員会　　**B**−本会議　　**C**−内閣

イ　**A**−内閣　　　**B**−委員会　　**C**−本会議

ウ　**A**−委員会　　**B**−内閣　　　**C**−本会議

エ　**A**−内閣　　　**B**−本会議　　**C**−委員会

解き方・考え方

〔1〕　国会は，日本国憲法で，法律をつくることのできるただ一つの機関として，「唯一の立法機関」と定められている。また，主権者である国民に選挙された議員で構成されることから，「国権の最高機関」と定められている。

〔2〕　国会に法律案を提出できるのは，国会議員と内閣であるから，**A**は内閣である。国会議員が提出した法律案より，内閣が提出した法律案の方が成立率が高い。国会に提出された法律案は，まず，専門の委員会で細かく審議されるので，**B**は委員会である。委員会で審査された法律案は，全議員で構成される本会議で採決されるので，**C**は本会議である。

解答　〔1〕立法　〔2〕イ

🌳🌳🌳 入試必出！ **要点まとめ**

■ 国会の地位
日本国憲法第41条で「国権の最高機関であって国の唯一の立法機関」と位置づけられている。

■ 二院制
● **衆議院**　議員の任期は4年で解散がある。
● **参議院**　議員の任期は6年で，3年ごとに半数が改選される。
● **衆議院の優越**　任期4年で解散がある衆議院は，より民意を政治に反映すると考えられ，参議院に対して，法律案の議決や内閣総理大臣の指名など，いくつかの優越が認められている。

■ 国会の種類
常会〔通常国会〕，臨時会〔臨時国会〕，特別会〔特別国会〕，参議院の緊急集会。

■ 国会のおもな仕事
● **法律の制定**　立法権の行使。
● **予算の審議・議決**　内閣の作成した予算を審議し，議決する。
● **内閣総理大臣の指名**　行政の長である内閣総理大臣を指名する。

■ 委員会と本会議
法律案や予算は委員会から本会議へ送られる。

1 80% 絶対落とすな!!　衆議院の優越について述べた次の文中の　　　にあてはまる語句を書きなさい。　〈栃木県〉

　　衆議院に優越が認められているのは，衆議院は参議院よりも議員の任期が短く，　　　があるので，国民の意思をより反映しやすいと考えられているからである。

2　国会の仕事について，次の問いに答えなさい。　〈山形県〉

[1] 右の図は，国会に提出された法律案が成立する
　　までを示している。図を見て，①・②の問いに
　　答えなさい。

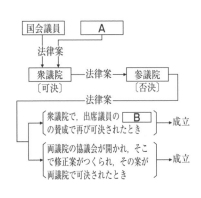

79%　① 図中の　A　には，法律案や予算を作成し
　　　て国会に提出する機関があてはまる。この機
　　　関の名称を書きなさい。

66%　② 図中の　B　にあてはまるものを，次のア
　　　～エのうちから一つ選びなさい。
　　　　ア　3分の1以上　　　イ　過半数
　　　　ウ　3分の2以上　　　エ　全員

77%　[2]　次の文中の　　　にあてはまる語句を，あとのア～エのうちから一つ選びなさい。
　　　　　　　　　　　　　　　　　　　　　　　　　　　　　　　　　　　〈愛媛県〉

　　　両議院は，　　　にもとづき，証人をよんで証言させたり，政府の記録を提出さ
　　せたりして，国の政治に関する情報を収集することができる。

　　　ア　違憲立法審査権〔違憲審査権〕　　　イ　直接請求権
　　　ウ　団体行動権　　　　　　　　　　　　エ　国政調査権

3 72%　次の表は衆議院と参議院の選挙制度等の違いを示したものである。表中の（　X　），（　Y　）
　　に当てはまる数字の組み合わせとして最も適当なものを，ア～エから1つ選び，記号を書
　　きなさい。　〈大分県〉

	選挙制度	被選挙権年齢	議員定数	任期
衆議院	小選挙区比例代表並立制	満25歳以上	465人	（　Y　）年
参議院	都道府県単位の選挙区選挙と全国1区の比例代表制	満（　X　）歳以上	248人	6年（3年ごとに半数改選）

　　ア　X−20　Y−3　　　イ　X−20　Y−4
　　ウ　X−30　Y−3　　　エ　X−30　Y−4

例題

正答率

(1)
68%

(2)
53%

(1) 内閣について述べた次の文中の　A　・　B　にあてはまる語句の正しい組み合わせを，あとの**ア～エ**のうちから一つ選びなさい。　〈神奈川県〉

> 　内閣に関して，日本国憲法では　A　権は内閣に属するとともに，内閣総理大臣は　B　の中から指名されると定めている。

ア　A－行政，B－国務大臣　　　イ　A－行政，B－国会議員
ウ　A－立法，B－国務大臣　　　エ　A－立法，B－国会議員

(2) 内閣の仕事を正しく説明しているものを，次の**ア～エ**のうちから一つ選びなさい。　〈長崎県〉

ア　違憲立法審査権〔違憲審査権〕を行使する。
イ　諸外国と結んだ条約を承認する。
ウ　憲法改正を発議する。
エ　予算を作成する。

**解き方
考え方**

(1)　実際に政治を行うことを行政という。日本国憲法第65条では「行政権は，内閣に属する」と定めており，文中のAには行政があてはまる。また日本国憲法第67条では「内閣総理大臣は，国会議員の中から国会の議決で，これを指名する」と定めており，文中のBには国会議員があてはまる。

(2)　違憲立法審査権〔違憲審査権〕は裁判所がもつ権利なので，**ア**は誤り。条約を承認すること，憲法改正を発議することは国会の仕事で，**イ**，**ウ**も誤り。予算の作成は内閣の重要な仕事である。したがって，正解は**エ**である。

解答　(1)**イ**　(2)**エ**

🌳🌳🌳 **入試必出！** ● **要点まとめ**

■ **内閣のしくみ**
　内閣総理大臣とその他の**国務大臣**からなる。国会議員の中から国会で指名された内閣総理大臣が国務大臣を任命する。国務大臣の過半数は**国会議員**でなければならない。

■ **議院内閣制**
　内閣は国会の信任のもとに成立し，**国会に対して連帯して責任を負う**。日本やイギリスなどが議院内閣制による政治を行っている。

■ **内閣不信任決議**
　衆議院で内閣不信任案が可決または信任案が

否決された場合，内閣は**10日以内**に衆議院が解散されなければ総辞職しなければならない。

■ **国のおもな行政機関**

人事院		復興庁
内閣法制局	内閣	国家公安委員会
国家安全保障会議		内閣府
		内閣官房

会計検査院	デジタル庁	法務省	外務省	財務省	文部科学省	厚生労働省	農林水産省	経済産業省	国土交通省	総務省	環境省	防衛省

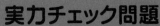

1 84%

2009年から一定の資格を持つ人がいれば，スーパーマーケットでも薬を販売できるようになった。これは，行政が経済活動の範囲を広げるなどの取り組みを進めたためである。このような動きを何というか，次の**ア～エ**の中から一つ選び，その記号を書きなさい。
〈青森県〉

ア　規制緩和（かんわ）　　イ　情報公開
ウ　公共投資　　　　　　エ　間接金融

2

内閣について，次の問いに答えなさい。

78% 〔1〕現在，文化庁が所属している省はどこか。次の**ア～エ**から１つ選び，その記号を書きなさい。
〈奈良県〉

ア　総務省　　　　　　イ　国土交通省
ウ　文部科学省　　　　エ　経済産業省

60% 〔2〕次のうち，内閣の仕事としてあてはまらないものはどれか。次の**ア～エ**のうちから一つ選びなさい。
〈神奈川県〉

ア　弾効（だんがい）裁判所を設ける。
イ　外国と条約を結ぶ。
ウ　予算を国会に提出する。
エ　最高裁判所長官を指名する。

3 65%

アメリカの大統領制は，日本の議院内閣制とは異なるしくみとなっている。次のＰ，Ｑの文は，それぞれアメリカの大統領制，日本の議院内閣制について述べたものである。Ｐ，Ｑの内容について正誤を判定し，あとの**ア～エ**から適しているものを一つ選び，記号で答えなさい。
〈大阪府〉

Ｐ　アメリカの大統領は，議会によって選ばれ，議会の信任にもとづいて政治を行う。
Ｑ　日本の内閣は，衆議院によって内閣不信任決議が可決された場合，10日以内に衆議院を解散するか，総辞職をしなければならない。

ア　Ｐ，Ｑともに正しい。
イ　Ｐは正しいが，Ｑは誤っている。
ウ　Ｐは誤っているが，Ｑは正しい。
エ　Ｐ，Ｑともに誤っている。

裁判所・三権分立

例題

正答率 ↓

(1)A 74%

絶対落とすな!! (1)B 80%

(2) 74%

(1) 裁判官の独立について述べた，次の日本国憲法の条文中の **A** ・ **B** にあてはまる語句を，あとの**ア～オ**のうちから一つずつ選びなさい。〈新潟県〉

> すべて裁判官は，その **A** に従ひ独立してその職権を行ひ，この憲法及び **B** にのみ拘束される。

ア 思想　　イ 法律　　ウ 信条　　エ 条約　　オ 良心

(2) 右の図は，わが国の刑事裁判における三審制のしくみについて示したものである。図中の□□□には，高等裁判所での判決に対して当事者が最高裁判所に不服を申し立てることを意味する語句があてはまる。その語句を書きなさい。〈新潟県〉

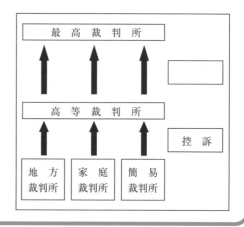

解き方・考え方

(1) 司法権をもつ裁判所は，立法権をもつ国会や行政権をもつ内閣から干渉を受けずに，独立していることが大切である。日本国憲法は，裁判官の独立を明確に述べて，公正な裁判を保障している。

(2) 第一審の判決に不服の場合は上級の裁判所に控訴することができる。そこでの判決に不服の場合は，さらに上級の裁判所に上告することができる。

解答 (1) A－オ　B－イ　(2) 上告

入試必出! 要点まとめ

■ 司法権
　法にもとづいて紛争を解決する権利。

■ 司法権の独立
　裁判を行う裁判官は，自らの良心に従い，憲法および法律にのみ拘束される。

■ 民事裁判と刑事裁判
● 民事裁判　私人間の争いについての裁判。
● 刑事裁判　犯罪行為についての裁判。

■ 裁判所
　最高裁判所，高等裁判所，地方裁判所，家庭裁判所，簡易裁判所がある。

■ 三審制
　裁判を慎重に行うため，3回まで裁判を受けることができる。

■ 違憲審査制〔違憲立法審査権〕
　裁判所は，法律などが合憲か違憲かの決定権をもっている。最高裁判所は「憲法の番人」。

■ 司法制度改革　国民が裁判員として裁判に参加する裁判員制度の導入など。

■ 三権分立
　国の政治権力を，立法権（国会），行政権（内閣），司法権（裁判所）の3つに分ける。

1 82%

右の図は，刑事裁判の法廷のようすを示している。図中の A と B にあてはまる語句の正しい組み合わせを，次のア～エのうちから一つ選びなさい。 〈広島県〉

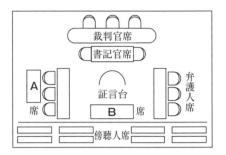

ア　A－警察官，B－被告人
イ　A－検察官，B－被告
ウ　A－警察官，B－被告
エ　A－検察官，B－被告人

---

2 58%

裁判員制度について述べた次の文の a ， b に当てはまる語句の組み合わせとして正しいものを，ア～エから１つ選びなさい。 〈北海道〉

> わが国では，国民の中から選ばれた裁判員が， a 裁判に参加し，被告人が有罪かどうか，有罪の場合どのような刑にするのかを b とともに決める裁判員制度が，2009年から始まった。

ア　a－民事　b－検察官
イ　a－民事　b－裁判官
ウ　a－刑事　b－検察官
エ　a－刑事　b－裁判官

3

裁判官の身分について，次の問いに答えなさい。

(1) 57% 衆議院議員選挙のとき，右の資料のような用紙を用いて，最高裁判所の裁判官が適任かどうかを国民が投票する制度の名称を書きなさい。 〈岐阜県〉

(2) 53% 裁判官の身分について述べた次の文中の □ にあてはまる語句を漢字２字で書きなさい。 〈千葉県〉

> 裁判官が職務に違反したり，裁判官としてふさわしくない行動があった場合，日本国憲法では，罷免するかどうかを判断する弾劾裁判所を□に設置することが定められている。

選挙・地方自治

 例題

正答率

↓

(1)
69%

(2)
58%

(1) 右のカードは新聞記事の見出しを使ってまとめたものである。このカードが示す選挙について正しく述べているものを，次の**ア〜エ**のうちから一つ選びなさい。

ア 直接請求権の一つである。 〈福岡県〉

イ 比例代表制も取り入れられている。

ウ 3年ごとに議員の半数が改選される。

エ 納税額によって選挙権が制限されている。

特別国会召集へ

総選挙あす投開票

憲法の定めにより，任期が終わる前に総選挙が行われ，特別国会が召集された。

(2) 身近な地域の環境を守るために，ゴミのポイ捨て禁止などの条例の制定を請求するためには，有権者の A 以上の署名（しょめい）を集めて，その地方公共団体の B に請求することとされている。 A ・ B にあてはまるものの正しい組み合わせを，次の**ア〜エ**のうちから一つ選びなさい。

ア A－50分の1，B－首長〔長〕 〈神奈川県〉

イ A－50分の1，B－選挙管理委員会

ウ A－3分の1，B－首長〔長〕

エ A－3分の1，B－選挙管理委員会

解き方・考え方

(1) カードには「総選挙あす投開票」「特別国会召集へ」と見出しがある。総選挙とは衆議院議員総選挙である。衆議院議員総選挙は，小選挙区比例代表並立制で行われ，小選挙区とブロックごとの比例代表の両方に立候補することも可能で，小選挙区で落選した候補者が比例代表で復活当選

を果たすこともある。

(2) 条例の制定や改廃も直接請求権の一つで，有権者の50分の1以上の署名を首長に提出することによって請求することができる。

解答 (1) イ (2) ア

入試必出！ 要点まとめ

■ 日本の選挙制度
● **衆議院議員総選挙** 小選挙区制と比例代表制を組み合わせた**小選挙区比例代表並立制**。
● **参議院議員選挙** 都道府県を単位とした選挙区選出議員選挙と全国を単位とした比例代表選出議員選挙。
● **政権公約〔マニフェスト〕**
選挙のときに各政党が政策を財源や期日などの数字とともに示す。
■ 世論（せろん）
政治や社会の問題についての人々の意見。

■ 政党政治
● 政権を担当する**与党**と政権を監視する**野党**。
■ 地方自治
地方公共団体の仕事は，住民のために行われるという原則のもとで運営されている。
● **地方自治のしくみ** 知事などの首長を中心とした執行機関と地方議会によって行われる。
● **条例** 地方公共団体が制定するきまり。
● **直接請求権** 条例の制定・改廃，監査，議会の解散，**首長や議員などの解職**を，有権者の一定割合の署名を提出することで請求できる。

1 76%　次の表の　a　，　b　に当てはまる語句を，それぞれ漢字1字で書きなさい。　〈北海道〉

a 党	b 党
政権を担当し，政策の決定と実施にあたる政党のことをいう。	政権を担当せず，政権を批判したり，監視したりする政党のことをいう。

2 68%　次の図は，ある年の衆議院議員の選挙の投票手順を表したものである。次の　X　，　Y　に当てはまる言葉の正しい組み合わせを，ア〜エから一つ選び，符号で書きなさい。

〈岐阜県〉

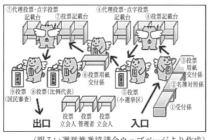

⑦代理投票・点字投票　④代理投票・点字投票
⑦投票記載台　　　　記載台　④投票記載台
⑥投票用紙交付係
③投票用紙交付係
②名簿対照係
⑨投票（国民審査）　⑧投票（比例代表）　⑤投票（小選挙区）
①受付係
出口　投票　投票　投票　入口
　　立会人 管理者 立会人
（明るい選挙推進協議会ウェブページより作成）

　図には投票箱が三つ設置されており，一つの選挙区で　X　の代表を選ぶ小選挙区制の投票，得票に応じて各政党の議席数を決める比例代表制の投票，　Y　裁判官の国民審査の，合計3回投票する。

ア　X　一人　　　　Y　地方裁判所
イ　X　二人以上　Y　最高裁判所
ウ　X　一人　　　　Y　最高裁判所
エ　X　二人以上　Y　地方裁判所

3 61%　次の図は，地方自治における住民参加についてまとめたものである。　X　，　Y　にあてはまることばの組み合わせとして最も適当なものはどれか。あとのア〜エから一つ選び，その記号を書きなさい。　〈鹿児島県〉

住民　├─地方議会の議員や地方公共団体の長である首長の選挙に参加する。
　　　├─　X　に基づき条例の制定や監査請求などを求める。
　　　├─特定の問題について地方議会が実施を定めた住民投票に参加する。
　　　└─まちづくり活動などを行う　Y　〔非営利組織〕の活動に参加する。

ア　X　賠償請求権　Y　NGO　　イ　X　賠償請求権　Y　NPO
ウ　X　直接請求権　Y　NGO　　エ　X　直接請求権　Y　NPO

4 60%　右の資料は，大分県の令和4年度　般会計当初予算の歳入総額の内訳（％）を示したものである。（　X　）の配分方法を述べた文として最も適当なものを，ア〜エから1つ選び，記号を書きなさい。

〈大分県〉

その他 15.0／地方税 18.1／地方債 9.8／諸収入 13.9／歳入総額 7,184億円／X 24.9／国庫支出金 18.3
（「大分県ホームページ」より作成）

ア　国税の額に応じて，全ての地方公共団体に一律で配分額が決定される。
イ　地方税の額に応じて，地方公共団体ごとに配分額が決定される。
ウ　地方債の額に応じて，地方公共団体ごとに配分額が決定される。
エ　国庫支出金の額に応じて，地方公共団体ごとに配分額が決定される。

市場経済と消費生活・金融

例題

正答率
↓

(1)
74%

(2)
71%

(1) 右の図は，ある商品の需要・供給と価格の関係を示したものである。この商品の価格について説明した次の文中の A ～ C にあてはまる語句の正しい組み合わせを，あとのア～オのうちから一つ選びなさい。

〈福島県〉

> この商品の価格がP円のとき， A を上回っているので，価格は下落する。価格が下がると，需要量は B する。需要量と供給量が一致するQ円の価格を C という。

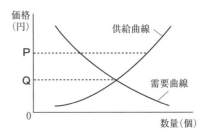

ア A－需要量が供給量，B－増加，C－独占価格
イ A－需要量が供給量，B－減少，C－均衡価格
ウ A－供給量が需要量，B－増加，C－均衡価格
エ A－供給量が需要量，B－減少，C－均衡価格
オ A－供給量が需要量，B－増加，C－独占価格

(2) 製品の欠陥により消費者が被害をこうむったとき，製造者である企業に被害の救済を義務づける法律が1995年に施行された。この法律の名称を書きなさい。

〈滋賀県〉

解き方・考え方

(1) 図を見ると，P円のときは供給量が需要量より数量で上回っている。消費者は，同じ商品であれば少しでも価格が安い方を求める。Q円の価格は需要量と供給量のバランスが保たれている均衡価格である。日常生活において，天候不順などで野菜の価格が上昇するのは，この需要量と

供給量の関係によるものである。

(2) かつては消費者が商品の欠陥によって被害を受けた場合，企業の過ちを詳しく証明しなければ救済を求めることができなかった。

解答 (1)ウ (2)製造物責任法〔PL法〕

入試必出！ 要点まとめ

■ 市場経済
市場が社会のすみずみにまではりめぐらされた経済。

■ 市場価格
市場での価格は需要量と供給量により変化。需要量が供給量を上回れば価格は上昇。逆は下落。

■ 均衡価格
需要量と供給量が一致しているときの価格。

■ 家計
家庭の経済活動。収入と支出がある。

■ 製造物責任法〔PL法〕
製品の欠陥によって消費者が被害をこうむった場合，企業に被害の救済を義務づける。

■ 消費者の保護
消費者基本法が消費者の権利を定める。

1 消費生活について，次の問いに答えなさい。

支出の内訳		
A	鉄道運賃	960 円
B	Tシャツ	980 円
C	帽子	1,500 円
D	映画館入場料	1,800 円
E	ボールペン	280 円

85% (1) 右の資料は，なみさんの兄が，ある日，ものやサービスに対して支出したお金の内訳である。A〜E のうちから，サービスに対する支出にあたるものをすべて選びなさい。　〈奈良県〉

62% (2) 次の会話文の　　　　にあてはまる語句を書きなさい。　〈岡山県〉

> おじいさん：昨日，訪問販売で，つい高価な商品を買ってしまったんだが，よく考えるとやっぱりいらないんだ。買わなければよかったと後悔しているよ。
>
> 美咲さん　：そういえば，一定期間内なら契約を取り消すことができる　　　　とよばれる制度があると聞いたことがあるわ。

2 66% 次の文の　X　，　Y　に当てはまる言葉の正しい組み合わせを，ア〜エから一つ選び，符号で書きなさい。　〈岐阜県〉

　企業の業績は景気と関係する。例えば，企業の業績が悪化すると，景気は後退する。そこで，日本銀行は一般の銀行が保有する国債などを買う。すると，一般の銀行は手持ちの資金が　X　ため，企業に資金を積極的に貸し出そうと，貸し出し金利を　Y　。そのため，企業は資金を借りやすくなり，生産活動が活発になって，景気は回復へ向かう。

ア　X−増える　Y−上げる　　イ　X−増える　Y−下げる
ウ　X−減る　Y−上げる　　エ　X−減る　　Y−下げる

3 58% 右の資料は，なすの月別入荷量と平均価格の推移について調べたものである。野菜などの市場への入荷量と価格の関係を正しく述べたものを，次のア〜エのうちから一つ選びなさい。　〈宮城県〉

ア　市場への入荷量が増加し，供給量が需要量を上回ると，価格は下落する。
イ　市場への入荷量が増加し，供給量が需要量を下回ると，価格は上昇する。
ウ　市場への入荷量が減少し，需要量が供給量を上回ると，価格は下落する。
エ　市場への入荷量が減少し，需要量が供給量を下回ると，価格は上昇する。

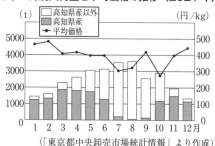

なすの月別入荷量と平均価格の推移（2021 年）
（「東京都中央卸売市場統計情報」より作成）

例題

正答率
↓

絶対落とすな!!
(1)
82%

(2)
66%

(1) 株式会社について述べた次の文中の　**A**　・　**B**　にあてはまる語句の正しい組み合わせを，あとの**ア～エ**のうちから一つ選びなさい。　〈新潟県〉

> 株式会社は，　**A**　を集めるために株式を発行する。株式を購入した株主は，株主総会に出席して議決をしたり，会社の利益の一部を　**B**　として受け取ったりすることができる。

ア A－法人，B－利子　　　**イ** A－法人，B－配当
ウ A－資金，B－利子　　　**エ** A－資金，B－配当

(2) 次の文と最も関係の深い語句を，あとの**ア～エ**の中から一つ選びなさい。

〈福島県〉

> 誰もがやりがいや充実感を感じながら働き，仕事の責任を果たす一方で，子育て・介護の時間や，家族，地域，自己啓発にかける個人の時間を持ち，健康で豊かな生活ができるよう，多様な生き方が選択・実現できる社会をめざすことが大切である。

ア ワーク・ライフ・バランス　　**イ** バリアフリー
ウ インフォームド・コンセント　　**エ** オンブズパーソン

解き方・考え方

(1) 企業の形態の中で最も多いものが株式会社である。株式会社は，会社を運営するための資金を，株式を発行することにより集める。株式を購入した人は株主となり，株主は株式をもっている会社が利益を上げたときは，その一部を配当として受け取る。

(2) 仕事だけでなく生活のための時間がとれ，多様な生き方を選択・実現できる社会の実現をめざすことについて述べられているので，ワーク・ライフ・バランス(仕事と生活の調和)があてはまる。政府は育児・介護休業法を制定し，企業も多様な働き方ができるようなしくみを導入することで，これを後押ししている。

解答 (1)**エ**　(2)**ア**

入試必出! **要点まとめ**

■ **企業**
製品を生産したり，サービスを提供する。
● **私企業** 利潤を目的に生産を行う民間の企業。
● **公企業** 国の特殊法人や地方公共団体が経営する水道・交通事業など，利潤を目的にしない企業。
■ **株式会社**
株式を発行し，資金を集める。株式を購入し

た株主は，会社の利益の一部を配当として受け取る。
■ **独占価格**
生産や販売市場を支配している少数の大企業が，利益が大きくなるように一方的に定める価格。消費者が不利益をこうむることがある。
■ **労働三法**
労働基準法，労働組合法，労働関係調整法。

1 94%　次の条文がある法律の名称は，下の**ア〜エ**のうちのどれか。　〈東京都〉

○労働条件は，労働者と使用者が，対等の立場において決定すべきものである。
○使用者は，労働者に，休憩時間を除き一週間について四十時間を超えて，労働させては
　ならない。

　ア　男女共同参画社会基本法　　イ　労働組合法
　ウ　男女雇用機会均等法　　　　エ　労働基準法

2 86%　次の図は，企業が利潤（利益）を得るまでの流れを示したものであり，**表**は，ある企業の売り上げ金と生産のためにかかった費用を示したものである。この企業の利潤（利益）はいくらになるか，答えなさい。　〈鳥取県〉

図

表

売り上げ金	1,000万円
原材料費	200万円
従業員の賃金	300万円
その他（光熱費，輸送費など）	200万円

3 69%　「企業の社会的責任〔CSR〕」に基づく企業の活動について述べた文として，最も適当なものはどれか。　〈鹿児島県〉

　ア　持続可能な社会を実現するため，環境によい商品の開発に積極的に取り組む。
　イ　企業の規模をより大きくするため，株主への配当金をなるべく少なくなるように抑える。
　ウ　消費者保護のために，生産者同士で生産量や価格を事前に取り決めておく。
　エ　社会に不安を与えないよう，会社の状況や経営に関する情報をなるべく公開しない。

4 65%　右の**資料**の，　①　，　②　と　A　，　B　に当てはまる語の組み合わせとして最も適切なものを，次の**ア〜エ**から１つ選び，記号で答えなさい。　〈宮崎県〉

資料　大企業と中小企業の割合

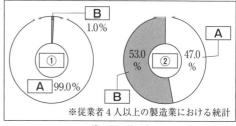

※従業者４人以上の製造業における統計
（「日本国勢図会 2021/22」より作成）

　ア　①−事業所数　②−出荷額
　　　A−大企業　　B−中小企業
　イ　①−事業所数　②−出荷額
　　　A−中小企業　B−大企業
　ウ　①−出荷額　　②−事務所数　A−大企業　　B−中小企業
　エ　①−出荷額　　②−事務所数　A−中小企業　B−大企業

財政・社会保障

例題

正答率
↓

絶対落とすな!!
(1)
86%

(2)
53%

〔1〕 右の図は，わが国の家計，企業，政府の経済活動における結びつきについて表したものである。図中のA〜Cにあてはまる語句の正しい組み合わせを，次のア〜エのうちから一つ選びなさい。 〈愛媛県〉

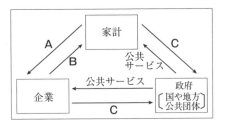

ア A－労働力，B－賃金，C－税金
イ A－労働力，B－税金，C－賃金
ウ A－賃金，B－労働力，C－税金
エ A－賃金，B－税金，C－労働力

〔2〕 次のA・Bの文の正誤の正しい組み合わせを，あとのア〜エのうちから一つ選びなさい。 〈長崎県〉

> A 政府は，沈滞した経済活動を活性化するために，公共事業への支出（公共投資）を増やす。
> B 日本銀行は，通貨の量を調整することにより，景気や物価の安定をはかる。

ア A－正，B－正 イ A－正，B－誤
ウ A－誤，B－正 エ A－誤，B－誤

解き方・考え方

〔1〕 図を見るとCは家計と企業から政府へ出ている。これは政府が公共サービスなどの経済活動を行うもとになっている税金で，家計からは所得税など，企業からは法人税などとして政府へ納められる。

〔2〕 政府が公共事業への支出を増やすと，新たな雇用が生まれるなどして経済が活性化するので，Aの文は正しい。日本銀行は，金融政策によって通貨の量を調整し，景気や物価の安定をはかっているので，Bの文は正しい。

解答 〔1〕 ア 〔2〕 ア

🌳🌳🌳 入試必出! 要点まとめ

■ 財政
政府が収入をもとに行政のためにお金を支出する活動。

■ 税金
国税と地方税，直接税と間接税に分けられる。

■ 景気
景気が行き過ぎて物価が連続して上昇する状態をインフレーション，消費が低迷し，物価が下落する状態をデフレーションという。

■ 国民経済と銀行のはたらき
家計・企業・政府の関係

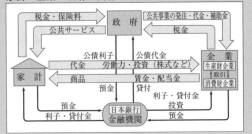

実力チェック問題

解答・解説

別冊 P.14

1

□□□ 65%

□□□ 64%

政府が行う経済活動について，次の問いに答えなさい。　　〈栃木県〉

(1) 図は2000年度と2021年度の日本の歳出　図
を示しており，A，B，C，Dはア，イ，
ウ，エのいずれかである。Aはどれか。

　ア　防衛費　　イ　社会保障関係費
　ウ　国債費　　エ　公共事業費

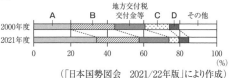

（「日本国勢図会　2021/22年版」により作成）

(2) 次の文中の　Ⅰ，Ⅱに当てはまる語の組み合わせとして正しいものはどれか。

　　　Ⅰのとき政府は，財政政策として，公共事業への支出を増やしたり，Ⅱをしたりするなど，企業の生産活動を促そうとする。

　ア　Ⅰ－好景気　Ⅱ－増税　　イ　Ⅰ－不景気　Ⅱ－増税
　ウ　Ⅰ－好景気　Ⅱ－減税　　エ　Ⅰ－不景気　Ⅱ－減税

2

□□□ 74%

□□□ 55%

わが国の社会保障制度について，次の問いに答えなさい。

(1) 右のグラフは，日本の年齢別人口の
割合の推移と予測を示している。こ
のグラフをみて，わが国で「介護保
険制度」が必要となった理由を簡潔
に書きなさい。　　　　　　〈埼玉県〉

(2) 日本の社会保障制度の四つの柱のう
ち，「年金」はどれにあてはまるか。
次のア～エのうちから一つ選びなさ
い。　　　　　　　　　　　〈山梨県〉

　ア　社会保険　　イ　公的扶助　　　ウ　社会福祉　　エ　公衆衛生

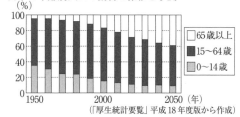

日本の年齢別人口の割合の推移と予測

□65歳以上
■15～64歳
□0～14歳

（「厚生統計要覧」平成18年度版から作成）

3

□□□ 65%

□□□ 60%

国の歳入について，次の問いに答えなさい。

(1) 国の歳入の中心となる税金の直接税と間接税の正しい組み合わせを，次のア～エのうち
から一つ選びなさい。　　　　　　　　　　　　　　　　　　　　　　　　　〈広島県〉

　ア　直接税－所得税，間接税－法人税　　　　イ　直接税－法人税，間接税－消費税
　ウ　直接税－消費税，間接税－酒税　　　　　エ　直接税－酒税，間接税－所得税

(2) 国の歳入の主なものの一つである「国債」について，正しく説明したものを，次のア～
エのうちから一つ選びなさい。　　　　　　　　　　　　　　　　　　　　　〈埼玉県〉

　ア　地方公共団体の財政の格差を解消するため，国から都道府県や市町村に交付される。
　イ　経済活動が活発でない不景気のときに，日本銀行によって企業に貸し付けられる。
　ウ　国民が公平に国の予算を負担するために，所得の多い人ほど高い税率で徴収される。
　エ　政府の租税収入を補うため，国民などから借り入れる。

国際社会と国際連合

例題

正答率

絶対落とすな!!
(1) **84**%

(2) **68**%

〔1〕 右の図は，国際法でいう，国家の主権がおよぶ範囲について模式的に表したものである。図中の**X**の水域は，どの国の船も自由に航行できるが，その水域の資源を利用する権利は沿岸国にある。この**X**の水域は何とよばれているか，その名称を書きなさい。　〈愛媛県〉

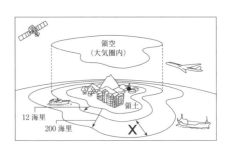

領空（大気圏内）

領土

12海里

200海里

X

〔2〕 国際連合は紛争後の平和の実現のために，停戦や選挙の監視を行う活動を行っています。この活動の略称を，次の**ア**から**エ**までの中から１つ選びなさい。　〈滋賀県〉

ア	NGO	**イ**	WHO
ウ	IMF	**エ**	PKO

解き方・考え方

〔1〕　図中の領土の周辺で12海里までの海域を領海といい，沿岸国の主権がおよぶ範囲である。沿岸から200海里までの海域（領海をのぞく）が排他的経済水域で，排他的経済水域内の資源は，沿岸国に利用する権利がある。

〔2〕　国際連合が行う平和維持活動なので，PKOである。**ア**のNGOは非政府組織，**イ**のWHOは世界保健機関，**ウ**のIMFは国際通貨基金のこと。

解答 〔1〕 排他的経済水域
〔2〕 エ

🌳🌳🌳 入試必出！ 要点まとめ

■ 国際法
国と国が結ぶ条約や長い間の慣行から法となった国際慣習法などからなる。それぞれの国は，国際法を尊重しなければならない。

■ 地域主義の動き
● **EU〔ヨーロッパ連合〕** ヨーロッパの国々が政治面・経済面で結びつきを強化。共通通貨ユーロを使用（一部の国では不使用）。
● **ASEAN〔東南アジア諸国連合〕** 東南アジアの国々が協力を進める。近年は日本，中国，韓国を加えた「ASEAN＋3」の会合が開かれる。

■ 国際連合
国際連盟が戦争を防げなかったことを反省し，1945年に発足。本部は**ニューヨーク**。
● **総会** すべての加盟国からなり，年に１回定期的に開かれ，さまざまな問題を話し合う。
● **安全保障理事会** 世界の安全と平和の維持が目的。常任理事国と非常任理事国からなる。
①**常任理事国** アメリカ，ロシア，イギリス，フランス，中国の５か国。拒否権をもつ。
②**非常任理事国** 任期２年の10か国。
● **専門機関** 国連教育科学文化機関〔UNESCO〕や世界保健機関〔WHO〕など。

■ 地域紛争
イラク，アフガニスタン，シリアなどにおける地域紛争で，多数の難民が発生している。

1 国際連合について述べた次の文を読んで，あとの問いに答えなさい。

> 本部はニューヨークに置かれ，総会，a安全保障理事会，経済社会理事会などの主要機関と，いくつかのb機関からなっている。

65% (1) 下線部aにおいては，常任理事国のうち1国でも反対すると決定できないことになっている。常任理事国がもつこの権利を何というか，書きなさい。　〈岐阜県〉

63% (2) 下線部bのうち，ユニセフは，世界の人々のくらしを向上させるための活動を行っている。ユニセフについて述べた文として最も適切なものはどれか。次の**ア**から**エ**までの中から1つ選びなさい。　〈滋賀県〉

　ア　世界遺産などの文化財の保護などを行っている。
　イ　国と国との間の争いを法に基づいて解決する活動を行っている。
　ウ　子どもたちの健やかな成長を守るために教育支援などを行っている。
　エ　難民の受け入れを求めたり，支援したりする活動を行っている。

2 国際社会について，次の問いに答えなさい。

53% (1) 次の文は，国際協力について述べている。文中の　**A**　〜　**C**　にあてはまる略号の正しい組み合わせを，あとの**ア〜エ**のうちから一つ選びなさい。　〈宮城県・改〉

> 　日本をはじめ，各国政府は　**A**　とよばれる国際協力を行っている。これには，国際連合の組織である　**B**　などに協力する援助と相手国に直接，資金協力などを行う援助がある。また近年，　**C**　とよばれる民間団体も活発に援助活動を行っている。

　ア　**A** – ODA，**B** – UNESCO，**C** – NGO
　イ　**A** – UNESCO，**B** – ODA，**C** – NGO
　ウ　**A** – NGO，**B** – UNESCO，**C** – ODA
　エ　**A** – ODA，**B** – NGO，**C** – UNESCO

51% (2) 経済的・政治的協力を進めるために1967年に設立され，現在は右の地図中の■■■で示された国が加盟している組織の名称を書きなさい。〈佐賀県〉

さまざまな国際問題

例題

正答率

57%

右のグラフは，各国の高齢者の割合の推移を示している。このグラフから読み取れることについて述べた次の文中の A ・ B にあてはまる数字の正しい組み合わせを，あとの**ア～カ**のうちから一つ選びなさい。〈福島県〉

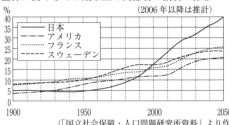

日本・アメリカ・フランス・スウェーデンの人口全体に占める65歳以上の高齢者の割合の推移

（2006年以降は推計）

日本
アメリカ
フランス
スウェーデン

（「国立社会保障・人口問題研究所資料」より作成）

人口全体に占める65歳以上の高齢者の割合が10%から15%になるのに要した年数は，フランスは A 年程度で，日本は10年程度である。日本では，2030年には人口のおよそ B 人に一人が65歳以上になると予想される。

ア A－60，B－5   **イ** A－60，B－4
ウ A－60，B－3   **エ** A－40，B－5
オ A－40，B－4   **カ** A－40，B－3

解き方・考え方

グラフ中のフランスを見ると，人口全体に占める65歳以上の高齢者の割合が10%になったのは1930年ごろ。15%になったのは1990年ごろで，60年程度を要している。したがって，**A**は60である。グラフ中の日本を見ると，2030年に人口全体に占める65歳以上の高齢者の割合は約33%。3人に一人が65歳以上になると予想され

ていることがわかる。したがって，**B**は3で，正解は**ウ**である。グラフを見てわかるように，わが国は，欧米各国と比べて，高齢化が急速に進展しており，高齢化とともに少子化も含めて，その対策が急がれている。

解答 **ウ**

 入試必出！・**要点まとめ**

■ 地球環境問題
● **地球温暖化** 温室効果ガスにより温暖化が進み，南極などの氷がとけ，海水面が上昇。
● **国際社会の取り組み** 地球サミット，地球温暖化防止京都会議→先進国に温室効果ガス削減を義務づける京都議定書を採択。パリ協定→発展途上国も含めた各国・地域が温室効果ガス削減に努める。

■ 南北問題
先進国と発展途上国の経済格差の問題。近年は南南問題とよばれる発展途上国間の経済格差の問題もある

■ エネルギー問題
化石燃料は有限であり，地球温暖化の一因となる二酸化炭素を発生する。原子力発電は事故が発生した場合の被害の大きさや，放射性廃棄物の処理などの問題がある。
● **化石燃料**…石油，石炭，天然ガスなど。
● **再生可能エネルギー**…太陽光，風力，地熱など。

■ 貧困問題
● **持続可能な開発目標〔SDGs〕**…貧困や飢餓などをなくすために，国際連合が策定。
● **難民**…内戦や紛争などで発生。国連難民高等弁務官事務所〔UNHCR〕が保護・支援にあたる。

1

☐☐☐ 70%

☐☐☐ 70%

次の問いに答えなさい。

[1] 先進工業国と発展途上国の経済格差の問題を何というか, その名称を書きなさい。〈岐阜県〉

[2] 次の文の ☐☐☐ に共通して当てはまる語句を書きなさい。　　　　　　　　　　〈北海道〉

> 国連 ☐☐☐ 高等弁務官事務所では, 内戦や他の民族による迫害によって国外へ逃れた ☐☐☐ などを, 保護したり支援したりする活動を行っている。

2

69%

☐☐☐

次の図は, 総人口に対して安全な水資源を確保できない人の割合, 高齢化率, 100人あたりの自動車保有台数, 100人あたりの携帯電話保有台数のいずれかを示した地図である。総人口に対して安全な水資源を確保できない人の割合を示したのはどれか。なお, 色が濃いほど数値が高く, 白い部分は資料なしを示している。　　　　　　　　　　　　〈栃木県〉

ア　　　　　　　イ　　　　　　　ウ　　　　　　　エ

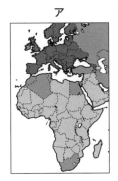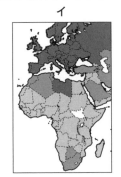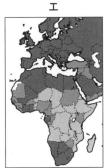

（「データブック オブ・ザ・ワールド」ほかによる作成）

3

60%

☐☐☐

表は, 2008年から2012年における, 国・地域別の二酸化炭素の削減義務の有無を示している。**グラフ**は, 1990年と2012年における, 二酸化炭素の, 世界の総排出量と, 国・地域別の排出量の割合を示している。2008年から2012年の期間中に, 各国が二酸化炭素の削減に取り組んだにもかかわらず, 二酸化炭素の排出量を削減する取り組みが不十分になった理由の1つは, アメリカ合衆国が京都議定書から離脱したからである。このこととは別に, 世界全体の二酸化炭素の排出量が増えている理由を, **表**と**グラフ**から考えられることに関連づけて, 簡単に書きなさい。　　　　　　　　　　　　　　　　　　　　　　〈静岡県〉

表

削減義務	国・地域
あり	日本, EU25か国, ロシア, ウクライナ, アイスランド, ノルウェー, スイス, リヒテンシュタイン, モナコ, クロアチア, オーストラリア, ニュージーランド
なし	発展途上国など計155か国

注1　環境省資料により作成
注2　アメリカ合衆国, カナダは京都議定書から離脱。アンドラ, パレスチナ, 南スーダンは京都議定書に不参加。

グラフ

```
　　　　　　　　　　　　　　　ロシア　　日本
　　　　　　　　　　　　　　　　　　　　インド
1990年　アメリカ　　EU
210億t　合衆国　　28か国

2012年　　　　　　　中国　　　　　　　その他
317億t
　　　0　　20　　40　　60　　80　　100(%)
```

注1　「世界国勢図会2015/16」より作成
注2　EU28か国は, **表**の25か国に, マルタ, キプロス, クロアチアを加えたものである。

89

公民の資料を読み取る問題

例題

正答率
↓

絶対落とすな!!

91%

右の資料は，世界の六つの州における，1961年，1981年，2020年の1人1日あたりの食事エネルギー供給量を表したものである。この資料から読み取れることを述べた文として適当なものを，次のア〜エのうちから一つ選びなさい。〈愛媛県〉

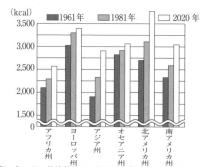

(注)食事エネルギー供給量とは，人間の食事のために供給された食料の量を，カロリー数で表したものをいう。
(国連食糧農業機関資料ほかによる)

ア 六つの州のいずれの州においても，2020年の1人1日あたりの食事エネルギー供給量は，1961年の1人1日あたりの食事エネルギー供給量に比べて減少している。

イ 1961年において，六つの州の中で1人1日あたりの食事エネルギー供給量が2,500kcalを超えている州の数は，三つである。

ウ アジア州は，2020年における1人1日あたりの食事エネルギー供給量が，六つの州の中で最も低い。

エ ヨーロッパ州は，1961年，1981年，2020年のいずれの年においても，1人1日あたりの食事エネルギー供給量が，六つの州の中で最も高い。

解き方
考え方

グラフの読み取りは，選択肢を確認していくことが大切である。**ア**について，2020年の食事エネルギー供給量は，6つの州のいずれにおいても増加している。**イ**について，1961年の食事エネルギー供給量が2,500kcalを超えているのは，ヨーロッパ州，オセアニア州，北アメリカ州の3つで

ある。したがって，**イ**が正解。**ウ**について，2020年の食事エネルギー供給量が最も低いのはアフリカ州である。**エ**について，1961年と1981年の食事エネルギー供給量が最も高いのはヨーロッパ州であるが，2020年に最も高いのは北アメリカ州である。

解答 **イ**

 入試必出! **要点まとめ**

■ **よく出題される公民の資料問題**
● **国家財政の歳出と歳入の変化**
右のグラフのような歳出の変化を示し，読み取らせる問題が多い。社会保障関係費や国債費の増加がポイント。
● **年齢区分別人口の推移**
表やグラフで年齢別人口の推移を読み取らせる問題。日本の少子高齢化を理解しておこう。

一般会計における歳出の内訳

Ⓟ(1999年度)
その他 28.7%
国債費 22.8%
社会保障関係費 21.4%
14.0%
防衛関係費 5.5%
文教及び科学振興費 7.6%
地方交付税交付金

Ⓠ(1979年度)
その他 37.7%
社会保障関係費 19.3%
国債費 15.3%
11.3%
11.1%
防衛関係費 5.3%
文教及び科学振興費 5.5%
地方交付税交付金

Ⓡ(2019年度)
防衛関係費 5.2%
その他 17.2%
社会保障関係費 33.6%
国債費 23.2%
15.3
地方交付税交付金
文教及び科学振興費 5.5%

(「数字で見る日本の100年」から作成)
(三重県で出題された資料)

1 89% 次の**グラフ1・2**は，近年の留学生に関する資料である。**グラフ1・2**から読み取れる内容について正しく述べたものを，あとの**ア〜エ**のうちから一つ選びなさい。 〈千葉県〉

グラフ1 留学生からの就職目的の申請件数等の推移　　グラフ2 外国人留学生数

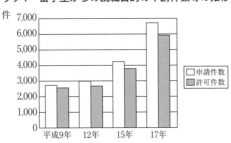

注）留学生が日本の企業に就職する場合は，日本に滞在するための資格の変更が必要となる。グラフはそのための申請と許可の件数をあらわす。

（「法務省　入国管理局ホームページ」より作成）

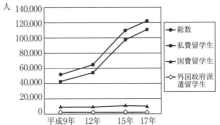

注）数は各年の5月1日時点のもの。外国人留学生とは，留学ビザを取得して，日本の大学や専修学校などで学ぶ外国人学生。国費留学生とは，日本政府から奨学金を支給されている留学生。

（「日本学生支援機構ホームページ」より作成）

ア 外国人留学生の総数は増加してきている。また，留学生からの日本の企業への就職目的の申請件数は増加してきているが，許可件数は減少してきている。

イ 外国人留学生のうち国費留学生と私費留学生の両方が減少してきている。また，留学生から日本の企業への就職目的の申請件数と許可件数の両方が減少してきている。

ウ 外国人留学生のうち私費留学生の方が，国費留学生よりも増加傾向が強い。また，留学生からの日本の企業への就職目的の申請件数と許可件数の両方が増加してきている。

エ 外国人留学生のうち外国政府派遣留学生の方が，私費留学生よりも増加傾向が強い。また，留学生からの日本の企業への就職目的の申請件数は減少し，許可件数は増加してきている。

2 81% 次の表は，内閣府の国民生活に関する調査における，「働く目的は何か」という質問についての年齢層別回答割合を表している。**A〜D**の文の中で，表から読み取ることができる内容として適当なものの組み合わせを，あとの**ア〜キ**の中から一つ選びなさい。 〈福島県〉

表 「働く目的は何か」という質問についての年齢層別回答割合（％）（2019年）

	お金を得るため	社会の一員として務めを果たすため	自分の才能や能力を発揮するため	生きがいをみつけるため	わからない
18〜29歳	65.1	10.8	13.0	10.6	0.5
30〜39歳	72.2	10.8	8.0	8.7	0.3
40〜49歳	70.6	12.9	6.6	9.5	0.4
50〜59歳	62.9	14.6	6.1	14.5	1.9
60・69歳	52.0	16.4	8.9	19.2	3.5
70歳以上	37.3	16.7	7.6	27.2	11.2

（内閣府資料により作成）

A 「お金を得るため」と回答した割合は，どの年齢層においても最も高い。

B 「社会の一員として務めを果たすため」と回答した割合は，年齢層が低いほど高い。

C 「自分の才能や能力を発揮するため」と回答した割合は，「わからない」を除いた回答の中で，すべての年齢層において最も低い。

D 70歳以上で「生きがいをみつけるため」と回答した割合は，30〜39歳の3倍以上である。

ア AとB　　**イ** AとCとD　　**ウ** BとC　　**エ** BとCとD

オ AとD　　**カ** BとD　　**キ** CとD

公民の文章で答える問題

例題

正答率
↓

絶対落とすな‼
(1)
83%

(2)
74%

(1) インターネットについて述べた次の文中の＿＿＿にあてはまる，インターネットの問題点を，「情報」という語句を用いて簡潔に書きなさい。〈岐阜県〉

> インターネットを活用して商売を行うことは，最新の情報をお客さんに広く発信することができたり，多くのお客さんから注文を受けることができたりするなどたいへん便利である。しかし，＿＿＿＿＿＿という問題点もあるので，お客さんに関する情報を慎重に取り扱っている。

(2) 次の文の下線部の目的について，あとの文中の＿＿＿＿に入る適切な内容を書きなさい。〈青森県〉

> 裁判所は，法にもとづいて紛争を解決する仕事を担当している。国会や内閣など外部の力が影響をおよぼすことのないように，裁判官は自らの良心に従い独立してその職権を行い，憲法および法律にのみ拘束されるという原則がある。また，同一の事件について，原則として3回まで裁判を求めることができる三審制というしくみをとっている。

裁判を慎重に行い，＿＿＿＿＿＿＿ため。

解き方・考え方

(1) 「情報」という指定語句に注目すると，インターネットの便利な点とともに，インターネットの問題点が浮かび上がってくる。

(2) 三審制は，第1審の判決に不服の場合は，上級の裁判所に控訴し，第2審の判決にも不服の場合は，さらに上級の裁判所に上告できる制度。同一の事件について，3回まで裁判が受けられるようにすることで，裁判の誤りを防ぎ，人権を守ることが目的。

解答 (1)（例）個人の**情報**が流出するおそれがある
(2)（例）**人権を守る**

入試必出! 要点まとめ

■ **よく出題される公民の論述問題**

● **女性の社会進出**
<u>男女共同参画社会</u>の説明や，女性が社会進出するために必要なことを述べる問題など。
対策…関連する法律を理解し，新聞などで関連記事を見つけたらチェックしておく。

● **違憲立法〔法令〕審査権の説明**
裁判所がもつ<u>違憲立法審査権</u>を説明する問題。
対策…国会と裁判所の関係を整理する。

● **消費者の保護**
<u>製造物責任〔ＰＬ〕法</u>や<u>クーリング・オフ制度</u>の内容を説明する。
対策…法律や制度の内容をしっかり理解。

● **地球温暖化防止**
地球温暖化防止について，個人でできるその対策について述べる問題など。
対策…省エネや<u>リサイクル</u>，ごみの分別など，ふだんの生活でできる「エコ」を意識する。

1 65%

右の図のA・Bは，流通経路のうち主なものを示している。小売業者の中でもスーパーマーケットなどの大規模小売店は，流通の合理化をはかるために，どのような工夫をしているか。図を参考にして，**流通費用**という語句を使って書きなさい。　〈鹿児島県〉

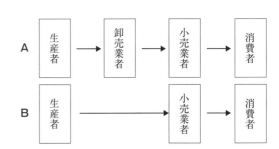

2 64%

ユニバーサルデザインとはどのような考え方か。次の文中の□□□□に当てはまる内容を，15字以内で簡潔に書きなさい。　〈山梨県〉

製品，施設，環境などを，□□□□ように設計する，という考え方。

3 63%

次の表は，衆議院と参議院のしくみについて示したものである。表を参考にして，衆議院の優越が認められている理由を，説明しなさい。　〈鳥取県・改〉

	任期	解散
衆議院	4年	あり
参議院	6年（3年ごとに半数改選）	なし

4 58%

地方公共団体の首長の選出方法と内閣総理大臣の選出方法にはどのような違いがあるか。次の図を参考にして，「有権者」，「国会」という二つの言葉を用いて，簡潔に書きなさい。　〈岐阜県〉

5 52%

近年は，年功序列型の賃金〔年功賃金〕にかえて，仕事の成果などに応じて賃金を支払う企業が増えている。年功序列型の賃金〔年功賃金〕とはどのような賃金のしくみか，簡単に書きなさい。　〈北海道〉

次の文を読んで，あとの問いに答えなさい。 〈神奈川県〉

例題

正答率

(1)
65%

(2)
65%

(3)
53%

> 1492年，コロンブスがヨーロッパから大西洋を渡って，アメリカ大陸に近い西インド諸島に到達した。それ以後，この大陸にはヨーロッパから多くの人々が移住してきた。また，主に農場で働く労働力として，大西洋を渡って　Ａ　大陸から多くの人々が連れてこられた。アメリカ合衆国ではₐ第二次世界大戦後には，南に隣接する　Ｂ　などの国やアジアからの移民が増えている。
> ₆現在のアメリカ合衆国の人口の多くは，ヨーロッパ系の移民とその子孫だが，このような移民の歴史から，この国は多民族国家となっている。

(1) 文中の　Ａ　・　Ｂ　にあてはまるものの正しい組み合わせを，次のア〜エのうちから一つ選びなさい。

ア　Ａ－アフリカ，Ｂ－メキシコ　　　　**イ**　Ａ－アジア，Ｂ－メキシコ

ウ　Ａ－アフリカ，Ｂ－カナダ　　　　　**エ**　Ａ－アジア，Ｂ－カナダ

(2) 下線部**ａ**に関して，1951年に右の略地図中の**Ｘ**で示した都市で講和会議が開かれ，平和条約が結ばれたことにより，日本は独立を回復した。この条約を□□□□平和条約という。□□□□にあてはまる都市名をカタカナで書きなさい。

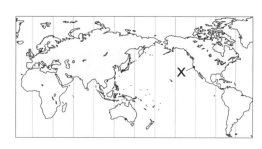

(3) 下線部**ｂ**に関して，2020年の統計では，アメリカ合衆国の人口は約3.3億人で，国別人口の多い順で見ると世界第3位であり，第1位は中国，第2位はインドである。この上位3か国の人口の合計が世界全体の人口に占める割合として最も近いものを，次の**ア〜エ**のうちから一つ選びなさい。

ア　10%　　　　**イ**　25%　　　　**ウ**　40%　　　　**エ**　60%

解き方・考え方

(1)　新大陸へ到達したコロンブスは，スペインの援助を受けていた。コロンブスが新大陸へ到達すると，スペインは新大陸の開発に乗り出し，プランテーション（大農園）などの労働力として多くの人々をアフリカから強制的に連行した。したがって，**Ａ**はアフリカ。第二次世界大戦後，アメリカでは，隣国のメキシコなどからヒスパニックとよばれるスペイン語を話す人々の移民が増えた。したがって，**Ｂ**はメキシコである。

(2)　**Ｘ**はサンフランシスコ。ここで開かれた講和会議で日本は48か国との間でサンフランシスコ平和条約を結んだ。

(3)　第1位の中国は約14.4億人，第2位のインドは約13.8億人。アメリカを含めた上位3か国の合計は約31.5億人。世界の総人口は約78億人なので約40.4%を占めることがわかる（2020年の統計）。
※インドの人口が中国を上回り，世界一になる見込みであることが2023年4月に発表された。

解答　**(1)** ア　**(2)** サンフランシスコ　**(3)** ウ

1 右の略年表は，公害や環境問題についてまとめたものである。これを見て，次の問いに答えなさい。　　　　　　　　　　　　　　　　　　　　　　　　〈宮城県・改〉

63% 〔1〕下線部**a**に関して，このころの日本のようすを正しく述べたものを，次の**ア〜エ**のうちから一つ選びなさい。

　ア　天明のききんがおこり，百姓一揆や打ちこわしが各地で発生していた。

　イ　産業革命がおこり，紡績業や製糸業を中心に工業の近代化が進んでいた。

　ウ　新聞や雑誌の普及とラジオ放送の開始により，文化の大衆化が進んでいた。

　エ　高度経済成長の結果，日本は世界でも有数の経済大国となった。

おもな公害や環境問題

年代	で　き　ご　と
1890 年代	a 足尾銅山の鉱毒が問題化した。
1960 年代	ヨーロッパで b 酸性雨が問題化した。 四大公害の裁判が始まった。
1970 年代	国連人間環境会議が開催された。
1990 年代	国連環境開発会議が開催された。 環境基本法が制定された。 c 京都議定書が採択された。
2000 年代	持続可能な開発に関する世界首脳会議が開催された。

75% 〔2〕下線部**b**は工場の排煙などに含まれる汚染物質が原因である。右の**資料1**は，ヨーロッパにおける酸性雨の状況を示したものである。**資料1**から読み取れることを正しく述べたものを，次の**ア〜エ**のうちから一つ選びなさい。

　ア　地中海に近い地域ほど雨の酸性度が高くなっている。

　イ　緯度が高い地域ほど雨の酸性度が高くなっている。

　ウ　イギリスの西部でもpH4.4の酸性雨が降っている。

　エ　工業地域以外の地域でもpH4.4の酸性雨が降っている。

資料1　ヨーロッパの酸性雨の状況

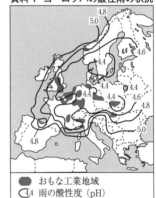

●おもな工業地域
4.4 雨の酸性度 (pH)
(注) pH5.6 以下が酸性雨とされる。
（「環境庁資料2003 年」より作成）

76% 〔3〕下線部**c**に関して，右の**資料2**は，京都議定書について調べた生徒が作成したものである。**資料2**から読み取れることを正しく述べたものを，次の**ア〜エ**のうちから一つ選びなさい。

　ア　2019年の家庭部門から排出された温室効果ガスの量は，その年の総排出量の1割に満たない。

　イ　1990年と比べ，2019年には，すべての部門で温室効果ガスの排出量が減った。

　ウ　1990年と2019年を比べると，温室効果ガスの排出量が最も減少したのは，運輸部門である。

　エ　1990年に比べ，2019年の温室効果ガスの総排出量は，63百万トン減った。

資料2　日本における部門別温室効果ガス排出量の推移

（百万トン）

	発電など 96		会社や学校など 131			
1990年 総排出量 1275百万トン	運輸 208		生産 503		家庭 129	その他 208
2019年 総排出量 1212百万トン	206	86	384	193	159	184

(注)　温室効果ガスの排出量は二酸化炭素の量に換算して示している。
（「日本国勢図会2021/22年版」より作成）

【出典の補足】
P.26　例題　2021年埼玉県

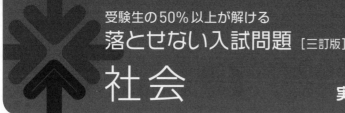

地理
世界の姿

解答
本冊 P. 9

1 インド洋

2 (1) オーストラリア大陸　(2) エ　**3** あ

解説

1 インド洋はインドの南，アフリカ大陸の東側，オーストラリア大陸の西側に広がる大洋。

2 (2) アの中心はキューバ付近，イとウの中心はアフリカになっている。

3 地図2は中心の東京からの距離と方位が正しい図法なので，東京と@の都市を結んだ直線は，2つの都市の最短航路となる。この航路は，ロシア連邦の北部やヨーロッパのスカンディナビア半島などを通過している。地図1でこれらの地域を通過している経路はあである。地図1のいのように2つの地点を直線で結んでも，必ずしもその2点の最短航路にはならない。

地理
日本の姿

解答
本冊 P. 11

1 (1) a－イ　b－ア　c－ウ
　　(2) ③→②→①→④

2 (1) ウ　(2) A－12　B－200　(3) ウ

解説

1 (1) 北方領土は面積の大きい順に，択捉島，国後島，色丹島，歯舞群島となる。

(2) 経度15度で1時間の時差になるので，東京との経度差が小さいほど時差が小さく，経度差が大きいほど時差が大きくなる。東京との経度差が小さい順に③，②，①，④となる。

2 (1) 滋賀県には，日本最大の湖である琵琶湖があるが，海には面していない。海に面していない県は，栃木県，群馬県，埼玉県，山梨県，長野県，岐阜県，滋賀県，奈良県の8県である。

(2) 国家の主権がおよぶ範囲を領海といい，沿岸から12海里までの海域である。沿岸から200海里までの領海をのぞく海域は，排他的経済水域である。排他的経済水域内では，資源の開発や管理に関して，沿岸国の権利が認められている。

(3) bは高知県，cは愛媛県，dは宮崎県，eは熊本県。

地理
世界各地の人々の生活と環境

解答
本冊 P. 13

1 (1) ウ　(2) ア　**2** ©

解説

1 (1) Aの地域はモンゴルの付近で，砂漠や乾燥した草原のステップが広がっている。この地域では，えさとなる草や水を求めて移動しながら，羊ややぎなどの家畜を飼育する遊牧が行われており，遊牧民は羊の毛でつくったフェルトのテント式の家でくらしているので，ウがあてはまる。アは土製の日干しレンガでつくられた家で，雨がほとんど降らない乾燥帯の地域で見られる。

イの草でつくられた家は，アンデス山脈の高地などで見られる。エの石づくりの家は，地中海沿岸などで見られる。

(2) B国は北アフリカのアルジェリア，C国はアジアとヨーロッパにまたがるトルコ。北アフリカから西アジア・中央アジアにかけてや，東南アジアなどでは，イスラム教を信仰する人が多い。

2 グラフは、日本などの北半球の気候とは異なり、6～8月が冬、12～2月が夏になっているので、南半球の都市と考えられる。このことから、南アメリカにある©が当たる。グラフは、夏の降水量が少なく乾燥し、冬の降水量が多いので、地中海性気候である。@は夏の降水量が多い温暖湿潤気候、赤道付近に位置する⑥は熱帯雨林気候。

地理
世界の諸地域（1）

解答	本冊 P. 15

1 (1) ユーロ　(2) イ　**2** モノカルチャー

解説

1 (1) ヨーロッパ連合〔EU〕の共通通貨はユーロ。ユーロの導入により、国境をこえた旅行や買い物のときに両替をする必要がなく、便利になった。EU加盟国の中には、ユーロを導入せず、独自の通貨を使っている国もある。

(2) 会話中に「カーニバル」、「アマゾン川」とあることから、地図中の@のブラジルと考えられる。ブラジルは世界有数のコーヒー豆の生産・輸出国であり、近年は大豆の生産もさかんになっているので、**表のイ**があてはまる。**ア**は人口密度が低いことから、国土面積が世界最大のロシアである。**ウ**はとうもろこしや大豆の生産がさかんで、機械類や自動車の輸出がさかんであることから、アメリカである。**エ**は人口が約14億人と多く、米や小麦の生産がさかんで、機械類のほか、衣類や繊維品などの軽工業製品がおもな輸出品となっていることから、中国である。

2 **グラフ**をみると、エチオピアはコーヒー豆、コートジボワールはカカオ豆、ガーナは金や原油、ザンビアは銅の輸出額割合が高い。このように、特定の農産物や鉱産資源の輸出にたよる経済をモノカルチャー経済という。モノカルチャー経済は、産出量の変化や国際価格の変動の影響を受けやすく、不安定な経済である。

地理
世界の諸地域（2）

解答	本冊 P. 17

1 多国籍企業　**2** ウ　**3** エ

解説

1 世界中に生産や販売の拠点をもつ企業を、多国籍企業という。アメリカ合衆国にはファストフードなどの多国籍企業が多い。

2 かつてイギリスの植民地であったオーストラリアの貿易相手国は、イギリスが中心であったが、1970年代にイギリスがヨーロッパ共同体〔EC〕に加盟すると、アジア太平洋地域との貿易がさかんになった。よって2018年のオーストラリアの貿易相手国の**グラフ**はⅡである。また、オーストラリアは羊の飼育がさかんで、かつては羊毛が主要な輸出品であったが、現在は鉄鉱石や石炭などの鉱産資源が中心になっているので、2018年のオーストラリアの輸出品の**グラフ**はⅢである。

3 **A** 1970年代のできごとなので、石油危機があてはまる。石油危機は、第四次中東戦争のとき、イスラエルと対立したアラブの産油国が、石油価格を上げたり産油量を制限したりしたことで石油の価格が上がり、資本主義国の経済が混乱したできごと。ブラジルでは石油にかわるエネルギーとしてさとうきびを原料とするバイオエタノールの生産がさかんになった。

B 2000年代のできごとなので、「中国の発展」があてはまる。中国では経済発展にともない肉類の消費量が増え、家畜の飼料となる大豆の需要が高まった。ブラジルは、この中国の需要の高まりにこたえるためや、コーヒーのモノカルチャー経済から脱却するために、大豆の生産に力を入れた。

C ブラジルでは、さとうきびや大豆の生産を増やすために、国土の北部に広がるアマゾン川流域の熱帯林を切り開いて、耕地を拡大した。

地理
身近な地域の調査

本冊 P. 19

解答

1 (1) エ　(2) T-U　**2** ウ

解説

1 (1) 普通，川は高度が高い方から低い方へ向かって流れる。地形図中の等高線を見ると，②は川の河口に近いので，①と②では①の方が高い。したがって，**ア**は誤り。**B**の範囲に広がっているのは田であるため，**イ**は誤り。おうみなかしょう駅は**C**点から見て南西の方角にある。したがって**ウ**は誤り。

(2) 地形図上では，等高線の間隔が狭いところが傾斜が急であり，高低差が大きい。T-Uの高低差は約100mで，最も大きい。

2「地形図上の長さ×縮尺の分母」で実際の距離を計算する。2cm×25000＝50000cm＝500m。

地理
日本の自然環境の特色

本冊 P. 21

解答

1 防災マップ〔ハザードマップ〕

2 ア　**3** 冷害

4 (1) イ　(2) a－イ　b－ウ　c－ア

5 エ

解説

1 防災マップ〔ハザードマップ〕には災害が発生しやすい場所だけではなく，避難場所や避難経路などの情報も掲載されている。

2 川が土砂を運ぶ作用で形成される地形には，三角州や扇状地がある。三角州は河口付近に形成される地形なので，**ア**である。**イ**は扇状地，**ウ**はリアス海岸，**エ**は砂丘のこと。

3 東北地方で，夏の低温が原因で稲の生育が悪くなるなどの被害が出る自然災害を，冷害という。

4 (1) 略地図中の**ア**は津軽平野，**ウ**は庄内平野，**エ**は仙台平野で，**ア**，**ウ**，**エ**は平野。**イ**は北

上高地で平野ではない。

(2) 略地図中の**a**は日本海側の気候の富山市。日本海側の気候は冬の降水量が多いので，1月の降水量が最も多い**イ**が**a**の富山市である。**b**は瀬戸内の気候の広島市。瀬戸内の気候は年間を通して降水量が少ないので，全年の降水量が最も少ない**ウ**が**b**の広島市である。**c**は太平洋側の気候の高知市。太平洋側の気候は夏の降水量が多いので，8月の降水量が最も多い**ア**が**c**の高知市である。

5 中部地方の中央高地には標高3000m超の高山が連なる飛驒山脈，木曽山脈，赤石山脈があり，日本の屋根ともよばれているので，**エ**があてはまる。**ア**は九州地方。「巨大なカルデラ」とは阿蘇山のカルデラのこと。**イ**は近畿地方。志摩半島にリアス海岸がみられる。**ウ**は東北地方。中央に奥羽山脈，西に出羽山地，東に北上高地が南北に走り，太平洋岸の三陸海岸の南部にリアス海岸がみられる。

地理
日本の人口の特色

本冊 P. 23

解答

1 (1) X－ウ　Y－イ　Z－ア　(2) ア

2 政令指定　**3** ア

解説

1 (1) Xは，グラフにおいて2015年以降は村の人口の約半分を占めるまでになっているので，65歳以上の高齢者が当てはまると考えられる。Yは，グラフの1985年までは高い割合を占めていたが，2000年以降は割合が低下しているので，15歳～64歳の労働力人口が当てはまると考えられる。Zは，会話文中に，その人口の減少が学校の閉校をまねくとあるので，0～14歳の年少人口が当てはまると考えられる。

(2) 地方の村などで，人口の減少と少子高齢化の進行で，「地域の活力低下」が進む現象は，過疎化である。過疎化は都市などで人口が過度に集中し，住宅の不足やごみ処理の問題，交通渋滞などが深刻になる状態。

2 人口50万人以上で政府から指定される都市は政令指定都市。市内に区を設置したり，さまざまな事務を都道府県に代わってできるなどの権限をもつ。

3 中央区は東京都の都心，多摩市は東京都の郊外にあたる。中央区では1950年代後半から1970年代前半までの高度経済成長期に進んだドーナツ化現象で人口の減少が続いたが，再開発などにともなう都心回帰の現象で人口が持ち直しているので，**グラフ**の I があてはまる。また，中央区にはオフィス街が多く，働く世代（15〜64歳）の人口割合が高いと考えられるので，**表**の III があてはまる。

地理
日本の資源・産業の特色

解答
本冊
P. 25

1 エ **2** 〔1〕ウ 〔2〕イ

解説

1 A 1970年代に最も発電電力量が多かったのは，石油等による火力発電である。
B 東日本大震災は2011年に発生した。このとき，福島県の原子力発電所が津波で被災し，重大な事故が発生したことから，一時は国内の全原子力発電所が運転を停止した。よって，2010年度に比べ2011年度が大きく減少したのは原子力である。
C 2011年度に比べ明らかに増加しているとわかるのは，再生可能エネルギー等，石炭であるが，3倍以上に増加しているのは再生可能エネルギー等である。

2 〔1〕中京工業地帯は，愛知県，三重県にまたがる工業地帯。製造品出荷額では日本最大の工業地帯になっている（2019年）。
〔2〕IC〔集積回路〕工場は，輸送に便利な高速道路のインターチェンジの近くや空港の近くに多くつくられている。

地理
日本の交通・通信の特色

解答
本冊
P. 27

1 イ **2** エ
3 （例）重量は軽いが，金額は高い。〔重量が軽い割に金額が高い。〕 **4** ウ

解説

1 a 高速道路などの交通網が整備され，地方の小都市や農村から大都市へ，人口や産業が吸いよせられることをストロー現象という。ドーナツ化現象は，都市で過密化が進んだ結果，都市の生活環境が悪化して，人口が郊外に移動し，都市の人口分布がドーナツのように中空になる現象。
b 時間距離は，2地点間の移動にかかる時間でその2地点間の距離を測ること。交通の高速化が進むにつれ移動時間が短縮されるので，時間距離は短縮する。

2 エについて，鉄道が自動車に比べて環境への負荷が小さいのは正しいが，貨物や旅客の輸送に占める割合が最も高いのはいずれも自動車なので，誤り。

3 グラフから，成田国際空港の輸出品は，重量が非常に軽く，金額は高いこと，横浜港の輸出品は重量が重く，金額は成田国際空港よりも少ないことがわかる。

4 日本の航空交通網は，距離が離れている大都市の間や，大都市と距離が離れている地方都市との間の便数が多い。便数や所要時間から，**ア**が羽田空港，**イ**が伊丹空港，**エ**が那覇空港と考えられ，残った**ウ**が福岡空港となる。

地理
日本の諸地域（1）

解答
本冊
P. 29

1 〔1〕ア 〔2〕イ
2 〔1〕（例）入荷量が少なく，価格が高い時期に出荷できる。 〔2〕グラフ2−ⓑ 図−ⓕ

1 (1) 新潟市から大阪市まで新幹線を乗り継いで行くときに通る都道府県は，新潟県，群馬県，埼玉県，東京都，神奈川県，静岡県，愛知県，岐阜県，滋賀県，京都府，大阪府である。

(2) 文の初めで述べた「この市」は鳥取市。日本海に面した鳥取市には鳥取砂丘（さきゅう）がある。倉敷市（くらしき）南部と香川県坂出市（さかいで）を結んでいる本州四国連絡橋は瀬戸（せと）大橋である。

2 (1) 促成栽培（そくせい）は，出荷時期を早める工夫をした農業で，宮崎平野などで行われている。**グラフ1**を見ると，**A**の宮崎県の入荷量は，他の地域からの入荷量が少なくなり，平均価格が高くなる時期に増えていることがわかる。

(2) 北九州工業地域は，かつては金属工業の出荷額が多かったが，近年は自動車などの機械工業が中心になっているので，**グラフ2**で割合が高まっている⑥が機械工業と考えられる。また，機械工業は，原料を輸入にたより，臨海部に立地する金属工業や化学工業とはことなり，内陸部にも立地するので，図の①が機械工業と考えられる。

地理
日本の諸地域（2）

解答　本冊 P. 31

1 ア （例）米の豊作への願い
　イ （例）いくつかの祭りを見てまわる
2 (1) イ　(2) A−イ　B−オ

解説

1 ア **資料1**から，秋田県では稲作が盛んで，秋田竿燈（かんとう）まつりも稲作に関係が深いことがわかる。
　イ **資料2**から，東北地方の主な夏祭り開催日が少しずつずれており，観光客はすべての夏祭りを観光できる日程になっていることがわかる。

2 (2) 中京（ちゅうきょう）工業地帯は，かつては尾西（びさい）や一宮（いちのみや）などでさかんであった毛織物などのせんい工業が中心であった。しかし，豊田（とよた）市などで自

動車工業がさかんになるなど，機械工業が発達し，現在では，工業製品出荷額に占める機械工業の割合が71.9%と非常に高い。

地理
地理の資料を読み取る問題（1）

解答　本冊 P. 33

1 ウ　**2** イ，ウ

解説

1 **ア**について，森林面積の割合が最も高い日本の森林の減少面積は最も少ない。**イ**について，日本の2005年の森林面積は378千km²の約65%だから約250千km²で，インドネシアの森林の減少面積である281千km²より少ない。**ウ**について，ブラジルの森林の減少面積は423千km²で，日本の国土面積である378千km²より大きい。**エ**について，森林の減少面積が2番目のインドネシアの国土面積は3番目のスーダンより小さい。したがって，正解は**ウ**である。

2 **ア**について，小麦と野菜は上位2か国で50%を超えているが，肉類は上位2か国で40%しかない。**イ**について，1960年には野菜と肉類の輸入はほとんどなかったが2019年には大きく増えており，野菜は50%以上を中国や韓国から輸入している。**ウ**について，農業就業人口は全体も64歳以下も減っているが，2019年には65歳以上の割合が3分の2以上になっている。**エ**について，1960年の小麦，2019年の小麦は輸入量が生産量を上回っている。したがって，正解は**イ**，**ウ**である。

地理
地理の資料を読み取る問題（2）

解答　本冊 P. 35

1 ウ　**2** イ

解説

1 **ア**について，2020年の原油の国内生産量は1970年よりも少ないので誤り。**イ**について，2020年のオーストラリアからの石炭の輸入額

は1兆円を上回っているので誤り。**ウ**について，鉄鉱石の輸入量は1970年より2020年の方が少なく，2020年のオーストラリアからの鉄鉱石の輸入額は1970年の約3.6倍になっているので正しい。**エ**について，2020年のアメリカからの木材の輸入額は，1970年のアメリカからの木材の輸入額を下回っているので誤り。

2 **ア**について，栃木県の総面積に占める耕地面積の割合は1220（百ha＝km²）÷6408（km²）から約20％，群馬県は668（百ha＝km²）÷6362（km²）から約10％で，栃木県の方が耕地面積の割合が高い。**イ**について，栃木県の総人口に占める農業就業人口の割合は62（千人）÷1934（千人）から約3％，群馬県は44（千人）÷1943（千人）から約2％で，栃木県の方が農業就業人口の割合が高い。**ウ**について，栃木県の農家一戸あたりの耕地面積は1220（百ha）÷554（百戸）から約2.2ha，群馬県は668（百ha）÷501（百戸）から約1.3haで，栃木県の農家一戸あたりの耕地面積の方が広い。**エ**について，栃木県の農業就業者一人あたりの農業総産出額は28590（千万円）÷62（千人）から約461万円，群馬県は23610（千万円）÷44（千人）から約537万円で，群馬県の方が農業就業者一人あたりの農業総産出額は多い。したがって正解は**イ**。

地理
地理の文章で答える問題

解答　　　　　　　　　　　　　本冊 P. 37

1 （例）国民の多くがイスラム教を信仰しているため，豚肉を食べない人が多く，豚の飼育頭数が少ない。

2 （例）必要な電力は水力発電でまかなうことができ，他国に比べ国内で消費する原油が少なくてすむため。

3 [1] （例）農業就業者の高齢化が進んでいる
[2] （例）雪が積もる冬の間は農作業が難しいため，副業としての地場産業が発展した。

解説

1 **A**国はトルコ，**B**国はオーストラリア，**C**国はカナダ。**資料**をみると，**A**国ではほとんど豚が

飼育されていない。**A**国のトルコでは，国民の大多数がイスラム教徒。イスラム教では，豚肉を食べることはタブーとされている。

2 ノルウェーは北海油田で原油を産出するが，発電量のほとんどを水力でまかなっている。

3 [1] 農業人口に占める65歳以上の割合に着目する。
[2] 北陸地方は日本有数の豪雪地帯であり，農家は冬の間は農業ができないことに注意する。

歴史
縄文・弥生・古墳時代

解答　　　　　　　　　　　　　本冊 P. 39

1 [1] ア　[2] ア　[3] エ
2 [1] 渡来人　[2] 前方後円

解説

1 [1] 邪馬台国のようすは，中国の歴史書「魏志」の倭人伝に書かれており，その女王卑弥呼は**ア**の「女性の王」にあたる。**イ**・**ウ**は平安時代，**エ**は奈良時代。
[2] **イ**は古墳時代，**ウ**は旧石器時代，**エ**は弥生時代について述べている。縄文時代につくられた土器には縄目の文様がついたものが多く，縄文土器とよばれ，その時代を縄文時代という。
[3] 佐賀県にあるのは吉野ヶ里遺跡。弥生時代の大規模な環濠集落跡である。**ア**の登呂遺跡は静岡県にある弥生時代の遺跡。**イ**の三内丸山遺跡は青森県にある縄文時代の遺跡。**ウ**の岩宿遺跡は群馬県にある旧石器時代の遺跡である。

2 [2] 前方後円墳は，近畿地方を中心に，九州から東北にかけての広い範囲でつくられた。

歴史
飛鳥・奈良時代

解答　　　　　　　　　　　　　本冊 P. 41

1 [1] ウ　[2] ア　[3] 班田収授法
[4] 名称ー平城京　位置ーウ
2 防人

① (1) 十七条の憲法を定めた人物は聖徳太子〔厩戸皇子〕。文中の**A**にあてはまる聖徳太子が建てた代表的な寺院は法隆寺である。聖徳太子は叔母にあたる推古天皇の摂政となり，蘇我馬子の協力を得て政治を行った。役人の心得を示した十七条の憲法や，その人の能力や功績によって役人に取り立てる冠位十二階の制度をつくったりした。また，文中の**B**にあてはまる小野妹子らを遣隋使として中国に送り，中国の制度や文化を学ばせた。したがって，正解は**ウ**である。

(2) **ア**の大化の改新は645年に始まった。**イ**の邪馬台国の卑弥呼が中国に使いを送ったのは239年。**ウ**のワカタケル大王（雄略天皇）が各地の豪族を従えるようになったとされているのは5世紀。**エ**の坂上田村麻呂の東北地方遠征は8世紀末から9世紀初め。

(3) 班田収授法は，戸籍をつくり，6歳以上のすべての男女に口分田をあたえ，税や労役の負担を負わせるというものである。

(4) 平城京は，現在の奈良県奈良市にあった。

② 防人として九州北部の警備に配置されたのは，東国の人々であった。

歴史
平安時代

本冊 P. 43

解答

① (1) ア　(2) イ
② (1) ①ア　②イ　(2) 荘園　**③** イ

解説

① (1) 平清盛は，保元の乱，平治の乱で勝って権力をつかみ太政大臣となった。

(2) 日宋貿易は，平氏政権の重要な経済的な基盤となった。

② (1) ①摂関政治は，藤原氏が天皇と縁戚関係を築きながら，他の有力な貴族を排斥して実権を握り，摂政や関白の地位について行った政治である。

②摂関政治が行われていたころに花開いたのが国風文化で，紫式部が書いた「源氏物語」や清少納言が書いた「枕草子」など，女性がかな文字を用いて書いた文学作品が数多く生まれた。

(2) 荘園は，中央の貴族や寺社がもつ私有地で，税を納めなくてもよい権利や，国司の立ち入りをこばむことができる権利などをもつようになり，貴族や寺社の大きな収入源となっていった。

③ 「古今和歌集」は国風文化の時代に編集された。国風文化は遣唐使の廃止などもあって生まれた，日本の風土や習慣にあった文化である。したがって，**イ**が正解である。

歴史
鎌倉時代

本冊 P. 45

解答

① (1) ア　(2) イ　**②** (1) エ　(2) イ

解説

① (1) 「平家物語」は，平氏の栄華と源平の戦いをつづった軍記物で，琵琶法師によって語られた。

(2) 時宗を開いた一遍は，放浪しながら，生涯をかけて布教を続けた。

② (1) 文中の**A**について，分割相続や元寇の負担などで生活が苦しくなった御家人を救済する目的で出されたのが御家人の借金を帳消しにするという徳政令である。分国法は戦国大名が独自に定めた法令。**B**について，徳政令が出されたころ，年貢を奪うなど，幕府の支配に抵抗する者たちを悪党とよんだ。倭寇は室町時代のころに海賊行為をはたらいた人々。

(2) **ア**は室町時代の応仁の乱，**ウ**は江戸時代，**エ**は平安時代のできごとについて述べている。**イ**の御成敗式目〔貞永式目〕は，執権の北条泰時が定めた武家法で，武家社会の基本法となった。

歴史
南北朝・室町時代

本冊 P.47

解答

1 エ

2 (1) 借金の帳消し　(2) 惣〔惣村〕　(3) ウ

3 書院造

解説

1 アは安土桃山時代に豊臣秀吉が行った朝鮮出兵，イは豊臣秀吉や徳川家康が行った朱印船貿易，ウは鎌倉時代の元寇について述べたもの。倭寇は，朝鮮半島や中国の沿岸を荒らした海賊。日本と明の間で行われた貿易では，倭寇の船と正式な貿易船を区別するために，勘合とよばれる合い札を使用した。

2 (1) 碑文中の「ヲヰメ（借金）アルベカラズ」に着目する。
(2) 惣は寄合を開いて，村の決め事を話し合った。
(3) アとエは安土桃山時代，イは江戸時代のようすを述べたもの。ウの土倉や酒屋は鎌倉・室町時代の金融業者。

3 書院造は，禅宗の建築様式を寝殿造に取り入れたもの。畳が敷かれ，床の間が設けられた。東山文化のころに生まれた。

歴史
戦国・安土桃山時代

本冊 P.49

解答

1 千利休

2 (1) イ　(2) イ　(3) イエズス会　**3** ア

4 分国法

解説

1 千利休は織田信長や豊臣秀吉に仕えた。

2 (1) 日本への輸入品は生糸や絹織物など，中国産のものが中心であったが，鉄砲や火薬，時計，ガラス製品など，ヨーロッパからの品物もあった。

(2) 新航路開拓によってヨーロッパから多くの人々がアジアへやって来るようになった。したがってイが正解。アは18世紀後半。イギリスは世界で最初に産業革命をなしとげた。ウは1789年のできごと。国王が処刑された。エは第一次世界大戦後のインドでのできごと。

(3) イエズス会は，ルターらがはじめた宗教改革に対抗するためにカトリック側によって結成された。海外布教をすすめることなどを目的にした。

3 イ，ウ，エはすべて豊臣秀吉が行ったこと。織田信長は，一向一揆や延暦寺などの仏教勢力に対して厳しい態度でのぞむ一方，キリスト教に対しては寛容であった。

4 分国法は，戦国大名が独自に定めた決まり。

歴史
江戸時代 (1)

本冊 P.51

解答

1 ア

2 (1) イ　(2) 東海道

3 A－親藩や譜代（大名）　B－外様（大名）

解説

1 1641年に平戸にあったオランダ商館は長崎の出島に移された。この長崎に限って，中国船とオランダ船のみが貿易を許された。「鎖国」ということばが使われるようになったのは19世紀になってからである。

2 (1) アは日米修好通商条約が結ばれて貿易が始まった幕末の社会，ウは室町時代のころの社会，エは奈良時代の社会のようすについて述べたものである。幕府の老中田沼意次は，商人の力を利用して幕政を立て直そうとしたが，地位や利権を求めてわいろが横行した。

(2) 東海道は江戸と京都の間に53の宿場がある街道。草津（滋賀県）で，本州中部の内陸を通っている中山道と合流する。

3 親藩は徳川氏一門，譜代大名は古くからの徳川氏の家臣。外様大名は，関ヶ原の戦いのころや戦いの後に徳川氏に従った大名である。江戸から遠くに配置された外様大名にとって，後に制度化された参勤交代は，より大きな負担になった。

歴史
江戸時代 （2）

本冊 P.53

解答

1 〔1〕イ 〔2〕日米和親条約
2 〔1〕ウ 〔2〕（例）外国船を打ち払う方針をとっていた。

解説

1 〔1〕浦賀は，現在の神奈川県横須賀市。東京湾の湾口にあたる。1853年にアメリカの東インド艦隊司令長官ペリーが大統領の国書をもって浦賀に来航し，開国をせまった。

〔2〕日米和親条約では，開国を決めた。貿易の開始を決めた日米修好通商条約（1858年）とまちがえないようにする。

2 〔1〕大塩平八郎は大阪町奉行所の元与力で，陽明学者であった。自宅に門弟を集めて陽明学を講義していたが，天保のききんで餓死者が相次ぎ，商人らが米を買い占めて暴利を得ているにもかかわらず，町奉行が救済策をとらないことに憤り，門弟や民衆を動員して，大阪で武装蜂起したが，わずか半日で鎮圧された。

〔2〕18世紀の終わりころから，たびたび外国船が出現し通商を求めるようになった。幕府は外国船に薪水・食料を供給して帰させる方針をとっていたが，1825年に外国船〔異国船〕打払令を出して，外国船を撃退するという方針に転換した。

歴史
明治時代 （1）

本冊 P.55

解答

1 ウ **2** X－学制 Y－（例）労働の担い手
3 〔1〕版籍奉還 〔2〕ア

解説

1 写真の中央に座っている人物が文中のＡにあてはまる岩倉具視。岩倉具視を全権大使とする岩倉使節団は，欧米の政治のしくみや産業，人々のくらしぶりなどを視察して帰国した。したがって，正解はウである。伊藤博文が国会開設や憲法制定にそなえて諸国の政治制度を研究するためヨーロッパに渡ったのは1882年。

2 明治時代の終わりには義務教育の期間が6年になり，就学率も100％に近づいた。

3 〔1〕明治新政府は，政府が全国を直接治める中央集権国家を目指し，それぞれの藩主が治めていた，全国の土地と人民を国に返させた。土地は「版」，人民は「籍」にあたる。

〔2〕この文では地租改正について述べている。地租改正は，1873年から実施された。選択肢のうち明治時代の初めころのようすについて述べているのはア。したがって，正解はアである。イは大正から昭和初期にかけて，ウは1973年の石油危機，エは1950年代後半から1970年代初めまでの高度経済成長の時期。

歴史
明治時代 （2）

本冊 P.57

解答

1 〔1〕ウ 〔2〕関税自主権
2 〔1〕Ａ－綿花 Ｂ－増加 〔2〕ウ

解説

1 〔1〕日清戦争後，列強は次々と清で勢力範囲を拡大していった。イギリスはロシアに対抗するために日本と同盟を結んだ。

〔2〕関税自主権とは，自国の関税率を自主的に

決定できる権利。日本は関税自主権がな
かったため，産業発展の上で大きな不利益
を受けていた。日本の関税自主権が完全に
回復したのは1911年。小村寿太郎外相の
もとで達成された。

2 (1) 資料から，綿花の割合および金額が大はば
に増えたことが読み取れる。日本経済は，
1886（明治19）年ごろから紡績や製糸など
の工業が発展し，大工場が次々につくられ
た。

(2) 政府は鉄鋼の国産化を目指して，現在の福
岡県北九州市に官営の八幡製鉄所を設立し
た。**ア**は条約改正交渉を有利に進めるため
に1883年につくられた社交場。**イ**は殖産
興業を進める明治政府が1872年に設立し
た官営模範工場。**エ**は北海道の開発のため
に1869年に設置された役所。

歴史
大正・昭和時代

本冊
P. 59

1 (1) ポツダム　(2) イ　(3) 日独伊三国同盟
2 (1) ウ　(2) 二十一か条の要求

解説

1 (1) ポツダム会談は，ドイツ降伏後，ベルリン
郊外のポツダムにアメリカ，イギリス，ソ
連の代表が集まって，対日戦終結方策など
を話し合った。

(2) 勤労動員とは，労働力不足をおぎなうため，
生徒や女子を軍需産業に徴用すること。男
性が戦場に送られ，女性や学生の労働力に
たよらざるをえなくなっていた。

(3) ヨーロッパで海外進出をはかっていたドイ
ツとイタリアが，アジアでの勢力圏拡大を
はかっていた日本とともに，アメリカを仮
想敵国として互いの地位を認め合った軍事
同盟が，日独伊三国同盟である。

2 (1) アメリカ大統領ウィルソンの提案により第
一次世界大戦の反省をふまえて国際連盟が
設立された。したがって，正解は**ウ**である。

アは日露戦争の講和条約のポーツマス条約
に，**エ**は日清戦争の講和条約の下関条約に
関係が深い。**イ**のロシア革命は第一次世界
大戦中におこったが，シベリア出兵は革命
の支援ではなく，その拡大を防ぐ目的で行
われたもので，講和条約とは関係ない。

(2) 中国での日本の権益拡大をねらったもので
ある。

歴史
現代

本冊
P. 61

1 (1)（例）女性に選挙権があたえられたか
ら。　(2) 農地改革
2 冷たい戦争〔冷戦〕　**3** エ

解説

1 (1) **写真**を見ると，女性が投票していることが
わかる。第二次世界大戦終結までの選挙で
は，選挙権を認められていたのが25歳以上
の男性だけであったことから考える。

(2) **資料**を見ると，1945年8月から1950年8
月にかけて小作地の割合が減り，自作地の
割合が増えている。これは，政府が地主か
ら強制的に土地を買い上げて小作農に安く
売りわたした農地改革の結果である。

2 1989年の米ソ首脳会談で冷戦の終結が宣言さ
れた。

3 Aは1972年，Bは1951年，Cは1956年。D
の日中平和友好条約締結は1978年。

歴史
歴史の資料を読み取る問題

本冊
P. 63

1（例）イギリスと同盟を結び，ロシアに対
抗した。
2 エ　**3** イ
4（例）（生糸に代表される）軽工業が発達し，
後に重工業が発達した。

解説

❶ 風刺画に描かれているように，日本は同盟を結んだイギリスを後ろだてにしてロシアに対抗しようとした。イギリスの後ろにはアメリカの姿もある。

❷ 資料のXの期間，1925年〜1935年に注目する。その直前の1923年に関東大震災が発生している。第一次世界大戦後，日本では，戦後恐慌，関東大震災による震災恐慌，金融恐慌，昭和恐慌にみまわれ，不況が続いた。したがって，正解は**エ**である。**ア**は明治時代初め，**イ**は第一次世界大戦中，**ウ**は第二次世界大戦後の社会について述べたものである。

❸ 資料中の「自由に私有の財産とし，みな永久に」という表現に注目すると，この資料が，墾田永年私財法について述べていることがわかる。したがって，正解は**イ**である。

❹ 資料を見ると，生糸の輸出額は，1910年代から急速にのびているが，鉄の輸出額は，1930年代にのび始めていることがわかる。日本における産業革命は，軽工業→重工業の順におこった。

歴史
歴史の文章で答える問題

解答

本冊
P. 65

❶ （例）日本は国際連盟を<u>脱退</u>し，国際的に<u>孤立</u>することになった。

❷ （例）1885年までは，政府の歳入に占める地租の割合が高いが，1890年以降は減少している。

❸ 景気−好景気　労働者の生活−（例）<u>物価</u>の上昇に<u>賃金</u>の上昇が追いつかず，労働者の生活は苦しかった。

❹ （例）京都に<u>六波羅探題</u>を置いて朝廷を<u>監視</u>した

解説

❶ 満州国を視察したリットン調査団の報告を受けて国際連盟は，日本の満州からの撤退を勧告するが，日本はこれを無視して国際連盟から脱退

した。国際連盟脱退後に日本が国際社会でおかれた立場を説明する。

❷ 解答例のほかに「1885年までは，政府の歳入が少しずつ減少しているが，1890年からは，急激に増加している。」「1875年から1900年まで，地租の金額はあまり大きな変化がない。」でも可。

❸ 資料1を見ると，輸出や輸入がのびており，好景気であったことがわかるが，資料2を見ると，物価の上昇率に比べて賃金の上昇率が低いため，労働者の生活が苦しかったことがわかる。「物価」「賃金」という指定語句をヒントにして，資料2から労働者の生活を読み取る。

❹ 指定語句の「六波羅探題」の役割を説明することがポイント。その中にもう一つの指定語句である「監視」を入れる。3代将軍源実朝が暗殺されたことを知った後鳥羽上皇は，政権を朝廷に取り戻そうとして承久の乱をおこしたが，幕府側に敗れて，隠岐に流された。承久の乱をきっかけに，鎌倉幕府は，京都に六波羅探題を設置して，朝廷を監視するとともに，西国の御家人たちを統率した。

歴史
歴史総合

解答

本冊
P. 67

❶ 〔1〕ウ　〔2〕南蛮人　〔3〕下田，函館（順不同）
❷ イ　❸ ①ウ　②ア　③エ　④イ

解説

❶ 〔1〕略年表のことがらはすべて外交上のできごと。
　〔2〕ポルトガル人やスペイン人は，南蛮人と呼ばれた。
　〔3〕日米和親条約では，アメリカの船に食料，石炭，薪水などを供給することが決められた。下田と函館はそのために開かれた港である。その後，下田に総領事として赴任したハリスとの交渉で日本はアメリカと日米修好通商条約を結んだ。

❷ **ア**は冷たい戦争，**ウ**は日露戦争，**エ**は第一次世界大戦の関係を示している。

3 それぞれにキーワードが含まれている。**ア**は二毛作の広まりから鎌倉時代，**イ**は小作争議から大正時代，**ウ**は口分田の不足から奈良時代，**エ**は百姓一揆から江戸時代であると判断することができる。

公民
現代社会とわたしたちの生活

本冊
P. 69

解答

1 ⓐ－エ　ⓑ－ウ　ⓒ－イ　**2** 多数決
3 Ｘ－ウ　Ｙ－ア　Ｚ－ウ　**4** 国際分業

解説

1 ⓐの節分は，邪気をはらうために豆まきなどをする行事。ⓑの端午の節句は，男子の健やかな成長を願い，ちまきを食べるなどする行事。ⓒの七五三は，7歳，5歳，3歳の子供の成長を祝い，神社にお参りなどをする行事。

2 多数決は，決められた時間内で決定できる，効率の良い採決方法。一方，全員の意見の一致は，すべての人が納得できる点で公正だが，決定に時間がかかる。

3 人間は家庭や学校などの社会集団に属しながら成長することから，社会的存在といわれる。また，対立の解消へ導く合意づくりの基準には，平等を重視する公正と，無駄がないことを重視する効率とがある。

4 国際分業によって，各国は不得意な産業の製品は輸入し，得意な産業に特化することができる。

公民
人権の尊重と日本国憲法

本冊
P. 71

解答

1 ア　**2** プライバシーの権利
3 (1) ウ　(2) ア　**4** 公共の福祉

解説

1 文中の「国民の税金によって無償で支給されています」という部分が，社会権の一つである教育を受ける権利の保障に関するもの。したがっ

て，正解は**ア**である。

2 プライバシーの権利は，新しい権利の一つ。情報化が進む一方で，個人情報の流出など，プライバシーの侵害が問題になっている。

3 (1) **ア**と**イ**は精神の自由，**エ**は身体の自由にあてはまる。経済活動の自由には，**ウ**の居住・移転の自由のほか，職業選択の自由，財産権の保障がある。

(2) 十分に議論することは自由権のうちの表現の自由，少数意見を尊重することは法の下の平等にあてはまる。

4 表現の自由が認められているが，他人を傷つける表現が禁止されていることなどが，公共の福祉による人権の制限の例である。

公民
国会

本冊
P. 73

解答

1 解散　**2** (1) ①内閣　②ウ　(2) エ
3 エ

解説

1 衆議院が解散されると総選挙が行われる。選挙は，主権者である国民の意思が，投票という行動によって政治に反映される最大の機会である。

2 (1) ①法律案は国会議員か内閣によって提出される。②衆議院を通過した法律案が参議院で否決された後，衆議院で出席議員の3分の2以上の賛成で再び可決されれば，衆議院の議決が国会の議決となる。

(2) この文は国政調査権について述べている。したがって，正解は**エ**。日本国憲法第62条に国政調査権についての規定がある。**ア**の違憲立法審査権〔違憲審査権〕は国会が定めた法律について，憲法に違反していないかどうか裁判所が判断する権利。**イ**の直接請求権は地方公共団体の住民が署名を提出することによって首長の解職などを請求する権利。**ウ**の団体行動権は労働三権の一つで，労働者が雇用者と団体交渉を行う際にストライキを行う権利である。

③ 衆議院と参議院の違いは，次の表のようになる。

■衆議院と参議院　　　　　　（2022年6月現在）

	衆議院	参議院
議員数	465人	*245人
任期	4年 （解散あり）	6年 （解散なし。3年ごとに半数を改選）
選挙権	満18歳以上	満18歳以上
被選挙権	満25歳以上	満30歳以上
選挙	小選挙区　289人 比例代表　176人	選挙区　*147人 比例代表　*98人

*2022年の改選以降は248人（選挙区148人，比例代表100人）

公民
内閣

本冊
P. 75

解答

① ア　**②**(1) ウ　(2) ア　**③** ウ

解説

① 政府が民間の事業にあたえる許可や認可の権限を見直し，その自由な営業をうながすことを規制緩和という。これは，行政の範囲や財政規模が大きくなりすぎないようにする，行政改革の一つとして行われている。

② (1) 文化庁は，文化芸術の振興などを担う。
(2) 不正の疑いのある裁判官を裁く弾劾裁判所は内閣ではなく，国会に設置される。

③ アメリカの大統領制においては，大統領は国民による間接選挙で選ばれるので，**P**はまちがい。一方，日本の議院内閣制においては，内閣の行政が信頼できないと判断すれば，国会（衆議院）は内閣不信任決議を行うことができ，内閣は衆議院を解散するか総辞職をするかのいずれかを選ぶことになるので，**Q**は正しい。

公民
裁判所・三権分立

本冊
P. 77

解答

① エ　**②** エ　**③**(1) 国民審査　(2) 国会

解説

① 図を見ると，**A**の正面に弁護人席があることから**A**には裁判所に訴えた人が入る。したがって，**A**は検察官。**B**が訴えられた人で，刑事裁判の場合は被告人である。したがって，**B**は被告人。

② 裁判員が参加する裁判は，殺人などの重大な刑事事件の第一審なので，刑事裁判である。また，裁判員裁判は原則として，裁判員6人と，裁判官3人が審理・評議・評決・判決にあたる。検察官は，被疑者を裁判所に起訴する人のこと。

③ (1) 国民審査によって，主権者である国民が司法権をもつ裁判所の仕事を監視することになる。
(2) 弾劾裁判所が国会に設置されることは，三権分立で権力の均衡を保つ一つの要素である。

公民
選挙・地方自治

本冊
P. 79

解答

① a－与　b－野　**②** ウ　**③** エ　**④** イ

解説

① 日本では政党政治が行われており，選挙で多数の議席を得て内閣を組織する与党と，政権に加わらず，与党を監視・批判する野党によって政治が運営される。

② 小選挙区制は，一つの選挙区から一人の代表を選ぶ選挙制度である。また，国民審査は，最高裁判所の裁判官が適任かどうかを国民が審査する制度である。

③ X 地域住民が条例の制定や監査，首長や地方議会議員などの解職，地方議会の解散を求める権利は，直接請求権である。賠償請求権は，基本的人権を守るための権利の一つで，公務員の不法行為による損害の賠償を求める権利のこと。
Y NPOもNGO〔非政府組織〕も，利益を目的としない民間団体であるという点で共通しているが，NGOは主に国際問題で，NPOは主に国内の社会問題に取り組む組織。

4 Xは，24.9％という高い割合を占めているので，国から配分される地方交付税交付金と考えられる。これは，地方税などの自主財源が少ない地方公共団体の財政を補うものなので，**イ**があてはまる。

公民
市場経済と消費生活・金融

【解答】　　　　　　　　　　　**本冊 P. 81**

1 (1) A，D（順不同）　(2) クーリング・オフ
2 イ　**3** ア

【解説】

1 (1) サービスは，形のない商品のことである。理髪店での散髪や，飲食店での食事などもサービスに含まれる。
(2) 訪問販売や電話勧誘などで商品を購入した場合，原則8日以内であれば書面をもって契約を解除することができる。

2 企業の業績が悪化し，景気が後退する不況〔不景気〕の時には，日本銀行は一般の銀行が保有する国債を買い上げて通貨が金融市場に出回るようにし，経済活動を活発にする金融政策をとる。好況〔好景気〕の時には，日本銀行は一般の銀行に国債を売って代金を吸い上げ，通貨の量を減らす。

3 野菜の価格は，市場での需要量（買おうとする量）と供給量（売ろうとする量）の関係から決まる市場価格である。資料を見ると，入荷量の増える7，8月の価格が低くなっている。これは，入荷量（供給量）が増えたことで需要量を上回り，その結果価格が下落したからと考えられる。よって，この関係について述べている**ア**が正解。

公民
企業

【解答】　　　　　　　　　　　**本冊 P. 83**

1 エ　**2** 300万円　**3** ア　**4** イ

【解説】

1 労働時間などの基準を定めていることから，労働基準法である。

2 図に，利潤（利益）は商品などの売り上げから，生産のためにかかった費用を差し引いたものとある。売り上げは**表**中の売り上げ金，生産のためにかかった費用は**表**の原材料費，従業員の賃金，その他である。

3 社会の一員として果たすことが求められているのが，企業の社会的責任〔CSR〕。**ア**の環境によい商品の開発もその一つである。**イ**について，企業は株主へ適切に配当する義務がある。**ウ**について，生産者同士で生産量や価格を事前に取り決めておくことは独占禁止法で禁止されている。**エ**について，情報公開は企業の社会的責任〔CSR〕の一つである。

4 日本の企業の大部分は中小企業なので，**資料**の①が事業数，Aが中小企業，Bが大企業になる。また，中小企業は企業が多いわりに，1企業あたりの出荷額が大企業に比べて少ないので，②は出荷額。

公民
財政・社会保障

【解答】　　　　　　　　　　　**本冊 P. 85**

1 (1) イ　(2) エ
2 (1) （例）高齢者の割合が増えているから。
(2) ア
3 (1) イ　(2) エ

【解説】

1 (1) Aは2000年度に比べ2021年度の割合が高くなっているので，高齢社会の進行とともに医療や年金の支出が増えている社会保障関係費である。Bは国債費，Cは公共事業費，Dは防衛費。
(2) 「公共事業への支出を増やす」のは，不景気のときに政府がとる政策。不景気のときには減税も行われる。これらの政策により，企業の生産活動が上向きになることが期待される。

2 (1) グラフを見ると，65歳以上の高齢者の割合が高くなっていることがわかる。介護保険制度は，40歳以上の人が保険料を支払い，介護が必要と認定されたときに各種の介護サービスなどを受けるしくみ。

(2) 年金とは，一定の年齢に達した人が受け取るお金のこと。これは，保険料や国の資金の中から支出される。このように保険料に基づいて運営される制度なので，**ア**の社会保険があてはまる。**イ**は生活に困っている人に生活費や教育費などを支給する制度，**ウ**は高齢や障がいなどで自立が困難な人たちの生活を保障する制度，**エ**は感染症の予防などを目的とする制度。

3 (1) 直接税には，所得税，法人税，相続税など，間接税には，消費税，酒税などがある。

(2) 国債とは，国の借金のことなので，**エ**が正解。**ア**は地方交付税交付金について述べたもの。**イ**について，日本銀行は企業への貸し付けは行わない。**ウ**は累進課税について述べたもの。

公民
国際社会と国際連合

本冊
P. 87

解答

1 (1) 拒否権　(2) ウ
2 (1) ア　(2) 東南アジア諸国連合〔ASEAN，アセアン〕

解説

1 (1) 5常任理事国であるアメリカ合衆国，イギリス，フランス，中国，ロシアのうち，1国でも反対すると，安全保障理事会は議決できない。これを拒否権という。

(2) ユニセフ〔UNICEF〕は，国連児童基金のこと。子どもに関連する**ウ**があてはまる。**ア**はユネスコ〔UNESCO，国連教育科学文化機関〕，**イ**は国際司法裁判所，**エ**は国連難民高等弁務官事務所〔UNHCR〕の行動のこと。

2 (1) Aは日本などの先進国の政府が行う国際協

力なので，政府開発援助〔ODA〕とわかる。Bは国際連合の組織なので国連教育科学文化機関の略称であるUNESCOがあてはまる。**ウ**は非政府組織の略称であるNGOがあてはまる。

(2) 東南アジア諸国連合〔ASEAN〕は，近年の経済成長によって，EU〔ヨーロッパ連合〕やUSMCA〔アメリカ・メキシコ・カナダ協定〕などと並ぶ地域連合体となりつつある。

公民
さまざまな国際問題

本冊
P. 89

解答

1 (1) 南北問題　(2) 難民　**2** ウ
3 (例) 削減義務がない国の排出量が増えているから。

解説

1 (1) 先進工業国は地球の北側に多く，発展途上国はその南に多いことからこうよばれる。近年は，発展途上国の間でも経済格差が生じており，南南問題とよばれている。

(2) 「内戦や他の民族による迫害によって国外へ逃れた」人のことを難民といい，国連難民高等弁務官事務所〔UNHCR〕が保護・支援にあたっている。

2 総人口に対して安全な水資源を確保できない人の割合は，先進国では低く，発展途上国では高くなると考えられる。先進国が多いヨーロッパで数値が低く，発展途上国が多いアフリカで数値が高い地図は，**ウ**である。

3 **グラフ**から，中国やインドなど，京都議定書で削減義務を負わなかった国の割合が高まっていることに注目する。京都議定書にかわるパリ協定では，先進国と発展途上国が，産業革命前からの気温上昇を地球全体で2℃から十分に低く抑えるため，温室効果ガスの排出削減に取り組んでいる。

公民
公民の資料を読み取る問題

解答　本冊 P.91

1 ウ **2** オ

解説

1 アについて，日本企業への就職目的の申請件数，許可件数ともに増加している。**イ**について，国費留学生はほぼ横ばいであるが私費留学生は増加している。**エ**について，外国政府派遣留学生は少なく横ばいであるが，私費留学生は増加している。

2 Bは年齢層が低いほど割合が低いので，誤り。Cは18〜29歳では「生きがいをみつけるため」が最も割合が低いので，誤り。

公民
公民の文章で答える問題

解答　本冊 P.93

1 （例）商品を生産者から直接に仕入れ，<u>流通費用</u>の節約をはかる。

2 （例）初めから誰でも使いやすい

3 （例）任期が短く，解散もあり，国民の意見を反映しやすいから。

4 （例）地方公共団体の首長は<u>有権者</u>が直接選ぶが，内閣総理大臣は<u>有権者</u>が選んだ国会議員からなる<u>国会</u>が指名する。

5 （例）年齢とともに賃金が上昇するしくみ。〔勤務年数とともに賃金が上昇するしくみ。〕

解説

1 資金力のあるスーパーマーケットなどの大規模小売店は，商品を大量に仕入れることによって，生産者から直接仕入れることができ，卸売業者（おろしうり）に支払う費用を浮かせることができる。

2 ユニバーサルデザインは，性別，年齢，文化，障がいの有無などにかかわらず，最初から誰もが利用しやすく，暮らしやすい社会を実現するための取り組みの一つである。

3 国会は国民の代表である国会議員によって構成されており，国会の議決は国民の意思を反映したものである。衆議院は議員の任期が短く解散もあり，その時々の国民の意思を参議院よりもよく反映しているといえる。そのため，国会の議決においては，衆議院の優越が認められている。衆議院の優越には，予算の先議と議決，条約の承認，内閣総理大臣の指名，法律案の議決，内閣不信任の決議がある。

4 行政の長の選出は，地方では住民が直接選挙するが，国では国民が国会議員を通して間接的に選ぶしくみになっている。

5 グローバル化とともに企業間の競争がきびしくなり，効率化を迫られて年功序列型の賃金から成果に応じた能力給に切り替える企業が増えた。

融合問題

解答　本冊 P.95

1 〔1〕イ　〔2〕エ　〔3〕エ

解説

1 〔1〕足尾（あしお）銅山鉱毒事件は，明治時代のできごとである。したがって，正解は日本の産業革命について述べた**イ**である。衆議院議員の田中正造（たなかしょうぞう）は天皇に直訴（じきそ）するなど，足尾銅山の問題を訴え続けた。**ア**は江戸時代後半，**ウ**は大正時代，**エ**は第二次世界大戦後の日本のようすについて述べたもの。

〔2〕**ア**，**イ**について，地中海に近い地域ということや，高緯度の地域ということと，酸性度が高いことは結びついていない。**ウ**について，イギリスの西部はph5.0〜4.6の範囲に入っている。偏西風（へんせいふう）の影響で，工業地域の東側で酸性度が高い地域が多いことが，この資料から読み取れる。

〔3〕**ア**について，2019年の家庭部門から排出された温室効果ガスの量は，その年の総排出量の約13%で，1割を超えている。**イ**について，「会社や学校など」「家庭」は増えている。**ウ**について，温室効果ガスの排出量が最も減少したのは生産部門である。

① May I help you?（何かお手伝いしましょうか。）
② No, thank you. I'm just looking.
　（いいえ，けっこうです。見ているだけです。）
③ Hello. May I help you?
　（こんにちは。いらっしゃいませ。）
④ Yes, please. I'm looking for a jacket.
　（はい。ジャケットをさがしています。）
⑤ Can I try it on?（試着してもいいですか。）
⑥ Sure.（もちろんです。）
⑦ It's too big for me. Do you have a smaller one?
　（私には大きすぎます。小さいのはありますか。）

⑧ Oh, sorry. We don't.
　（あぁ，すみません。ないのです。）
⑨ Well, how about this one?
　I think this size is good for you.
　（ええと，こちらはいかがですか。
　　このサイズはお客様によいと思います。）
⑩ Wow! I like this one.
　（わあ！　これがいいです。）
⑪ How much is it?（おいくらですか。）
⑫ It's 4,200 yen.（4,200 円です。）
⑬ OK. I'll take it.（わかりました。いただきます。）

① Excuse me. Could you tell me the way to the flower shop?
（すみません。花屋への道を教えてくださいますか。）
② OK! Go along this street.
Turn left at the second corner.
（わかりました！　この道沿いに行って，２番目の角を左に曲がってください。）
③ You'll see it across the road.
（道の向こう側に見えますよ。）
④ Thank you very much.
（どうもありがとうございます。）

⑤ Excuse me. Where is the flower shop?
（すみません。花屋はどこですか。）
⑥ Well .... Go straight and turn right at the corner. Then turn left at the second corner. It's next to the CD shop.
（ええと…。まっすぐ行って，角を右に曲がってください。それから２番目の角を左に曲がってください。CD 店のとなりにありますよ。）
⑦ That's it! （あった！）

① Hello. This is Yumi.
　May I speak to Mike, please?
　（もしもし。ユミです。マイクはいますか。）
② I'm sorry, you have the wrong number.
　（すみません，番号をまちがっていますよ。）
③ Oh, really?　Sorry.
　（まぁ，本当ですか？　すみません。）
④ Hello.　This is Yumi.　May I speak to Mike,
　please?（もしもし。ユミです。マイクはいますか。）
⑤ Hello, Yumi.　I'm sorry, he is out now.
　（こんにちは，ユミ。申し訳ないけど，彼は今，いません。）

⑥ What time will he be back?
　（彼は何時に戻りますか。）
⑦ About seven.　（7時ごろです。）
⑧ Would you like to leave a message?
　（伝言を残しますか。）
⑨ Yes.　Could you tell him to call me back?
　（はい。彼に電話をくれるようにおっしゃっていただけますか。）
⑩ OK.　I'll tell him.　Bye.
　（わかりました。彼に伝えます。さようなら。）
⑪ Bye.（さようなら。）

いろいろな前置詞

① in the sky
② by the river
④ under the tree
⑤ on the bench
⑥ among the flowers
③ in the river
バス停
⑦ at the bus stop
⑧ at the gate
⑨ in front of the signboard

① in the sky　（空に）
② by the river　（川のそばに）
③ in the river　（川の中に）
④ under the tree　（木の下に）
⑤ on the bench　（ベンチ（の上）に）

⑥ among the flowers　（花の間に）
⑦ at the bus stop　（バス停に）
⑧ at the gate　（門に）
⑨ in front of the signboard　（看板の前に）

◆1 大きな数字

❶ 100 の位と，そのあとの2ケタをひとまとまりにする。

①123

→hundred(百)→

1 2 3   one hundred twenty-three

「百と 23」

❷ 3ケタより多い数字は，3ケタずつをひとまとまりにして単位をつける。

②123,456

→thousand(千)

1 2 3,4 5 6   one **hundred** twenty-three thousand,
four **hundred** fifty-six

「百と 23」「千」「400 と 56」

③123,456,789

→million(百万)

1 2 3,4 5 6,7 8 9   one **hundred** twenty-three million,
four **hundred** fifty-six thousand,
seven **hundred** eighty-nine

「百と 23」「百万」「400 と 56」「千」「700 と 89」

◆2 年号 …2ケタずつ区切って読む

2021 年   twenty twenty-one

◆3 電話番号 …前から順に数字を読む

09-8765-4321

zero, nine, eight, seven, six, five, four, three two, one

0 は［オウ］とも読むよ。

◆4 金額 …単位をつけて読む

①2ドル 20 セント   two dollars（and）twenty（cents）

②520 円   five hundred（and）twenty yen

◆1 ① one hundred twenty-three (123)
② one hundred twenty-three thousand, four hundred fifty-six (123,456)
③ one hundred twenty-three million, four hundred fifty-six thousand,
seven hundred eighty-nine (123,456,789)
◆2 twenty twenty-one (2021 年)
◆3 zero, nine, eight, seven, six, five, four, three two, one (09-8765-4321)
◆4① two dollars (and) twenty (cents) （2ドル 20 セント）
② five hundred (and) twenty yen （520 円）

いろいろな数字の表しかた2

◆1 　日付 …月の名前のあとに「～番目」を表す数（序数）で数字を言う。

　1月1日　January (the) first

◆2 　数式

is は「＝（イコール）」の意味だよ。

　①2＋2＝4　　　Two plus two is four.
　②5－2＝3　　　Five minus two is three.
　③6×3＝18　　Six times three is eighteen.
　④12÷6＝2　　Twelve divided by six is two.

◆3 　分数 …分母は序数，分子はふつうの数字で表す。

　①$\frac{1}{5}$　one-fifth

　②$\frac{1}{2}$　a half

　③$\frac{1}{4}$　a quarter

分子が2より大きいとき，分母の序数（「～番目」を表す数）に s をつけるよ。

$\frac{2}{7}$ … two　←2より大きい
　　 … sevenths
　　→ two sevenths

◆4 　小数 …小数点は「point」と言い，小数部分は数字をそのまま続ける。

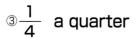

2 3 。1 4

twenty-three point one four

◆5 　時刻の言いかた

①7時10分過ぎ　　　　②7時半　　　　　③8時10分前

ten after seven　　　half past seven　　　ten to eight

◆1 January (the) first（1月1日）
◆2 ① Two plus two is four.（2＋2＝4）
　② Five minus two is three.（5－2＝3）
　③ Six times three is eighteen.（6×3＝18）
　④ Twelve divided by six is two.（12÷6＝2）
◆3 ① one-fifth（$\frac{1}{5}$）　② a half（$\frac{1}{2}$）　③ a quarter（$\frac{1}{4}$）
◆4 twenty-three point one four（23.14）
◆5 ① ten after seven（7時10分過ぎ）　② half past seven（7時半）
　③ ten to eight（8時10分前）

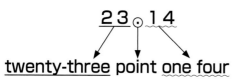

入学から卒業まで

① entrance ceremony

② opening ceremony

③ field trip /
school excursion

④ mid-term examination

⑤ term-end examination

⑥ school festival

⑦ sports day

⑧ school trip

⑨ closing ceremony /
closing exercise

⑩ graduation ceremony

⑪ spring vacation

⑫ summer vacation

⑬ winter vacation

① entrance ceremony　（入学式）
② opening ceremony　（始業式）
③ field trip　（遠足）
　 school excursion　（遠足）
④ mid-term examination　（中間テスト）
⑤ term-end examination　（期末テスト）
⑥ school festival　（文化祭）
⑦ sports day　（運動会）

⑧ school trip　（修学旅行）
⑨ closing ceremony　（終業式）
　 closing exercise　（終業式）
⑩ graduation ceremony　（卒業式）
⑪ spring vacation　（春休み）
⑫ summer vacation　（夏休み）
⑬ winter vacation　（冬休み）

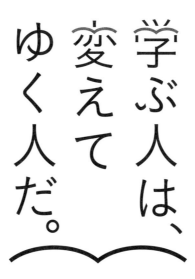

学ぶ人は、
変えて
ゆく人だ。

目の前にある問題はもちろん、

人生の問いや、

社会の課題を自ら見つけ、

挑み続けるために、人は学ぶ。

「学び」で、

少しずつ世界は変えてゆける。

いつでも、どこでも、誰でも、

学ぶことができる世の中へ。

旺文社

とってもやさしい

中2英語

これさえあれば

授業がわかる

改訂版

旺文社

は じ め に

　この本は，英語が苦手な人にも「とってもやさしく」英語の勉強ができるように作られています。

　中学校の英語を勉強して2年目に入り，英語は難しい，文法がわからない，英語が聞きとれない，と1年生の時よりも感じることがあるかもしれません。そんなときに基礎から勉強する手助けとなるのがこの本です。

　『とってもやさしい中2英語 これさえあれば授業がわかる［改訂版］』では，中学2年生で習う文法事項をていねいにわかりやすく解説してあります。それぞれの単元は，2年生で習う文法事項を1単元2ページでまとめてありますので，無理なく少しずつ学習できます。基本例文と解説を読みながら練習問題が解ける構成になっていますので，自分のペースで学習を進めることができます。

　解説は，見出しを読むだけで大切なポイントがはっきりとわかるようになっています。見出しでポイントをつかんだら，具体的な例文とその説明を読むことでさらに理解が深まります。解説を読み終えたら，すぐに練習問題に取り組むのがおすすめです。すらすら解けるので自信がつくはずです。

　また，この本には英語の音声がついています。英語を勉強するとき，ネイティブスピーカーの正しい発音を聞くことはとても大切です。リスニングの練習にも役立ちます。

　この本を1冊終えたときに，みなさんが英語のことを1つでも多く「読んでわかる！」「聞いてわかる！」ようになってくれたら，とてもうれしいです。みなさんのお役に立てることを願っています。

株式会社　旺文社

もくじ

いろいろな表現

2年生のおさらい

Webサービス（音声・スケジュール表）について
https://www.obunsha.co.jp/service/toteyasa/

● 音声について 🔊
それぞれのページの QR コードから音声サイトにアクセスして，ストーミングで音声を聞くことができます。サイトのトップ画面から音声サイトを利用する場合には，右の２つの方法があります。ご利用になりたい方法を選択し，画面の指示にしたがってください。

● ダウンロード
すべての音声がダウンロードできる「DOWNLOAD」ボタンをクリックし，ダウンロードしてください。MP3形式の音声ファイルは ZIP 形式にまとめられています。ファイルを解凍して，オーディオプレーヤーなどで再生してください。くわしい手順はサイト上の説明をご参照ください。

● ストリーミング（QRコードから直接アクセスすることもできます）
聞きたい音声を選択すると，データをインターネットから読み込んで，ストリーミング再生します。こちらの方法では，機器内に音声ファイルが保存されません。再生をするたびにデータをインターネットから読み込みますので，通信量にご注意ください。

【注意！】● ダウンロード音声の再生には，MP3ファイルが再生できる機器が必要です。● スマートフォンやタブレットでは音声ファイルをダウンロードできません。パソコンで音声ファイルをダウンロードしてから機器に転送するか，ストリーミング再生をご利用ください。● デジタルオーディオプレーヤーへの音声ファイルの転送方法は，各製品の取扱説明書やヘルプをご参照ください。● ご使用機器，音声再生ソフトなどに関する技術的なご質問は，ハードメーカーもしくはソフトメーカーにお願いします。● 本サービスは予告なく終了することがあります。

● スケジュール表について
1週間の予定が立てられて，ふり返りもできるスケジュール表（PDFファイル形式）がWeb上に用意されていますので，ぜひ活用してください。

本書の特長と使い方

文法を学ぶページ

1単元は2ページ構成です。左のページで文法項目の解説を読んで理解したら，
右のページの練習問題に取り組みましょう。

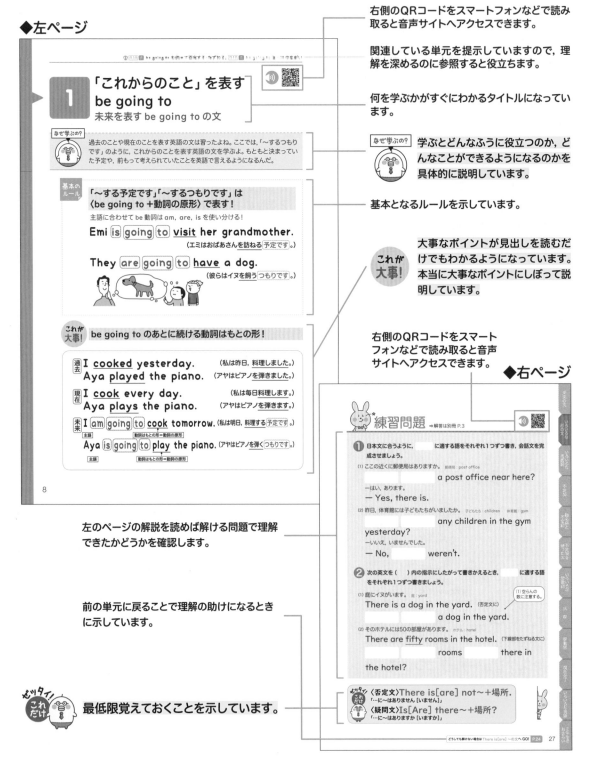

◆左ページ

右側のQRコードをスマートフォンなどで読み取ると音声サイトへアクセスできます。

関連している単元を提示していますので，理解を深めるのに参照すると役立ちます。

何を学ぶかがすぐにわかるタイトルになっています。

学ぶとどんなふうに役立つのか，どんなことができるようになるのかを具体的に説明しています。

基本となるルールを示しています。

大事なポイントが見出しを読むだけでもわかるようになっています。本当に大事なポイントにしぼって説明しています。

右側のQRコードをスマートフォンなどで読み取ると音声サイトへアクセスできます。

◆右ページ

左のページの解説を読めば解ける問題で理解できたかどうかを確認します。

前の単元に戻ることで理解の助けになるときに示しています。

最低限覚えておくことを示しています。

6

◆おさらいページ①

⇒解答は別冊 P.2

おさらい問題 ①～⑤

❶ 次の英文を（　）内の語句をつけ加えて書きかえるとき，＿＿に適する
語をそれぞれ1つずつ書きましょう。
(1) 私はこのコンピュータを使います。（使う use）
I use this computer.（next Monday）
I am ＿＿＿＿＿ use this computer next Monday.

文法項目ごとに問題を解くことで，覚えているかどうかしっ
かり確認できます。

◆おさらいページ②

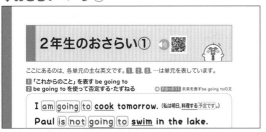 

⇒解答は別冊 P.15

2年生のおさらい①

ここにあるのは，各単元の主な英文です。❶，❷，❸…は単元を表しています。
❶「これからのこと」を表す be going to
❷ be going to を使って否定する・たずねる　⇒ P.8 P.11 未来を表す be going to の文

I am going to cook tomorrow.（私は明日，料理する予定です。）
Paul is not going to swim in the lake.

2年生全体のおさらいです。大事なポイントを例文とともに
まとめてあります。例文の音声はQRコードから音声サイト
へアクセスして確認できます。

2年生のおさらい問題①

⇒解答は別冊 P.15

❶ 日本文に合うように，＿＿に適する語を右の＿＿＿内から1つずつ選ん
で書きましょう。ただし，必要に応じて適切な形に直して使うこと。
(1) 私は明日，ルーシーにこの写真を見せます。
I will ＿＿＿＿＿ Lucy this picture tomorrow.

問題を解くことで，2年生全体の内容を覚えているかどうか
しっかり確認できます。

音声サイトへ
アクセス

◆巻頭ページ　イラストで覚える英語
表現をまとめています。イラストを見な
がら音声と一緒に確認して覚えましょう。

◆問題の解答と解説　各単元の「練習問題」
や「おさらい問題」，「2年生のおさらい問題」
の解答と解説は切り離して使えます。

1 「これからのこと」を表す be going to

未来を表す be going to の文

なぜ学ぶの? 過去のことや現在のことを表す英語の文は習ったよね。ここでは,「〜するつもりです」のように,これからのことを表す英語の文を学ぶよ。もともと決まっていた予定や,前もって考えられていたことを英語で言えるようになるんだ。

基本のルール 「〜する予定です」「〜するつもりです」は〈be going to ＋動詞の原形〉で表す!

主語に合わせて be 動詞は am, are, is を使い分ける!

Emi [is] [going] [to] visit her grandmother.

（エミはおばあさんを訪ねる予定です。）

They [are] [going] [to] have a dog.

（彼らはイヌを飼うつもりです。）

これが大事! be going to のあとに続ける動詞はもとの形!

過去
I cooked yesterday. （私は昨日,料理しました。）
Aya played the piano. （アヤはピアノを弾きました。）

現在
I cook every day. （私は毎日料理します。）
Aya plays the piano. （アヤはピアノを弾きます。）

未来
I [am] [going] [to] cook tomorrow. （私は明日,料理する予定です。）
主語　　　　　動詞はもとの形＝動詞の原形

Aya [is] [going] [to] play the piano. （アヤはピアノを弾くつもりです。）
主語　　　　　動詞はもとの形＝動詞の原形

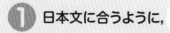 練習問題 →解答は別冊 P.2

① 日本文に合うように, ▢ に適する語をそれぞれ1つずつ書きましょう。

(1) 私は来週, スミス先生に会う予定です。　会う：meet　来週：next week

I ▢ ▢ to meet Ms. Smith next week.

(2) 彼女は音楽部に参加するつもりです。　参加する：join

She ▢ ▢ ▢ join the music club.

(3) ベンとメグは, いっしょに歌う予定です。　いっしょに：together

Ben and Meg ▢ going ▢ ▢ together.

② 日本文に合うように, (　　) 内の語を並べかえて英文を作りましょう。

(1) ナオトは夕食を作るつもりです。　夕食：dinner

Naoto (to / is / going) make dinner.
Naoto ▢ make dinner.

(2) 私たちは明日, 買い物に行く予定です。　買い物：shopping

We (go / going / to / are) shopping tomorrow.
We ▢ shopping tomorrow.

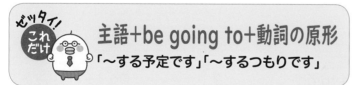

主語＋be going to＋動詞の原形
「〜する予定です」「〜するつもりです」

これからが楽しみ〜！

2 be going to を使って 否定する・たずねる
未来を表す be going to の否定文と疑問文

なぜ学ぶの？

be 動詞の文を否定文や疑問文にするやり方があったよね？ ここでは, be going to を使って「〜するつもりはありません」「〜するつもりですか」を英語で言えるようになるよ。

 否定文は am, are, is のあとに not を置く！

not は be 動詞 (am, are, is) のうしろにおく。

Paul <u>is</u> <u>not</u> <u>going</u> <u>to</u> <u>swim</u> in the lake.

　　主語　　　　　　　　　　　動詞はもとの形＝動詞の原形

（ポールは湖で泳ぐ つもりはありません 。）

 疑問文は主語の前に Am, Are, Is を置く！

<u>Are</u> you <u>going</u> <u>to</u> <u>clean</u> your room <u>?</u>

　　　　主語　　　　　　　　動詞はもとの形＝動詞の原形

（あなたは自分の部屋を掃除する つもりですか 。）

答え方 Yes, I <u>am</u>.　　　　　　　　（はい, そのつもりです。）

No, I <u>am</u>[<u>I'm</u>] <u>not</u>. （いいえ, そのつもりはありません。）

> 答えるときも am, are, is を使う！

「何をするつもりですか」を表す文は, What のあとに疑問文の語順。
<u>What</u> are **you** going to do **tomorrow**? （あなたは明日, <u>何を</u> するつもりですか。）

10

練習問題 →解答は別冊 P.2

未来の文

いろいろな形の文

いろいろな接続詞

不定詞

動名詞と不定詞

不定詞を使った文

いろいろな助動詞

比較

受動態

現在完了

いろいろな表現

2年生のおさらい

1 日本文に合うように, □ に適する語をそれぞれ1つずつ書き, 会話文を完成させましょう。

(1) あなたは明日, 図書館へ行くつもりですか。 図書館：library

Are you going to go to the library tomorrow?

ーいいえ, そのつもりはありません。

— No, I □□□□ □□□□ .

(2) あちらの男性はバイオリンを弾くつもりですか。 男性：man バイオリン：violin

□□□□ that man going □□□□ play the violin?

ーはい, そのつもりです。

— □□□□ , he □□□□ .

2 次の英文を（ ）内の指示にしたがって書きかえるとき, □ に適する語をそれぞれ1つずつ書きましょう。

(1) 彼らは手紙を書くつもりです。 書く：write 手紙：letter

They are going to write a letter.

（「〜するつもりはありません」という意味の文に）

They □□□□ □□□□ □□□□ to write a letter.

(2) ヨウコはテレビを見るつもりです。 見る：watch

Yoko is going to <u>watch TV</u>. （下線部をたずねる文に）

□□□□ □□□□ Yoko going to □□□□ ?

〈否定文〉主語＋[am/are/is] not going to＋動詞の原形
「〜するつもりはありません」

〈疑問文〉[Am/Are/Is]＋主語＋going to＋動詞の原形〜？
「〜するつもりですか」

11

3 「これからのこと」を表す will

will の文

なぜ学ぶの?

ここでは, 「〜します」「〜でしょう」を表す will を学ぶよ。今決めたことや, 未来についての推測を表現できるようになろう。この will は動詞の前につくことで動詞の意味を助ける働きがあるんだ。1 年生で習った can も同じ仲間だよ。

基本のルール 「〜します」「〜でしょう」は, 〈will ＋動詞の原形〉で表す!

will は動詞の前につくことで動詞の意味を助ける働きをするので「助動詞」という。

We [will] <u>walk</u> in the park today.
　主語　　　動詞はもとの形＝動詞の原形

（私たちは今日, 公園を<u>散歩</u>[します]。）

Alice [will] <u>come</u> to the party.
　主語　　　　　動詞はもとの形＝動詞の原形

（アリスはパーティーに<u>来る</u>[でしょう]。）

I [will][I'll] <u>call</u> you tonight.
主語　　　　　　動詞はもとの形＝動詞の原形

（私は今夜, あなたに<u>電話</u>[します]。）

◆短縮形

I will = I'll　　　　you will = you'll
he will = he'll　　　she will = she'll
we will = we'll　　　they will = they'll
it will = it'll

主語が何であっても will の形は変わらないんだ。

12

練習問題 →解答は別冊 P.2

① 日本文に合うように，（　）内から適する語句を○で囲みましょう。

(1) ジュンは2時に私の家へ来ます。　家：house

Jun will（come / comes / coming）to my house at two.

(2) あなたはよい歌手になるでしょう。　歌手：singer

> (2) be動詞 am, are, is のもとの形は be となる。

You'll（be / are / will be）a good singer.

(3) 彼らは今度の土曜日，映画を見るでしょう。　映画：movie

They（see / seeing / will see）a movie next Saturday.

② 日本文に合うように，　　　　に適する語をそれぞれ1つずつ書きましょう。

(1) 私たちはまもなくロンドンに到着します。　到着する：arrive　まもなく：soon

We 　　　　　 arrive in London soon.

(2) トムのお姉さんは，新しい自転車を手に入れるでしょう。　自転車：bike

Tom's sister 　　　　　 　　　　　 a new bike.

(3) 私は明日，おじを手伝います。　おじ：uncle

> (3) 空らんの数に注意する。

　　　　　 　　　　　 my uncle tomorrow.

ゼッタイ！これだけ
主語＋will＋動詞の原形
「〜します」「〜でしょう」

明日もあそぶぞ〜！

P.12 3 「これからのこと」を表す will, P.16 5 be going to と will のちがい

4 will を使って否定する・たずねる
will の否定文と疑問文

なぜ学ぶの? ここでは, will を使った「〜しないでしょう」「〜するでしょうか」といった否定文や疑問文の作り方を学ぶよ。1年生で習った can を使った否定文や疑問文の作り方とまったく同じだよ。

これが大事! 否定文は will のあとに not を置く!

Sam [will][not] answer the question.

主語　　　　　　　　　動詞はもとの形=動詞の原形

（サムはその質問に答え[ないでしょう]。）

I [will][not][won't] go out today.

主語　　　　　　　動詞はもとの形=動詞の原形

◆短縮形
will not = **won't**
※発音は[wóunt]

（私は今日は出かけ[ません]。）

これが大事! 疑問文は主語の前に Will を置く!

[Will] they buy any food[?]

主語　動詞はもとの形=動詞の原形　　　（彼らは何か食べ物を買う[でしょうか]。）

[Will] it rain tomorrow[?]

主語　動詞はもとの形=動詞の原形　　（明日は雨が降る[でしょうか]。）

答え方
Yes, it [will].　　答えるときも will を使う。　（はい, 降るでしょう。）
No, it [will][not][won't]. （いいえ, 降らないでしょう。）

練習問題 →解答は別冊 P.2

① 日本文に合うように， 　　　 に適する語をそれぞれ1つずつ書き，会話文を完成させましょう。

(1) あなたは今夜，夕食の前に風呂に入りますか。　風呂に入る：take a bath　今夜：tonight

Will you take a bath before dinner tonight?

ーいいえ，入りません。

— No, I 　　　　　 　　　　　 .

(2) サラとアンディは今度の日曜日，スキーをするでしょうか。　スキーをする：ski

　　　　　 Sarah and Andy ski next Sunday?

ーはい，するでしょう。

— 　　　　　 , they 　　　　　 .

② 次の英文を（　）内の指示にしたがって書きかえるとき， 　　　 に適する語をそれぞれ1つずつ書きましょう。

> (1) 未来の文になるから，don't はどうなる？

(1) 私は朝食を食べません。　朝食：breakfast

I don't eat breakfast.　（文末に tomorrow をつけて）

I 　　　　　 　　　　　 breakfast tomorrow.

(2) あの少女は来月，私たちのチームに加わります。　加わる：join　チーム：team

That girl will join our team next month.

（「〜しますか」という意味の文に）

　　　　　 　　　　　 　　　　　 our team

next month?

ピッタリ！これだけ 〈否定文〉主語＋will not[won't]＋動詞の原形
「〜しないでしょう」

〈疑問文〉Will＋主語＋動詞の原形〜？
「〜するでしょうか」

未来の文

いろいろな形の文

いろいろな接続詞

不定詞

動名詞と不定詞

不定詞を使った文

いろいろな助動詞

比較

受動態

現在完了

いろいろな表現

2年生のおさらい

P.8 1 「これからのこと」を表す be going to, P.10 2 be going to を使って否定する・たずねる, P.12 3 「これからのこと」を表す will, P.14 4 will を使って否定する・たずねる

5 be going to と will のちがい

未来を表す be going to と will

なぜ学ぶの？

未来のことを表すには，be going to と will を使った2つの言い方があったね。2つにはどんなちがいがあって，どんなふうに使い分けるのかを知っておくことが，英語の文をちゃんと理解するために必要だよ。

これが大事！ 前もって決まっていた未来のことや「〜するつもり」は〈be going to ＋動詞の原形〉で表す！

Aya is going to cook tomorrow.

主語

前もって決まっていた未来のこと

動詞はもとの形＝動詞の原形

（アヤは明日，料理する予定です。）

これが大事！ 今決めたことや推測は〈will ＋動詞の原形〉で表す！

Aya will cook Japanese food.

主語

未来についての推測

動詞はもとの形＝動詞の原形

（アヤは日本料理を作るでしょう。）

◆未来のことを表す語句

tomorrow（明日）　　next 〜（次の〜，今度の〜）
next month（来月）　next year（来年）
in the future（将来）

あらかじめ決まっていたことは be going to，今決めたことや推測は will で表すんだ！

練習問題 →解答は別冊 P.2

❶ 日本文に合うように, ( ) 内から適する語句を○で囲みましょう。

(1) 私はテレビゲームをするつもりです。 テレビゲーム：video game(s)

I am (go / went / going) to play video games.

(2) 私たちはこの部屋を使う予定です。 私たち：we　部屋：room

We (were go to / are going to / are going) use this room.

(3) リカは公園を散歩するでしょう。 公園：park

Rika (walk / will walk / walking) in the park.

❷ 日本文に合うように, ▢ に適する語をそれぞれ1つずつ書きましょう。

(1) 彼らは明日, 図書館で勉強する予定です。 勉強する：study　図書館：library

They are ▢ ▢ study at the library tomorrow.

(2) コウジはギターを買うつもりです。 ギター：guitar

Koji ▢ going to ▢ a guitar.

> (2) be going to 〜のあとに続く動詞はもとの形。

(3) 私の姉は今度の日曜日, テニスをするでしょう。 今度の：next

My sister ▢ ▢ tennis next Sunday.

ゼッタイ！これだけ 主語＋be going to＋動詞の原形
「〜する予定です」「〜するつもりです」
主語＋will＋動詞の原形
「〜します」「〜でしょう」

未来か〜

➡解答は別冊 P.2

おさらい問題 1〜5

1 次の英文を（　　）内の語句をつけ加えて書きかえるとき，□□□に適する語をそれぞれ1つずつ書きましょう。

(1) 私はこのコンピュータを使います。　使う：use

I use this computer.　(next Monday)

I am ____ ____ use this computer next Monday.

(2) リサは学校へ歩いていきます。　歩いていく：walk

Lisa walks to school.　(tomorrow)

Lisa ____ ____ to school tomorrow.

(3) 私たちは野球の試合を見ません。　見る：watch

We don't watch baseball games.　(next week)

We ____ ____ ____ baseball games next week.

2 次の英文を（　　）内の指示にしたがって書きかえるとき，□□□に適する語をそれぞれ1つずつ書きましょう。

(1) 彼らは毎年，アメリカを訪れます。　訪れる：visit

They visit America every year.　(下線部を next にかえて)

They ____ ____ to ____ America next year.

(2) アンは医者になるつもりです。　医者：doctor

Ann is going to be a doctor.　(否定文に)

Ann ____ ____ going ____ be a doctor.

未来の文

いろいろな形の文

いろいろな接続詞

不定詞

動名詞と不定詞

不定詞を使った文

いろいろな助動詞

比較

受動態

現在完了

いろいろな表現

2年生のおさらい

❸ 日本文に合うように，□□□□に適する語をそれぞれ1つずつ書きましょう。

(1) マキは今夜，彼女の部屋を掃除するでしょうか。　今夜：tonight

　　□□□□□ Maki □□□□□ her room tonight?

(2) ティムと私はカナダに滞在する予定ではありません。　滞在する：stay

　　Tim and I □□□□□ □□□□□ □□□□□ to

　　stay in Canada.

(3) 私は将来，日本に住みます。　将来：in the future

⟨(3) 空らんの数に注意する。⟩

　　□□□□□ □□□□□ in Japan in the future.

(4) 彼女は夏に何をするつもりですか。　夏：summer

　　□□□□□ □□□□□ she going □□□□□ do in

　　summer?

❹ 日本文に合うように，(　　) 内の語を並べかえて英文を作りましょう。

(1) 私は，今日は買い物に行きません。

　　I (shopping / won't / today / go).

　　I □□□□□□□□□□□□.

(2) あなたは車を買うつもりですか。

　　(buy / are / to / going / you) a car?

　　□□□□□□□□□□□ a car?

(3) 今度の日曜日は晴れるでしょう。

　　(be / it / sunny / will) next Sunday.

　　□□□□□□□□□□□ next Sunday.

6 「〜そう」を表す look・sound,「〜になる」を表す become
look, sound, become の文

なぜ学ぶの?

「このケーキはおいしいです」と、「このケーキはおいしそうです」は意味がちがうよね。「彼女は歌手です」と「彼女は歌手になります」もちがう意味だよね。ここでは「〜に見えます [聞こえます]」や「〜になります」という英語の文の作り方を学ぶよ。

これが大事!

「〜に見えます [聞こえます]」は〈look [sound] ＋ようすを表す語〉で表す!

look は「見て感じる」こと, sound は「聞いて感じる」ことを表す。

This cake looks delicious. (このケーキはおいしそうに見えます。)

ようすを表す語

That sounds interesting. (それはおもしろそうですね。)

look + { sad 悲しそうに見える / tired 疲れているように見える / sick 具合が悪そうに見える }
sound + { good よさそうに聞こえる / easy 簡単そうに聞こえる / difficult 難しそうに聞こえる }

これが大事!

「〜になります」は〈become ＋名詞またはようすを表す語〉で表す!

She became a singer. (彼女は歌手になりました。)
名詞

ようすを表す語

My town became famous. (私の町は有名になりました。)

20

練習問題 →解答は別冊 P.3

❶ 日本文に合うように, ( ) 内から適する語を○で囲みましょう。

(1) これらの腕時計は古く見えます。 腕時計：watch　古い：old

These watches (look / looks / looked) old.

> (1) 主語は複数で, 現在の文。

(2) (相手の話に対して) あなたの考えはおもしろそうですね。 考え：idea

Your idea (sounds / looks / becomes) interesting.

(3) 私のいとこは芸術家になりました。 いとこ：cousin　芸術家：artist

My cousin (looked / became / sounded) an artist.

❷ 日本文に合うように, ( ) 内の語を並べかえて英文を作りましょう。

(1) あなたは疲れているように見えます。

(tired / you / look).

_____ .

(2) (聞いたことに対して) それはよさそうですね。

(sounds / nice / that).

_____ .

> ゼッタイ! これだけ
> 〈look[sound]＋ようすを表す語〉
> 「〜に見えます [聞こえます]」
> 〈become＋名詞またはようすを表す語〉
> 「〜になります」

7 「相手にものを見せる」を表す〈show ＋相手＋もの〉
ＳＶＯＯの文

なぜ学ぶの?

日木語と英語では，ことばのならび方が異なるということはもう知っているね。「相手にものを見せる［あげる］」を英語でどう表すかを学ぶよ。

これが大事! 「〜に…を見せます」は〈show ＋相手＋もの〉で表す！

I **showed** <u>Mr. Ito</u> my dog.
　　　　　相手　　　もの
（私は伊藤先生に私のイヌを見せました。）

Joe will **show** <u>you</u> an album.
　　　　　　相手　　　もの
（ジョーはあなたにアルバムを見せるでしょう。）

これが大事! 「〜に…をあげます」は〈give ＋相手＋もの〉で表す！

We **gave** <u>our teacher</u> a flower.
　　　　　相手　　　　　もの
（私たちは先生に花をあげました。）

Ben will **give** <u>her</u> a present.
　　　　　　相手　　　もの
（ベンは彼女にプレゼントをあげるでしょう。）

◆あとに〈相手＋もの〉が続く動詞

buy		〜に…を買う
make	＋相手＋もの	〜に…を作る
teach		〜に…を教える
tell		〜に…を伝える

〈主語＋動詞＋相手＋もの〉の順がポイントだよ！

練習問題 →解答は別冊 P.3

❶ 日本文に合うように，（　）内から適する語を○で囲みましょう。

(1) 私は明日，ユミに写真を見せます。　写真：picture(s)

I will （buy / give / show） Yumi my pictures tomorrow.

(2) 私たちは彼にラケットをあげました。　ラケット：racket

We （showed / made / gave） him a racket.

❷ 日本文に合うように，（　）内の語句を並べかえて英文を作りましょう。

(1) 彼は私に地図を見せてくれました。　地図：map

He （me / a map / showed）.

He _____.

(2) ナンシーはあなたに辞書をあげるでしょう。　辞書：dictionary

Nancy will （you / a dictionary / give）.

Nancy will _____.

(3) 私たちの父は毎朝，私たちに朝食を作ってくれます。　朝食：breakfast

（breakfast / our father / us / makes） every morning.

_____

every morning.

〈show［give］＋相手＋もの〉
「〜に…を見せます［あげます］」

食べる？▶

8 「ある・いる」を表す There is [are] 〜

There is [are] 〜の文

なぜ学ぶの? 「…に〜があります[います]」という文は, There is[are] 〜を使って表すことができるんだ。ものや人などがどこにどれくらい存在するのか, 詳しく説明できるようになるよ。

基本のルール 「…に〜があります[います]」は〈There is[are] 〜+場所 .〉で表す!

There is a dog on the bed.（ベッドの上にイヌがいます。）
　　　　1つのもの　　　　　　　場所

There are two cats by the dog.（イヌのそばに2匹のネコがいます。）
　　　　　2つ以上のもの　　　　場所

注意 the や my, your などがつく名詞は, ふつう There is[are] のあとにこない。

これが大事! 過去の文には was [were] を使う!

「〜」に入る「ものの数」と「文の時制」によって, be 動詞を使い分ける。

There was a bookstore near my house ten years ago.
　　　　　1つのもの　　　　　　　　場所

（10年前, 私の家の近くに書店がありました。）

◆場所を示すことば

on 〜の上に　　near 〜の近くに
under 〜の下に　　by 〜のそばに
in 〜の中に

There is[are] 〜 . の there には「そこに」という意味はないんだ。

未来の文

いろいろな形の文

いろいろな接続詞

不定詞

動名詞と不定詞

不定詞を使った文

いろいろな助動詞

比較

受動態

現在完了

いろいろな表現

2年生のおさらい

練習問題 ➡解答は別冊 P.3

❶ 日本文に合うように, ( ) 内から適する語句を○で囲みましょう。

(1) 私の町には博物館があります。 博物館：museum 町：town

(This is / It is / There is) a museum
in my town.

> (2)「1時間前」と「2人」に注目！

(2) 1時間前, 木の下に2人の少女がいました。 木：tree 時間：hour

There (are / was / were) two girls under
the tree an hour ago.

❷ 日本文に合うように, ( ) 内の語句を並べかえて英文を作りましょう。

(1) 向こうにネコがいます。 向こうに：over there

(is / a / there / cat) over there.

                  over there.

(2) 私の学校の近くに, いくつかの公園があります。 ～の近くに：near

(parks / are / some / there) near my school.

near my school.

(3) 昨日, そのいすの上にかばんがありました。 いす：chair

(a bag / was / there / on) the chair yesterday.

the chair yesterday.

There is[are] ～＋場所.
「…に～があります [います]」

ここだよ〜 ▶

9 There is[are] 〜を使って否定する・たずねる

There is[are] 〜の否定文と疑問文

なぜ学ぶの？ ここでは, There is[are] 〜を使って「…に〜はありません[いません]」「…に〜はありますか[いますか]」という否定文や疑問文の作り方を学ぶよ。be 動詞が使われていることに注目しよう。

 否定文は be 動詞のあとに not を置く！

There is not[isn't] a TV in my room.

（私の部屋にテレビはありません。）

> 否定文で any を使うと,「1つ[1人も] ない」という意味になる。

There were not[weren't] any students in the classroom. （教室には生徒が1人もいませんでした。）

 疑問文は there の前に be 動詞を置く！

Was there a library near here？

（ここの近くに図書館がありましたか。）

Are there any pandas at the zoo？

（その動物園にパンダはいますか。）

答え方 Yes, there are. （はい, います。）

No, there are not[aren't]. （いいえ, いません。）

「いくつの〜がありますか[いますか]」と数をたずねるときは, How many 〜のあとに疑問文の語順。答えるときも there を使う。

How many pandas are there at the zoo?

（その動物園には何頭のパンダがいますか。）

— There are two pandas. （2頭のパンダがいます。）

練習問題 →解答は別冊 P.3

未来の文

いろいろな形の文

いろいろな接続詞

不定詞

動名詞と不定詞

不定詞を使った文

いろいろな助動詞

比較

受動態

現在完了

いろいろな表現

2年生のおさらい

1 日本文に合うように, _____ に適する語をそれぞれ1つずつ書き, 会話文を完成させましょう。

(1) ここの近くに郵便局はありますか。　郵便局：post office

_____ _____ a post office near here?

—はい, あります。

— Yes, there is.

(2) 昨日, 体育館には子どもたちがいましたか。　子どもたち：children　体育館：gym

_____ _____ any children in the gym

yesterday?

—いいえ, いませんでした。

— No, _____ weren't.

2 次の英文を（　）内の指示にしたがって書きかえるとき, _____ に適する語をそれぞれ1つずつ書きましょう。

> (1) 空らんの数に注意する。

(1) 庭にイヌがいます。　庭：yard

There is a dog in the yard.（否定文に）

_____ _____ a dog in the yard.

(2) そのホテルには50の部屋があります。　ホテル：hotel

There are <u>fifty</u> rooms in the hotel.（下線部をたずねる文に）

_____ _____ rooms _____ there in

the hotel?

ゼッタイ！これだけ

〈否定文〉**There is[are] not〜＋場所.**
「…に〜はありません[いません]」

〈疑問文〉**Is[Are] there〜＋場所?**
「…に〜はありますか[いますか]」

どうしても解けない場合は There is[are] 〜の文へ GO! P.24
27

10 確かめたり，念を押したりする表現

付加疑問文

なぜ学ぶの?

人と話しているときに，「…は〜ですね」と相手が自分と同じ意見かどうかを確かめたり，念を押したりしたいと思うことがあるよね。ここでは，それを英語でどう表現するのかを学ぶよ。

これが大事! be 動詞の文で「〜ですね」と言うとき

文の最後にコンマをつけて，〈be 動詞 ＋not〉の短縮形と主語の代名詞を続ける。

This <u>is</u> **Emma's** **pen** , isn't **it?**
主語　　　　　　　　　　　　　　　　短縮形　　主語の代名詞

（これはエマのペンですね。）

Bob's sister <u>is</u> **a pianist** , isn't **she?**
主語　　　　　　　　　　　　　　　　短縮形　　主語の代名詞

（ボブのお姉さんはピアニストですね。）

これが大事! 一般動詞の文で「〜ですね」と言うとき

文の最後にコンマをつけて，〈do［does／did］＋not〉の短縮形と主語の代名詞を続ける。

Mike and Jiro play **basketball** , don't **they?**
主語　　　　　　　　　　　　　　　　　　　　短縮形　　主語の代名詞

（マイクとジロウはバスケットボールをするのですね。）

 練習問題 →解答は別冊 P.3

未来の文

いろいろな形の文

いろいろな接続詞

不定詞

動名詞と不定詞

不定詞を使った文

いろいろな助動詞

比較

受動態

現在完了

いろいろな表現

2年生のおさらい

① 日本文に合うように, ( ) 内から適する語句を○で囲みましょう。

(1) 彼らは大学生ですね。　大学 : university

They are university students, (isn't / aren't / weren't) they?

(2) ブラウン先生はオーストラリア出身ですね。　オーストラリア : Australia

Ms. Brown is from Australia, (is she / isn't she / doesn't she) ?

(3) あなたは毎日, あなたのイヌを散歩させますね。　散歩させる : walk

You walk your dog every day, (didn't / doesn't / don't) you?

② 次の英文に「～ですね」という意味を加えるとき, ▢ に適する語をそれぞれ1つずつ書きましょう。

(1) 今日は寒いです。　寒い : cold

> (1) は be 動詞の文。

It is cold today.
It is cold today, ▢ ▢ ?

(2) 彼は動物が好きです。　動物 : animal

> (2) は一般動詞の文。

He likes animals.
He likes animals, ▢ ▢ ?

 ゼッタイ! これだけ 〈,(コンマ)＋isn't[don't]など＋主語の代名詞?〉
「～ですね」

➡解答は別冊 P.4

おさらい問題 6 ～ 10

❶ 日本文に合うように，　　　　に適する語を右の［　　　］内から1つずつ選んで書きましょう。

(1) あなたは疲れているように見えます。 疲れている : tired

You 　　　　 tired.

(2) 私たちのチームには7人の男子がいます。

There 　　　　 seven boys on our team.

(3) 彼はあなたに彼の絵を見せましたか。

Did he 　　　　 you his picture?

(4) 彼らはすばらしいテニス選手ですね。 すばらしい : great

They are great tennis players, 　　　　 they?

> show
> look
> are
> aren't

❷ 次の英文を（　　）内の指示にしたがって書きかえるとき，　　　　に適する語をそれぞれ1つずつ書きましょう。

(1) ケイトは夕食を作りました。 夕食 : dinner

Kate made dinner. （「私に」という意味の語を加えた文に）
Kate made 　　　　 　　　　 .

(2) テーブルの上に手紙がありました。 手紙 : letter

There was a letter on the table. （疑問文に）
　　　　 　　　　 a letter on the table?

(3) あなたは3匹のネコを飼っています。

You have three cats. （「～ですね」という意味を加えて）
You have three cats, 　　　　 　　　　 ?

❸ 日本文に合うように，□□□□ に適する語をそれぞれ1つずつ書きましょう。

(1) 彼のぼうしは新しそうに見えました。

His cap □□□□□ new.

(2) この部屋には時計がありません。　時計：clock

□□□□□ □□□□□ a clock in this room.

(3) 私たちは彼女に台所を見せました。　台所：kitchen

We □□□□□ □□□□□ the kitchen.

(4) あなたのお父さんはニューヨークにいるのですね。　ニューヨーク：New York

Your father is in New York, □□□□□ □□□□□ ?

❹ 日本文に合うように，( ) 内の語句を並べかえて英文を作りましょう。

(1) 私は妹に小さなかばんをあげました。

I (my sister / a small bag / gave).

I □□□□□ .

(2) デイビッドの息子は作家になりました。　息子：son

David's son (a / became / writer).

David's son □□□□□ .

(3) あなたの学校には何人の生徒がいますか。

(many / there / how / students / are)
in your school?

□□□□□

in your school?

11 文と文をつなぐ語
接続詞① 使いかた

なぜ学ぶの?

ここでは，これまで学んできたいろいろな文の作り方を思い出しながら，文と文をつなぐ方法を学ぶよ。これまでよりも詳しいことを1文で表現できるようになるんだ。

これが 大事! 文と文をつなぐには接続詞を使う!

文と文の間にある and と but を「接続詞」と言う。文と文をつなぐ働きがある。

〔文〕 〔文〕
I have a dog. + I walk with him every day.
↓
I have a dog, [and] I walk with him every day.
接続詞

（私はイヌを飼ってい[て]，毎日彼と散歩します。）

〔文〕 〔文〕
I have a dog. + I don't have a cat.
↓
I have a dog, [but] I don't have a cat.
接続詞

（私はイヌを飼っています[が]，ネコは飼っていません。）

◆そのほかの接続詞

[when]　He was cooking [when] I came home.
（私が帰宅した[とき]，彼は料理していました。）

[because]　They help each other [because] they are friends.
（彼らは友だち[なので]，おたがいに助け合います。）

[if]　I will cook dinner [if] you are tired.
（[もし]あなたが疲れている[なら]，私が夕食を作ります。）

[that]　Lisa knows [that] Jim is kind.
（リサはジムが親切[であることを]知っています。）

 練習問題 →解答は別冊 P.4

① 日本文に合うように，(　　) 内から適する語を○で囲みましょう。

(1) ジョンはギターを持っていますが，それをじょうずに弾くことはできません。

じょうずに：well

John has a guitar, (and / but) he can't play it well.

(2) 雨が降っていたので，私たちは部屋の中で遊びました。　遊ぶ：play　雨が降る：rain

We played in the room (because / if) it was raining.

(3) 私はこの機械がとても便利だと思います。　機械：machine　便利な：useful

I think (when / that) this machine is so useful.

② 日本文に合うように，□□□ に適する語を下の □□□ 内から1つずつ選んで書きましょう。

(1) もしあなたがパーティーに参加するなら，エミリーはうれしく思うでしょう。

うれしく思う：glad　参加する：join

Emily will be glad _____ you join the party.

(2) 私が帰宅したとき，私の弟は音楽を聞いていました。　聞く：listen

My brother was listening to music _____ I came home.

(3) 私は薬が必要なので，今日薬局に行きます。　薬局：drugstore　薬：medicine

I will go to the drugstore today _____ I need some medicine.

```
because    when    if
```

 文と文をつなぐ and [but/when/because/if/that]
そして [〜だが／〜のとき／〜なので／もし〜なら／〜ということ]

未来の文
いろいろな形の文
いろいろな接続詞
不定詞
動名詞と不定詞
不定詞を使った文
いろいろな助動詞
比較
受動態
現在完了
いろいろな表現
2年生のおさらい

⊕ P.32 11 文と文をつなぐ語, P.36 13 「もし〜ならば…」を表す if, P.38 14 「〜だと」「〜ということ」を表す that

12 文と文をつなぐ when と because

接続詞② 〈時〉と〈理由〉を表す文

なぜ学ぶの? 文と文をつなぐには接続詞が必要だと学んだね。ここでは，2つの接続詞の使いかたを学ぶよ。when を使って「〜のとき…」と〈時〉を表す文と，because を使って「〜なので…」と〈理由〉を表す文が作れるようになるんだ。

これが大事! 「〜のとき…」と〈時〉を表す文は，when を使う!

I played baseball. ＋ I was a student.

〈時〉を表す when で2つの文をつなぐ

I played baseball when I was a student.

（学生だった とき，私は野球をしていました。）

when 〜の部分を先に置くこともできる。このとき，コンマを忘れないこと!

When I was a student, I played baseball.

これが大事! 「〜なので…」と〈理由〉を表す文は，because を使う!

I want that car. ＋ I like its shape.

〈理由〉を表す because で2つの文をつなぐ

I want that car because I like its shape.

（形が好き なので，私はあの車がほしいです。）

練習問題 →解答は別冊 P.4

❶ 日本文に合うように，　　　　　に when または because どちらか適するほうを書きましょう。

(1) 車を運転するときは注意しなさい。　注意して：careful　　（車）を運転する：drive

Be careful 　　　　　 you drive a car.

(2) この本はおもしろいので，人気があります。　人気のある：popular　おもしろい：interesting

This book is popular 　　　　　 it is interesting.

(3) 私は子どものとき，イングランドに住んでいました。　子ども：child　イングランド：England

　　　　　 I was a child, I lived in England.

❷ 日本文に合うように，（　　）内の語を並べかえて英文を作りましょう。

(1) 私が彼を見たとき，彼は眠っていました。　眠る：sleep

He was sleeping（I / him / saw / when）.
He was sleeping 　　　　　　　　　　　　　　　.

(2) 具合が悪かったので，私は学校に行きませんでした。　具合が悪い：sick

I didn't go to school（was / because / sick / I）.
I didn't go to school
　　　　　　　　　　　　　　　　　　　　　　　.

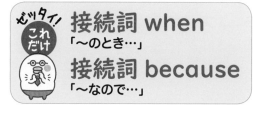

接続詞 when
「〜のとき…」

接続詞 because
「〜なので…」

未来の文

いろいろな形の文

いろいろな接続詞

不定詞

動名詞と不定詞

不定詞を使った文

いろいろな助動詞

比較

受動態

現在完了

いろいろな表現

2年生のおさらい

P.32 11 文と文をつなぐ語, P.34 12 文と文をつなぐ when と because, P.38 14 「～だと」「～ということ」を表す that

13 「もし～ならば…」を表す if
接続詞③〈仮定・条件〉を表す文

なぜ学ぶの?

話す時点ではまだわからないことについて「もし～ならば…」と言いたいときは, if が使えるよ。if を使えば, 「もし晴れたら…」「もしあなたに時間があれば…」などと言うことができるようになるんだ。

これが大事! 「もし～ならば…」は, if で表す!

Please help me. ＋ You are not busy.

⬇ 〈仮定〉や〈条件〉を表す if で2つの文をつなぐ

Please help me **if** you are not busy.

（**もし**忙しくなけ**れば**, 私を手伝ってください。）

if ～の部分を先に置くこともできる。このとき, コンマを忘れないこと!

If you are not busy, please help me.

手伝ってください。

これが大事! if のあとに続く内容が未来のことでも, 現在の文で表す!

If it's sunny tomorrow, let's go to the sea together.
　現在形
（**もし**明日晴れ**たら**, いっしょに海に行きましょう。）

Yuna will go to a movie **if** she is free next week.
　　　　　　　　　　　　　　　　現在形
（**もし**来週ひま**なら**, ユウナは映画を見に行くでしょう。）

練習問題 →解答は別冊 P.4

❶ 日本文に合うように，（　　）内から適する語句を○で囲みましょう。

(1) 風邪をひいているならば，家にいなさい。　風邪をひいている：have a cold

Stay home （because / if / that） you have a cold.

(2) もし今度の日曜日に時間があれば，私は釣りに行きます。　釣り：fishing

I'll go fishing if I （have / had / will have）
time next Sunday.

> (2) if に続く部分は，未来のことでも現在の形になる。

❷ 日本文に合うように，（　　）内の語句を並べかえて英文を作りましょう。

(1) もし雨が降ったら，バスで映画館へ行きましょう。　映画館：theater

Let's go to the theater by bus （rainy / is / if / it）.
Let's go to the theater by bus

＿＿＿＿＿＿＿＿＿＿＿＿＿＿＿＿＿＿＿ .

(2) もし答えを知っているなら，私にそれを教えてください。　教える：tell

（know / you / if / the answer）, please tell it to me.

＿＿＿＿＿＿＿＿＿＿＿＿＿＿＿＿＿ ,

please tell it to me.

(3) もし彼がここに来たら，私に電話してください。　ここに：here

Please （he / call / if / me / comes） here.

＿＿＿＿＿＿＿＿＿＿＿＿＿＿＿ here.

接続詞 if
「もし～ならば…」

もし，いっしょに
遊べるなら…

未来の文
いろいろな形の文
いろいろな接続詞
不定詞
動名詞と不定詞
不定詞を使った文
いろいろな助動詞
比較
受動態
現在完了
いろいろな表現
2年生のおさらい

14 「〜だと」「〜ということ」を表す that

接続詞④ think that ... / know that ...

なぜ学ぶの?
今回登場するのは, 1年生のときに習った that。「あれ [あの]」という意味で習ったけど, ここではちがう働きをするよ。「〜だと思います」「〜ということを知っています」と言うときに,〈that ＋文〉を使って表すんだ。

これが大事! 「〜だと思います」と言うときは, that を使う!

I think (that) English is important.

that は省略することもできる!

思っていること

（私は英語は大切だと思います。）

「〜ではないと思います」は, ふつう not think (that) 〜で表す。「思っていること」を表す「〜」の部分を否定の文にはしない。

We don't think (that) Masa can come.

that は省略することもできる!

思っていること

（私たちはマサが来られると思いません。→私たちはマサが来られないと思います。）

これが大事! 「〜ということを知っています」と言うときも, that を使う!

I know (that) Kei can speak English well.

知っていること

（私はケイが上手に英語を話せるということを知っています。）

練習問題 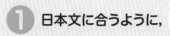 ➡解答は別冊 P.4

① 日本文に合うように，☐☐☐ に適する語をそれぞれ1つずつ書きましょう。

(1) 私はそれはよい計画だと思います。　計画：plan

I think ☐☐☐ it is a good plan.

(2) メアリーは，ジュンがよくボランティアの仕事をすることを知っています。
よく：often　　ボランティア：volunteer

Mary knows ☐☐☐ Jun often does volunteer work.

> (3) that は省略もできる。

(3) 私たちはその試合に勝つと思います。　勝つ：win　試合：game

We ☐☐☐ we will win the game.

② 次の英文を（　）内の指示にしたがって書きかえるとき，☐☐☐ に適する語をそれぞれ1つずつ書きましょう。

(1) 彼は俳優です。　俳優：actor

He is an actor.　（「私は～ということを知っています」という意味を加えて）

I ☐☐☐ ☐☐☐ he is an actor.

(2) 私はこの問題は簡単だと思います。　問題：question　簡単な：easy

I think this question is easy.

（「～ではないと思います」という意味の文に）

I ☐☐☐ ☐☐☐ this question is easy.

think[know] (that) ...
「～だと思います [～ということを知っています]」

> テストなんてよゆう～

➡解答は別冊 P.5

おさらい問題 11 ～ 14

1 日本文に合うように，（　　）内から適する語句を○で囲みましょう。

(1) 私は昨日テニスを練習したので，疲れています。　練習する：practice

I am tired (when / because / if) I practiced
tennis yesterday.

(2) もし雨が降ったら，私たちは泳ぎに行きません。　泳ぎに行く：go swimming

If it (rain / rains / will rain), we will not go
swimming.

> (2) 未来の内容でも，if のあとの部分は現在形を使う。

(3) 私はあなたが正しいと思います。　正しい：right

I think (if / because / that) you are right.

2 日本文に合うように，（　　）内の語句を並べかえて英文を作りましょう。

(1) 私はカナダにいたとき，その場所を訪れました。　場所：place

I visited the place (I / when / was) in Canada.
I visited the place ＿＿＿＿＿＿＿ in Canada.

(2) もしひまであれば，私を手伝ってもらえませんか。　手伝う：help

Can you help me (if / you / free / are)?
Can you help me ＿＿＿＿＿＿＿？

(3) 私は彼女が歌手だということを知っています。

I (she / know / a singer / is).
I ＿＿＿＿＿＿＿．

(4) この映画はおもしろいので，私は好きです。　映画：movie

I like this movie (is / because / interesting / it).
I like this movie ＿＿＿＿＿＿＿．

❸ 次の英文を（　　）内の指示にしたがって書きかえるとき，　　　　　に適する
語をそれぞれ1つずつ書きましょう。

(1) 彼は30歳のとき，日本に来ました。

He came to Japan when he was thirty. （同じ意味を表す文に）

　　　　　　　　　　　　　　　　was thirty, he came to Japan.

(2) 私は音楽が好きなので，吹奏楽団に入っています。　吹奏楽団：brass band

I like music, so I'm in the brass band. （同じ意味を表す文に）

I'm in the brass band 　　　　　　　　　　　　　like
music.

(3) あなたの夢は現実になるでしょう。　夢：dream　現実になる：come true

Your dream will come true.

（「私は〜だと思います」という意味を加えて）

I 　　　　　　　　　　　　your dream will come true.

❹ 日本文に合うように，　　　　　に適する語をそれぞれ1つずつ書きましょう。

(1) 忙しかったので，私は朝食を食べませんでした。　朝食：breakfast

I didn't eat breakfast 　　　　　　　　I was busy.

(2) 彼女は英語は難しくないと思っています。

She 　　　　　　　　　　　　English is difficult.

（2）主語が she のとき
の一般動詞の否定文。

(3) もし明日あなたが来なかったら，カオリは悲しむでしょう。　悲しい：sad

Kaori will be sad 　　　　　　　you
come tomorrow.

(4) 私が起きたとき，私の母は料理していました。　起きる：get up

　　　　　　　I got up, my mother 　　　　　　　cooking.

（4）「〜していた」は，過去進行形で表す。

未来の文

いろいろな
形の文

いろいろな
接続詞

不定詞

動名詞と
不定詞

不定詞を
使った文

いろいろな
助動詞

比　較

受動態

現在完了

いろいろな
表現

2年生の
おさらい

P.44 16 「〜するために」「〜して…」を表す〈to＋動詞の原形〉, P.46 17 「〜すること」を表す〈to＋動詞の原形〉, P.48 18 「〜するための…」「〜するべき…」を表す〈to＋動詞の原形〉

15 〈to＋動詞の原形〉を使った表現

不定詞の使いかた

なぜ学ぶの？
〈to＋動詞の原形〉は文の中で多様な働きをするよ。たとえば「〜するために」と〈目的〉の意味を加えたり，「〜すること」と名詞の役割をしたり，「〜するための…」と名詞を説明したりと，文にいろいろな意味を加えられるようになるよ。

基本のルール 不定詞〈to＋動詞の原形〉には3つの使いかたがある！

① 「〜するために」「〜して…」（〈目的〉〈原因・理由〉を表す）：副詞的用法
② 「〜すること」（名詞として働く）：名詞的用法
③ 「〜するための…」（（代）名詞をうしろから説明する）：形容詞的用法

 これが大事！ 「〜するために」「〜して…」を表す〈to＋動詞の原形〉

「〜を買うために」＝〈目的〉 ※ buy は動詞の原形

I went shopping to buy a camera.

（私はカメラ を買うために ，買い物へ行きました。）

これが大事！ 「〜すること」を表す〈to＋動詞の原形〉

「〜をとること」＝名詞 ※ take は動詞の原形

I want to take pictures of animals.

（私は動物の写真 をとり たいです。）

これが大事！ 「〜するための…」「〜すべき…」を表す〈to＋動詞の原形〉

「〜へ行くための」＝名詞をうしろから説明 ※ go は動詞の原形

I'll make a plan to go to the beach.

（私は海へ 行くための 計画を立てます。）

練習問題 →解答は別冊 P.5

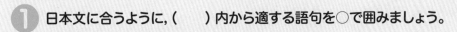

❶ 日本文に合うように，（　　　）内から適する語句を○で囲みましょう。

(1) 私は宿題をするために図書館へ行きます。　図書館：library　宿題：homework

I go to the library （do / doing / **to do**） my homework.

(2) テッドはコーヒーを飲みたがっています。　コーヒー：coffee

Ted wants （drink / **to drink** / drinks） coffee.

(3) 私たちには学ぶべきことがたくさんあります。　こと：thing(s)

We have a lot of things （learn / learning / **to learn**）.

❷ 日本文に合うように，　　　　　に適する語をそれぞれ1つずつ書きましょう。

(1) 私はロンドンに住みたいです。　ロンドン：London

I want 　　　　　　　　　　 in London.

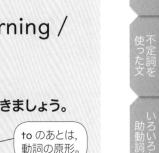

to のあとは，
動詞の原形。

(2) 彼らはケーキを作るために牛乳と卵を買いました。　牛乳：milk　卵：egg(s)

They bought some milk and eggs 　　　　　　　　　 a cake.

(3) スーには本を読むための時間がありません。　時間：time

Sue doesn't have time 　　　　　　　　　　 books.

ゼッタイ！これだけ 不定詞〈to＋動詞の原形〉

「〜するために」「〜して…」・「〜すること」・「〜するための…」「〜するべき…」

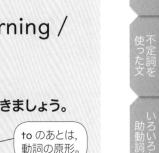

未来の文

いろいろな形の文

いろいろな接続詞

不定詞

動名詞と不定詞

不定詞を使った文

いろいろな助動詞

比　較

受動態

現在完了

いろいろな表現

2年生のおさらい

P.42 15 〈to＋動詞の原形〉を使った表現，P.46 17 「～すること」を表す〈to＋動詞の原形〉，
P.48 18 「～するための…」「～するべき…」を表す〈to＋動詞の原形〉

16 「～するために」「～して…」を表す〈to＋動詞の原形〉

不定詞の副詞的用法

なぜ学ぶの？

「私は走っています」という文に「電車に乗るために」と〈目的〉を加えるときや，「私はうれしいです」という文に「あなたに会えて」と感情の〈原因〉や〈理由〉を加えるときにも，〈to＋動詞の原形〉が使えるんだよ。

これが大事！ 「～するために」〈目的〉を表す〈to＋動詞の原形〉

不定詞の「副詞的用法」の1つめ。

「～をつかまえる（＝～に乗る）ために」＝〈目的〉

Ryo is running to catch the bus.

to＋動詞の原形

（リョウはバスに乗るために走っています。）

これが大事！ 「～して…」（〈原因〉や〈理由〉）を表す〈to＋動詞の原形〉

不定詞の「副詞的用法」の2つめ。

〈感情を表すことば＋to＋動詞の原形〉で「～して…」とその感情の〈原因〉や〈理由〉を表す。

「うれしい」＋「～に会えて」＝感情の〈理由〉

I am happy to see you.

to＋動詞の原形

（私はあなたに会えてうれしいです。）

◆〈感情を表すことば＋不定詞の表現〉

happy[glad] to ～　～してうれしい	sad to ～　～して悲しい
surprised to ～　～して驚く	sorry to ～　～して残念だ

練習問題 →解答は別冊 P.5

1 日本文に合うように，□□□ に適する語をそれぞれ１つずつ書きましょう。

(1) 私はインターネットをするためにコンピュータを使います。

インターネットをする：surf the Internet

I use my computer ▢▢▢ surf the Internet.

> (2)〈to＋動詞の原形〉を「〜しに」と訳すこともできる。

(2) メグは私たちを手伝いにここへ来るでしょう。　ここへ：here

Meg will come here ▢▢▢ ▢▢▢ us.

(3) 私たちはあなたと話せてうれしかったです。

We were happy ▢▢▢ ▢▢▢ with you.

2 日本文に合うように，（　）内から適する語句を○で囲みましょう。

(1) ジェーンは鳥を見に森へ行きました。　森：forest　　鳥：bird(s)

Jane went to the forest （see / saw / to see） birds.

> (2) be は am, are, is の原形。

(2) 彼はパイロットになるために熱心に勉強します。　熱心に：hard　　パイロット：pilot

He studies hard （be / be to / to be） a pilot.

(3) 私はその知らせを聞いて残念でした。　知らせ：news

I was （to hear sorry / sorry to hear / sorry hear to） the news.

> ざんねん…

不定詞〈to＋動詞の原形〉の副詞的用法
「〜するために」「〜して…」

どうしても解けない場合は〈to＋動詞の原形〉へ GO!　P.42

17 「～すること」を表す〈to＋動詞の原形〉

不定詞の名詞的用法

なぜ学ぶの? 「～することが好きである」を表すには,「～が好きである」を表す動詞の like に〈to＋動詞の原形〉をつければいいんだ。このような「～すること」を表す〈to＋動詞の原形〉を学ぶよ。

これが大事! 「～すること」を表す〈to＋動詞の原形〉

名詞の働きをするので不定詞の「名詞的用法」という。

「～が好きである」＋「～を旅すること」
We like to travel around the world.
to＋動詞の原形
（私たちは世界中を旅することが好きです。）

「～を始める」＋「～を歌うこと」
Bob started to sing his new song.
to＋動詞の原形
（ボブは新しい歌を歌い始めました。）

「～になりたい」は want to be[become] で表す。
「～がほしい」＋「～になること」
Yuri wants to be a math teacher.
to＋動詞の原形
（ユリは数学の教師になりたがっています。）

◆不定詞の名詞的用法の表現

want to ～ ～したい, ～したがっている	hope to ～ ～することを望む
like to ～ ～することが好きである	love to ～ ～することが大好きである
need to ～ ～する必要がある	start[begin] to ～ ～し始める

練習問題 →解答は別冊 P.5

1 日本文に合うように，□□□ に適する語をそれぞれ1つずつ書きましょう。

(1) 私はアメリカで働きたいです。　働く：work　　アメリカ：the U.S.A

I _____ _____ work in the U.S.A.

(2) 私の両親は料理するのが好きです。　両親：parents

> (2) like＋〈to＋動詞の原形〉で「〜するのが好きである」の意味。

My parents _____ _____ cook.

2 日本文に合うように，（　　）内の語句を並べかえて英文を作りましょう。

(1) トモヤはギターを弾き始めました。

Tomoya （to / play / started） the guitar.

Tomoya _____ the guitar.

(2) 私はテニス選手になりたいです。　選手：player

I （to / want / be） a tennis player.

I _____ a tennis player.

(3) 私たちは風呂に入る必要があります。　風呂に入る：take a bath

We （to / take / a bath / need）.

We _____ .

不定詞の名詞的用法
「〜すること」

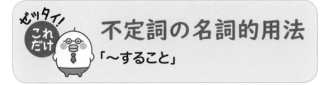

いつでも食べたい ▶

右側のタブ（上から下）：
未来の文／いろいろな形の文／いろいろな接続詞／不定詞／動名詞と不定詞／不定詞を使った文／いろいろな助動詞／比較／受動態／現在完了／いろいろな表現／2年生のおさらい

P.42 15 〈to＋動詞の原形〉を使った表現, P.44 16 「～するために」「～して…」を表す〈to＋動詞の原形〉, P.46 17 「～すること」を表す〈to＋動詞の原形〉

18 「～するための…」「～するべき…」を表す〈to＋動詞の原形〉

不定詞の形容詞的用法

なぜ学ぶの?

ここでは不定詞の3つめの用法を学んでいこう。〈to＋動詞の原形〉の表現に動詞の do（する）と名詞の work（仕事）を使って「するべき仕事」を英語で表せるようになるよ。

これが大事! 「～するための…」「～するべき…」を表す
〈(代)名詞＋ to ＋動詞の原形〉

不定詞の「形容詞的用法」の1つめ。
〈to ＋動詞の原形〉は，説明したい(代)名詞のあとに置く。

「時間」＋「勉強するための」

I need time to study.

└─ to ＋動詞の原形

（私は 勉強するための 時間が必要です。）

「仕事」＋「するべき」

He has a lot of work to do.

└─ to ＋動詞の原形

（彼には するべき 仕事がたくさんあります。）

これが大事! 「何か～するもの」を表す
〈something ＋ to ＋動詞の原形〉

不定詞の「形容詞的用法」の2つめ。

「何か」＋「食べるための」

My brother wants something to eat.

「食べるための何か」
＝「何か食べるもの」

└─ to ＋動詞の原形

（私の弟は何か 食べる ものをほしがっています。）

練習問題 →解答は別冊 P.5

1 日本文に合うように, ( ) 内から適する語句を◯で囲みましょう。

(1) ロバート, 寝る時間ですよ。

Robert, it's time (go / going / to go) to bed.

(2) 私たちには中国語を学ぶための機会があります。　機会：chance　中国語：Chinese

We have a chance (learn / learning / to learn) Chinese.

(3) 私は何か読むものがほしいです。

I want (something read / something to read / to something read).

2 日本文に合うように, ____ に適する語をそれぞれ1つずつ書きましょう。

(1) これはプレーするためのテレビゲームです。　テレビゲーム：video game

This is a video game ____ ____ .

(2) この国には訪れるべき場所がたくさんあります。　場所：place(s)　国：country

There are many places ____ ____ in this country.

(3) 彼は何か飲むものを必要としています。

He needs ____ to ____ .

のど
かわいた〜

不定詞の形容詞的用法
「〜するための…」「〜するべき…」

どうしても解けない場合は〈to +動詞の原形〉へ GO! P.42 49

➡解答は別冊 P.6

おさらい問題 15〜18

① 日本文に合うように,(　　）内から適する語句を○で囲みましょう。

(1) アンはピアノを弾くために音楽室を使うでしょう。　音楽室：music room

Ann will use the music room (play / plays / to play) the piano.

(2) 私は数学の先生になりたいです。　先生, 教師：teacher

I want (to / am / to be) a math teacher.

(3) これは英語を学ぶための教科書です。　教科書：textbook

This is a textbook (learn / learning / to learn) English.

(4) 私の兄は東京で働き始めました。　兄〔弟〕：brother

My brother started (work / worked / to work) in Tokyo.

② 日本文に合うように, ＿＿＿ に適する語をそれぞれ1つずつ書きましょう。

(1) 私たちはあなたと話せてうれしかったです。

We were glad ＿＿＿＿＿ ＿＿＿＿＿ with you.

(2) ケンタにはするべきことがたくさんあります。　たくさんの〜：a lot of 〜

Kenta has a lot of things ＿＿＿＿＿ ＿＿＿＿＿.

(3) あなたは写真をとることが好きですか。　写真：picture(s)

Do you ＿＿＿＿＿ ＿＿＿＿＿ take pictures?

(4) 彼は図書館へ行くためにバスに乗りました。　図書館：library

He took a bus ＿＿＿＿＿ ＿＿＿＿＿ to the library.

❸ 日本文に合うように，（　　）内の語を並べかえて英文を作りましょう。

(1) 彼らは海へ泳ぎに行きました。　海：sea

They went to the sea （swim / to）.

They went to the sea _____ .

(2) あのネコたちは何か食べるものが必要です。　あれらの：those

Those cats （to / something / need） eat.

Those cats _____ eat.

(3) 私は買い物に行くのが大好きです。

I （shopping / to / love / go）.

I _____ .

(4) ノエルにはパーティーに参加する時間がありません。　参加する：join

Noel doesn't （to / join / time / have） the party.

Noel doesn't _____

the party.

❹ 次の英文を（　　）内の指示にしたがって書きかえるとき，　　　　に適する語をそれぞれ１つずつ書きましょう。

(1) 私は車を運転します。　（車）を運転する：drive

I drive a car. （「〜したい」という意味の文に）

I _____ _____ drive a car.

(2) このギターを手に入れたとき，私はうれしかったです。

I was happy when I got this guitar.

> (2)「このギターを手に入れて私はうれしかった」という文を作る。

（同じ意味を表す文に）

I was happy _____ _____ this guitar.

未来の文

いろいろな形の文

いろいろな接続詞

不定詞

動名詞と不定詞

不定詞を使った文

いろいろな助動詞

比較

受動態

現在完了

いろいろな表現

２年生のおさらい

19 「〜すること」を表す〈動詞の -ing 形〉
動名詞の使いかた

なぜ学ぶの? 「〜すること」は〈to＋動詞の原形〉で表せるんだったね。実は〈動詞の -ing 形〉でも「〜すること」という意味を表せるよ。cooking は「料理すること」という意味で，-ing がつくことで動詞が名詞の働きをするようになるんだ。

基本のルール 「〜すること」は〈動詞の -ing 形〉で表す！

〈動詞の -ing 形〉で動詞が名詞の働きをするようになるので「動名詞」という。動詞のあとに続いて目的語になることができる。

「〜が好きだ」＋「〜を見ること」

Shota likes watching birds.

（ショウタは鳥を見ることが好きです。）

「〜を楽しむ」＋「踊ること」

We enjoyed dancing together.

（私たちはいっしょに踊って楽しみました。）

◆動名詞〈動詞の -ing 形〉とセットになる動詞
★ enjoy 〜ing　　　〜して［することを］楽しむ
★ finish 〜ing　　　〜し終える
★ stop 〜ing　　　〜することをやめる
start［begin］〜ing　〜し始める
like 〜ing　　　〜することが好きである

★ enjoy, finish, stop は, あとに〈動詞の -ing 形〉だけが続く動詞。→ P.54

これが大事! 文の主語「〜することは…」にもなる〈動詞の -ing 形〉

主語＝「スキーをすること」

Skiing is fun.

（スキーをすることは楽しいです。）

練習問題 →解答は別冊 P.6

未来の文

いろいろな形の文

いろいろな接続詞

不定詞

動名詞と不定詞

不定詞を使った文

いろいろな助動詞

比較

受動態

現在完了

いろいろな表現

2年生のおさらい

❶ 日本文に合うように，　　　　内から適する語句を○で囲みましょう。

(1) エイミーは歌うことが好きです。

Amy likes (sing / singing / sings).

(2) 彼らは絵を描いて楽しみました。　描く：draw

> (2) enjoy とセットになるのは動名詞だけ。

They enjoyed (to draw / draw / drawing) pictures.

(3) 英語を話すことは難しくありません。　難しい：difficult

(Speak / Spoke / Speaking) English is not difficult.

❷ 日本文に合うように，　　　　に適する語をそれぞれ１つずつ書きましょう。ただし，(　) 内の語を適切な形に直して使うこと。

(1) 私はそれらの本を読み終えました。　(read)　それらの：those

I 　　　　　　　　　　　those books.

(2) 雨は午前中にやみましたか。　(rain)　午前中：in the morning

Did it 　　　　　　　　　in the morning?

> (1)・(2)
> finish ～ing, stop ～ing の形と意味をしっかり覚える。

(3) ピアノを弾くことはおもしろいです。　(play)　おもしろい：interesting

　　　　　the piano 　　　　　interesting.

動名詞〈動詞の-ing形〉
「～すること」

すること何もない…

20 動詞のあとに続く不定詞・動名詞のルール
不定詞と動名詞の使いかたのちがい

なぜ学ぶの？

〈to＋動詞の原形〉〔不定詞〕と〈動詞の -ing 形〉〔動名詞〕は，どちらも「〜すること」を表して，動詞のあとに続くよね。実は，動詞によって不定詞と動名詞のどちらが続くかが決まっているよ。使いかたや意味のちがいに注意して学んでいこう。

これが大事！ あとに不定詞〈to＋動詞の原形〉だけが続く動詞

We decided to buy the house. 〔不定詞〕

（私たちは家を買うことに決めました。）

| want to 〜 | 〜したい |
| hope to 〜 | 〜することを望む |

これが大事！ あとに動名詞〈動詞の -ing 形〉だけが続く動詞

Please stop talking here. 〔動名詞〕

（ここでは話すのをやめてください。）

| enjoy 〜ing | 〜して楽しむ |
| finish 〜ing | 〜し終える |

これが大事！ あとに不定詞・動名詞のどちらでも続けられる動詞

不定詞 　　　　　　　　　　動名詞
Mike likes to cook. = He likes cooking.

（マイクは料理することが好きです。）

| love to 〜 / love 〜ing | 〜することが大好きである |
| start[begin] to 〜 / start[begin] 〜ing | 〜し始める |

練習問題 →解答は別冊 P.6

❶ 日本文に合うように、□□□内から適する語句を○で囲みましょう。

(1) 私はジャックと働くことを望みます。

> hope のあとに続くのは…

I hope (to work / working / work) with Jack.

(2) サトシは浴室を掃除し終えましたか。　浴室：bathroom

> finish のあとに続くのは…

Did Satoshi finish (clean / to clean / cleaning) the bathroom?

(3) 私の祖父母は音楽を聞くことが大好きです。　祖父母：grandparents

My grandparents love (listen / listened / listening) to music.

❷ 日本文に合うように、（　　）内の語を適切な形にかえて、指示された語数で □□□ に書きましょう。

(1) ジムは何かを飲みたがっています。　何か：something

Jim wants [   ] something.
(drink, 2語で)

(2) 私たちはテレビゲームをして楽しみました。　テレビゲーム：video game(s)

We enjoyed [   ] video games.　(play, 1語で)

(3) 彼女はいつ英語を学び始めましたか。　いつ：when

When did she start [   ] English?　(learn, 1語で)

> **ゼッタイ！これだけ**
> ## あとに不定詞だけが続く動詞
> want, hope, decide など
> ## あとに動名詞だけが続く動詞
> enjoy, finish, stop など

> 今日も
> さぼりたい～

どうしても解けない場合は「～すること」を表す〈to ＋動詞の原形〉へ GO! P.46

55

右端タブ（上から下）：未来の文／いろいろな形の文／いろいろな接続詞／不定詞／動名詞と不定詞／不定詞を使った文／いろいろな助動詞／比較／受動態／現在完了／いろいろな表現／2年生のおさらい

➡解答は別冊 P.7

おさらい問題 19〜20

❶ 日本文に合うように，（　）内から適する語句を○で囲みましょう。

(1) メアリーは泳ぐことが好きではありません。

Mary doesn't like （swim / swims / swimming）.

(2) いっしょに踊って楽しみましょう。　いっしょに：together

Let's enjoy （dance / dancing / to dance）
together.

(3) 歩くことは私たちの健康によいのですか。　健康：health

Is （walking / walk to / to walking） good
for our health?

(4) 私は将来，歌手になることを望んでいます。　歌手：singer

I hope （becoming / will become /
to become） a singer in the future.

❷ 日本文に合うように，　　　に適する語をそれぞれ1つずつ書きましょう。

(1) コンピュータを使うことは簡単です。　簡単な：easy

　　　　　　a computer is easy.

(2) 私の姉はその物語を読み終えました。　姉〔妹〕：sister

My sister 　　　　　　　　　　 the story.

(3) ビリーは野球チームに加わることに決めました。　決める：decide

Billy decided 　　　　 join the baseball team.

(4) 雪はすぐにやむでしょうか。　すぐに：soon　雪が降る：snow

Will it 　　　　　　　　 soon?

未来の文

いろいろな形の文

いろいろな接続詞

不定詞

動名詞と不定詞

不定詞を使った文

いろいろな助動詞

比較

受動態

現在完了

いろいろな表現

2年生のおさらい

3 日本文に合うように，（　）内の語句をそれぞれの英文に入れるとき，正しい位置をア～エから1つ選んで，記号を○で囲みましょう。

(1) 私たちはあなたと話せて楽しかったです。　（talking）

We _ア enjoyed _イ with _ウ you _エ.

(2) マユはサッカーの試合を見るのが大好きです。　（watching）

Mayu _ア loves _イ soccer _ウ games _エ.

(3) あなたのお父さんは，週末にどこを訪れたがっていますか。　（to visit）

Where _ア does _イ your father want _ウ on _エ weekend _オ?

4 日本文に合うように，（　）内の語句を並べかえて英文を作りましょう。

(1) あなたはトマトを育て始めましたか。　トマト：tomato(es)　育てる：grow

Did you （grow / start / to） tomatoes?

Did you ＿＿＿＿＿＿＿＿＿＿＿＿ tomatoes?

(2) 朝食を食べることは大切です。　大切な, 重要な：important

（eating / is / breakfast） important.

＿＿＿＿＿＿＿＿＿＿＿＿ important.

(3) ここで写真をとるのはやめなさい。　ここで：here　写真をとる：take pictures

（pictures / taking / stop） here.

＿＿＿＿＿＿＿＿＿＿＿＿ here.

(4) 彼女は夕食の前に宿題をし終えるでしょう。　～の前に：before

She （her homework / doing / will / finish） before dinner.

She ＿＿＿＿＿＿＿＿＿＿＿＿

before dinner.

21 「〜のしかた」を表す〈疑問詞＋ to ＋動詞の原形〉
疑問詞を使った不定詞の表現

P.42 15

なぜ学ぶの？
1年生で習った how は,「どのように」と手段や方法についてたずねるときに使う疑問詞だったよね。ここでは「どのように〜すればよいか, 〜のしかた」を表す表現を学ぶよ。what などほかの疑問詞を使った同様の表現も確認しよう。

これが大事！ 「どのように〜すればよいか, 〜のしかた」は〈how to ＋動詞の原形〉で表す！

〈疑問詞＋ to ＋動詞の原形〉
Kate knows how to wear a *yukata*.
（ケイトはゆかたを どのように 着ればよいか知っています。）

〈疑問詞＋ to ＋動詞の原形〉
I learned how to play the violin.
（私はバイオリンの弾き かた を習いました。）

これが大事！ 「何を〜すればよいか」は〈what to ＋動詞の原形〉で表す！

〈疑問詞＋ to ＋動詞の原形〉
I don't know what to buy for Amy.
（私はエイミーに 何を 買えばよいかわかりません。）

when「いつ」, where「どこへ [で]」, which「どちら [どれ]」も同じように使える。

◆〈疑問詞＋ to ＋動詞の原形〉の表現

〈when to ＋動詞の原形〉	いつ〜すればよいか
〈where to ＋動詞の原形〉	どこへ [で] 〜すればよいか
〈which to ＋動詞の原形〉	どちら [どれ] を〜すればよいか

練習問題 →解答は別冊 P.7

1 日本文に合うように，（　）内から適する語を○で囲みましょう。

(1) ケビンはこの道具をどう使えばよいか思い出しました。　思い出す : remember　道具 : tool

Kevin remembered（how / what / when）to use this tool.

(2) あなたはパーティーに何を持っていけばよいか知っていますか。　持ってくる [いく] : bring

Do you know（how / what / where）to bring to the party?

(3) 私は休暇中にどこへ行けばよいか考えているところです。　〜の間に : during　休暇 : vacation

I'm thinking about（how / when / where）to go during vacation.

2 日本文に合うように，（　）内の語を並べかえて，正しい英文を完成させましょう。

(1) 彼女はこの魚をどう料理すればよいかを学ぶでしょう。　魚 : fish

She will（to / how / cook / learn）this fish.
She will ＿＿＿＿＿＿＿＿＿＿＿＿＿＿ this fish.

(2) 私はそのとき，何と言えばよいかわかりませんでした。　そのとき : at that time

I didn't（say / to / know / what）at that time.
I didn't ＿＿＿＿＿＿＿＿＿＿＿＿
at that time.

ゼッタイ！これだけ 〈how to＋動詞の原形〉
「どのように〜すればよいか，〜のしかた」
〈what to＋動詞の原形〉
「何を〜すればよいか」

やりかた
わかんな〜い

59

縦書き見出し（右側タブ）:
未来の文
いろいろな形の文
いろいろな接続詞
不定詞
動名詞と不定詞
不定詞を使った文
いろいろな助動詞
比較
受動態
現在完了
いろいろな表現
2年生のおさらい

22 「〜することは…だ」を表す〈to＋動詞の原形〉

〈It is …（for＋（人））to＋動詞の原形〉の文

なぜ学ぶの？

ここでは，すでに習った〈to＋動詞の原形〉「〜すること」を使って「〜することは…だ」と表現する方法を学ぶよ。この方法で，「勉強をすることは大切です」などと言えるようになるんだ。疑問文と否定文もいっしょに確認しておこう！

これが大事！ 「〜することは…だ」は〈It is … to＋動詞の原形〉で表す！

「（人）にとって」は〈for＋（人）〉で表し，〈to＋動詞の原形〉の直前に置く。
仮の主語 it は〈to＋動詞の原形〉の内容を指していて，「それは」とは訳さない。

It is easy for Tom **to make *sushi*** .

（トムにとって 寿司を作ること は簡単です。）

これが大事！ 疑問文のときは it の前に be 動詞を置く！

「〜することは（人）にとって…ですか」を表す。

Was **it** fun for you **to sing songs** ?

（あなたにとって 歌を歌うこと は楽しかったですか。）

これが大事！ 否定文のときは be 動詞のあとに not を置く！

「〜することは（人）にとって…ではない」を表す。

It is not hard for me **to drive a car** .

（私にとって 車を運転すること は大変ではありません。）

練習問題 →解答は別冊 P.7

❶ 日本文に合うように，[   ]に適する語をそれぞれ1つずつ書きましょう。

(1) 自転車に乗ることは簡単です。　乗る：ride

[   ] is easy [   ] ride a bike.

(2) あなたたちにとって勉強することは大切です。　大切な：important

[   ] is important [   ] you [   ]

study.

(3) 物語を書くことは楽しかったですか。　楽しい：fun　物語：story

> (3) 過去の文なので
> be 動詞はどうなる？

[   ] [   ] fun [   ] write a story?

❷ 日本文に合うように，（　　）内の語を並べかえて英文を作りましょう。

(1) 私たちにとって外国語を学ぶことは難しいです。　外国の：foreign　言語：language

（for / it / is / difficult）us to learn foreign languages.

[   ] us to learn

foreign languages.

(2) 早く起きることは大変ではありませんでした。　大変な：hard　早く：early

It（was / to / hard / not）get up early.

It [   ] get up early.

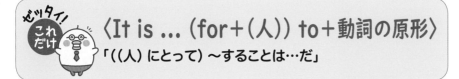

ゼッタイ！これだけ 〈It is … (for＋（人）) to＋動詞の原形〉
「（（人）にとって）～することは…だ」

どうしても解けない場合は「～すること」を表す〈to ＋動詞の原形〉へ GO! P.46

未来の文

いろいろな形の文

いろいろな接続詞

不定詞

動名詞と不定詞

不定詞を使った文

いろいろな助動詞

比較

受動態

現在完了

いろいろな表現

2年生のおさらい

➡解答は別冊 P.7

おさらい問題 21〜22

① 日本文に合うように，_____に適する語をそれぞれ１つずつ書きましょう。

(1) 私にとって絵を描くことはおもしろいです。　おもしろい : interesting

_____ is interesting _____ me to draw pictures.

(2) ハンナは夕食に何を料理したらいいか考えています。　料理する : cook

Hanna is thinking about _____ _____ cook for dinner.

(3) あなたは「こんにちは」とスペイン語でどう言うか知っていますか。

Do you know _____ _____ say "hello" in Spanish?

(4) ケーキを作ることは難しくありませんでした。　難しい : difficult

It _____ _____ difficult to make a cake.

② 日本文に合うように，(　　)内から適する語句を○で囲みましょう。

(1) 私はコンピュータの使いかたを習いたいです。　習う : learn

I want to learn (what / where / how) to use a computer.

(2) あなたにとってスキーをすることは楽しかったですか。　スキーをする : ski

Was it (for you fun / you for fun / fun for you) to ski?

(3) ボブはどこへ行けばよいか知っていました。

Bob knew (to where go / where go to / where to go).

未来の文

いろいろな形の文

いろいろな接続詞

不定詞

動名詞と不定詞

不定詞を使った文

いろいろな助動詞

比較

受動態

現在完了

いろいろな表現

2年生のおさらい

❸ 日本文に合うように，(　　) 内の語を並べかえて英文を作りましょう。

(1) 彼らはいつ引っ越したらいいか話し合いました。　～について話す：talk about ～

They talked about (to / when / move).

They talked about ＿＿＿＿＿＿＿＿＿ .

(2) すべての人にとって笑うことは大切です。　笑う：laugh

It (important / for / is) everyone to laugh.

It ＿＿＿＿＿＿＿＿＿ everyone to laugh.

(3) 私はパーティーに何を着ていけばいいか決められません。

I can't decide (what / wear / to) for the party.

I can't decide ＿＿＿＿＿＿＿＿＿ for the party.

(4) その答えを見つけることは簡単でしたか。　答え：answer

(to / was / it / easy) find the answer?

＿＿＿＿＿＿＿＿＿ find the answer?

❹ 次の英文を (　　) 内の指示にしたがって書きかえるとき，＿＿ に適する
語をそれぞれ1つずつ書きましょう。

(1) 走ることは楽しいです。　楽しいこと：fun

Running is fun. （同じ意味を表す文に）

＿＿＿＿＿ is fun to ＿＿＿＿＿ .

(2)「駅への行きかた」
という表現を使う。

(2) あなたは駅への道順を知っていますか。

Do you know the way to the station?

（同じ意味を表す文に）

Do you know ＿＿＿＿＿ ＿＿＿＿＿ get to the
station?

23 「～しなければならない」を表す must と have to

助動詞 must, have to

なぜ学ぶの？

can や will（P.14）は，動詞の意味を助ける働きをする助動詞だと習ったね。ここでは「～しなければならない」という意味を持つ助動詞 must について学ぶよ。must と同じ意味を持つ have[has] to もいっしょに学ぶよ。

「～しなければならない」は must で表す！

主語が何であっても must はそのままで，あとに続く動詞は原形になる。

I [must] do my homework.
  　　　動詞の原形
（私は宿題をし[なければなりません]。）

Meg [must] buy a new clock.
  　　　 動詞の原形　（メグは新しい時計を買わ[なければなりません]。）

「～しなければならない」は have[has] to でも表せる！

主語が3人称単数で現在の文では，has to を使う。

We [have to] return home.
  　　　　　動詞の原形

（私たちは家に帰ら[なければなりません]。）

Yuji [has to] wash the dishes.
  　　　　 動詞の原形

（ユウジは皿を洗わ[なければなりません]。）

未来の文

いろいろな形の文

いろいろな接続詞

不定詞

動名詞と不定詞

不定詞を使った文

いろいろな助動詞

比　較

受動態

現在完了

いろいろな表現

２年生のおさらい

練習問題 →解答は別冊 P.8

① 日本文に合うように，□□□内から適する語句を○で囲みましょう。

(1) 私は仕事に行かなければなりません。　仕事 : work

I (can / have / must) go to work.

(2) 彼らはバスケットボールを練習しなければなりません。

They (has to / have to / have) practice basketball.

(3) ジェーンは彼女のイヌたちの世話をしなければなりません。　～の世話をする : take care of ～

Jane (has to / have to / have) take care of her dogs.

② 日本文に合うように，□□□に適する語をそれぞれ１つずつ書きましょう。

(1) あなたはレポートを書かなければなりません。　レポート : report

You □□□ □□□ write a report.

(2) 私の兄は台所を掃除しなければなりません。　台所 : kitchen

My brother □□□ □□□ the kitchen.

(3) アンディは来月，町を去らなければなりません。　去る : leave

> 空らんの数に注目する。

Andy □□□ □□□ leave the town next month.

> "しなければ" はきらい〜

助動詞 must, have[has] to
「～しなければならない」

24 否定文では意味が異なる must と have to

must not と don't have to

なぜ学ぶの？
助動詞 must と have[has] to はどちらも同じ「〜しなければならない」を表すんだったよね。ただ，否定文では must と have[has] to はまったくちがう意味になるんだ。否定文の作りかたにも注意して学ぼう。

これが大事！ 「〜してはいけない」は〈must not ＋動詞の原形〉で表す！

must not は〈Don't ＋動詞の原形〉と同じく〈禁止〉を表す。

You [must not][mustn't] open this box.
　　　　　　　　　　　　　動詞の原形
（この箱を開け てはいけません 。）

短縮形
must not = mustn't

これが大事！ 「〜する必要はない」は〈don't have to ＋動詞の原形〉で表す！

You [do not][don't] have to go shopping.
　　　　　　　　　　　　　動詞の原形
（あなたは買い物に行く 必要はありません 。）

主語が3人称単数で現在の文では does not[doesn't] have to を使う。

Lisa [does not][doesn't] have to wash her car.
　　　　　　　　　　　　　　　動詞の原形
（リサは自分の車を洗う 必要はありません 。）

練習問題 →解答は別冊 P.8

① 日本文に合うように，□□□に適する語をそれぞれ1つずつ書きましょう。

(1) あなたはまちがいを心配する必要はありません。　心配する：worry　まちがい：mistake

You do not □□□ □□□ worry about mistakes.

(2) 夜にギターを弾いてはいけません。　夜：night

You □□□ □□□ play the guitar at night.

(3) ジョージは来月，病院に行く必要はありません。　病院：hospital

George does □□□ □□□ to go to the hospital next month.

② 日本文に合うように，（　　）内の語を並べかえて英文を作りましょう。

(1) 食べすぎてはいけません。　あまりにも：too much

You (not / eat / must) too much.
You □□□□□□ too much.

(2) 私たちは悲しむ必要はありません。　悲しい：sad

We (have / don't / be / to) sad.
We □□□□□□ sad.

> be動詞 (am/are/is) の原形は be。

未来の文

いろいろな形の文

いろいろな接続詞

不定詞

動名詞と不定詞

不定詞を使った文

いろいろな助動詞

比較

受動態

現在完了

いろいろな表現

2年生のおさらい

これだけ ゼッタイ！
must not
「〜してはいけない」
don't[doesn't] have to
「〜する必要はない」

勉強しなくてもいいよ〜

67

25 could, may と should の 使いかた

助動詞 could, may, should

これまで, can, will, must の3つの助動詞を学んできたね。ここでは新しく3つの助動詞を学ぶよ。ていねいに相手に依頼する表現や, 相手の許可を求める表現, 「〜すべきだ」と義務を表す表現を使えるようになるんだ。

これが大事! 「〜してくださいますか」〈依頼〉は Could you 〜? で表す!

Could you carry my bag ? 〈依頼する〉
動詞の原形
（私のかばんを運んでくださいますか。）

これが大事! 「〜してもいいですか」〈許可〉は May[Can] I 〜? で表す!

May[Can] I sit here ? 〈許可を求める〉
動詞の原形
（ここに座ってもいいですか。）

◆ Could you 〜? や May[Can] I 〜?への答え方
・All right. / OK.　　・Sure.　　・Sorry, ＋理由.
（いいですよ。）　　（もちろん。）　　（すみませんが, …(理由)。）

これが大事! 「〜すべきだ」「〜したほうがいい」は should で表す!

You should cut your hair. 〈提案やアドバイスをする〉
動詞の原形
（あなたは髪を切ったほうがいいです。）

練習問題 →解答は別冊 P.8

① 次の日本文を表す英文として適する文をア・イからそれぞれ1つずつ選んで, に記号を書きましょう。

(1) 窓を閉めてくださいますか。 閉める：close

ア May I close the window?

イ Could you close the window?

(2) 入ってもいいですか。

ア May I come in?

イ Could you come in?

② 日本文に合うように, に適する語をそれぞれ1つずつ書きましょう。

(1) ドアを開けてくださいますか。 ドア：door

you open the door?.

(2) この定規を使ってもいいですか。 定規：ruler

use this ruler?

> (1) は依頼するとき, (2) は許可を求めるときの表現。

(3) あなたは早く寝たほうがいいですよ。 寝る：go to bed

go to bed early.

ビッタリ！これだけ Could you 〜 ？「〜してくださいますか」

May[Can] I 〜 ？「〜してもいいですか」

should 「〜すべきだ」「〜したほうがいい」

未来の文

いろいろな形の文

いろいろな接続詞

不定詞

動名詞と不定詞

不定詞を使った文

いろいろな助動詞

比　較

受動態

現在完了

いろいろな表現

2年生のおさらい

➡解答は別冊 P.8

おさらい問題 23〜25

❶ 日本文に合うように，_____ に適する語を右の _____ 内から1つずつ選んで書きましょう。

could
may
should
have

(1) 私たちは2時までにそこへ着かなければなりません。

We _____ to get there by
two o'clock.

(2) あなたの名前をもう一度言ってくださいますか。

_____ you say your name again?

(3) あなたの辞書を使ってもいいですか。　辞書：dictionary

_____ I use your dictionary?

(4) あなたはみんなに親切にすべきです。　親切な：kind

You _____ be kind to everyone.

❷ 日本文に合うように，(　　) 内から適する語句を○で囲みましょう。

(1) 私は早く起きなければなりません。　早く：early

I (have / must) get up early.

(2) 学校に遅刻してはいけません。　〜に遅れる：be late for 〜

You (do not have to / must not) be late for
school.

(3) ジョーは明日，夕食を作る必要がありません。　明日：tomorrow

Joe (don't have / doesn't have) to make
dinner tomorrow.

③ 次のようなとき，英語で何と言いますか。（　）内の語を並べかえて英文を作りましょう。

(1) 相手に「ここで待っていてくださいますか」と頼むとき。　ここで：here

(wait / you / could) here?

_____ here?

(2) 相手に自分はもう帰宅しなければならないことを伝えるとき。　もう：now

I (to / go / have) home now.

I _____ home now.

(3) 相手に「もう寝たほうがいいですよ」と言うとき。

(should / you / go) to bed now.

_____ to bed now.

(4) 相手に電話する必要はないと言うとき。

You (to / have / don't / call) me.

You _____ me.

④ 次の英文を（　）内の指示にしたがって書きかえるとき，□□□ に適する語をそれぞれ1つずつ書きましょう。

(1) ここで写真をとってはいけません。　写真をとる：take a picture (take pictures)

Don't take pictures here. （同じ意味を表す文に）

You _____ _____ take pictures here.

(2) 私の妹は今日，仕事を終えなければいけません。　終える：finish

My sister must finish her work today.

（「～する必要はない」という意味の文に）

My sister _____ _____ _____ finish
her work today.　（2) 主語が My sister で現在の文であることに注意する。

未来の文
いろいろな形の文
いろいろな接続詞
不定詞
動名詞と不定詞
不定詞を使った文
いろいろな助動詞
比較
受動態
現在完了
いろいろな表現
2年生のおさらい

26 人やものを比較するときの表現 (-er, -est)

比較級・最上級の表しかた

なぜ学ぶの？

ここでは何かを比較するときの表現を学ぶよ。2台の車を比べて「この車はあの車より新しい」と言ったり，3台以上の車の中で「この車はいちばん新しい」と言ったりすることができるようになるんだ。

基本のルール

2人 [2つ] は比較級，3つ [3人] 以上は最上級で比べる！

比較級　→ 2つを比べる

  メロンより大きい！

最上級　→ 3つ以上を比べる

 いちばん大きい！

これが大事！

「〜よりも…」は比較級 〈ようすを表す語＋ -er〉で表す！

ようすを表す語は，形容詞 (tall「高い」) や副詞 (early「早く」) のこと。「〜よりも」は than ～を使って表す。

「〜よりも」

Tokyo SkyTree is taller **than Tokyo Tower.**

（東京スカイツリーは東京タワーよりも 高い です。）

◆**比較級**：ようすを表す語＋ -er
tall → taller
「(背が) 高い」→「より (背が) 高い」

 634m　 333m

これが大事！

「いちばん…」は最上級 〈ようすを表す語＋ -est〉で表す！

「〜の中で」

That bridge is the longest **in my country.**

（あの橋は私の国の中で いちばん長い です。）

◆**最上級**：ようすを表す語＋ -est
long → longest
「長い」 → 「いちばん長い」

※最上級の前には the を置く。

 練習問題 →解答は別冊 P.9

① CとDの関係がAとBの関係と同じになるように、 □ に適する語を書きましょう。

	A	B	C	D
(1)	old	older	long	
(2)	tall	tallest	fast	
(3)	warm	warmer	young	
(4)	hard	hardest	great	

② 日本文に合うように、( ) 内から適する語句を○で囲みましょう。

(1) この箱はあの箱よりも小さいです。

This box is (small / smaller than / the smallest) that box.

(2) 彼の自転車は私のものよりも新しいです。　私のもの：mine

His bike is (new / newer / the newest) than mine.

(3) 2月はいちばん寒い月です。　月：month

> いくつのものを比べているのかに注目する。

February is the (cold / colder / coldest) month.

(4) あの山はヨーロッパでいちばん高いです。　ヨーロッパ：Europe

That mountain is (high / higher / the highest) in Europe.

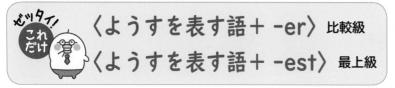

ゼッタイ！これだけ
〈ようすを表す語＋ -er〉 比較級
〈ようすを表す語＋ -est〉 最上級

よしっ！いっちばん！

未来の文
いろいろな形の文
いろいろな接続詞
不定詞
動名詞と不定詞
不定詞を使った文
いろいろな助動詞
比　較
受動態
現在完了
いろいろな表現
2年生のおさらい

27 2つの人やものの比較を表す〈ようすを表す語＋ -er ＋ than 〜〉

比較級（-er）

なぜ学ぶの?

「〜よりも新しい」と言うときは，「新しい」というようすを表す語（new）に -er をつける（newer）んだったね。ここでは何かと何かを比較する言い方を学ぶよ。〈ようすを表す語＋ -er〉は，単語によって作りかたにちがいがあることに注目しよう。

これが大事! 〈ようすを表す語＋ -er ＋ than 〜〉で「〜よりも…」を表す！

〈ようすを表す語＋ -er〉を比較級という。比較級のうしろに than「〜よりも」を置く。

「〜よりも」

My cat is smaller than yours.

（私のネコはあなたのネコよりも 小さい です。）

これが大事! 語によって比較級の作りかたは異なる！

「〜よりも」

Amy gets up earlier than her sister.

（エイミーは彼女の姉よりも 早く 起きます。）

◆比較級の作りかた

ほとんどの語：-er をつける　new（新しい）→ newer

e で終わる語：-r をつける　large（大きい［広い］）→ larger

注意する語①：y を i にして -er をつける　busy（忙しい）→ busier

注意する語②：最後の字を重ねて -er をつける　big（大きい）→ bigger

これが大事! 「AとBではどちらがより…ですか」は〈Which 〜 ＋比較級, A or B ?〉で表す！

「…かまたは〜」

Which is larger, America or Russia? — Russia is.

（アメリカ と ロシア では どちらが より広い ですか 。—ロシアです。）

 練習問題 →解答は別冊 P.9

未来の文
いろいろな形の文
いろいろな接続詞
不定詞
動名詞と不定詞
不定詞を使った文
いろいろな助動詞
比較
受動態
現在完了
いろいろな表現
2年生のおさらい

① 日本文に合うように，　　　　　に適する語をそれぞれ1つずつ書きましょう。ただし，（　）内の語を適切な形に直して使うこと。

(1) 信濃川は利根川よりも長いです。　（long）　川：river

The Shinano River is 　　　　　 than the Tone River.

(2) 地球は月よりも大きいです。　（large）　地球：the earth　月：the moon

The earth is 　　　　　　　　　　 the moon.

(3) あなたのイヌとジョーのイヌとでは，どちらがより大きいですか。　（big）

Which is 　　　　　, your dog 　　　　　 Joe's dog?

② 日本文に合うように，（　）内の語を並べかえて英文を作りましょう。

(1) この問題はあの問題よりも簡単です。　問題：question　簡単な：easy

This question (is / than / easier) that one.
This question 　　　　　　　　　　　　　 that one.

(2) ルーシーは私のいとこよりも速く走ります。　いとこ：cousin　速く：fast

Lucy (than / faster / runs) my cousin.
Lucy 　　　　　　　　　　　　　 my cousin.

(3) このカメラは彼女のものよりも新しいです。　彼女のもの：hers

This camera (hers / newer / than / is).
This camera 　　　　　　　　　　　　　 .

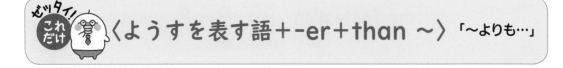

ゼッタイ！ これだけ 〈ようすを表す語＋-er＋than ～〉「～よりも…」

28 3つ以上の人やものの中でいちばんを表す〈the ＋ようすを表す語＋ -est〉

最上級 (-est)

なぜ学ぶの？

ここでは，3つ以上の人やものの中で「いちばん…」を表す表現を学ぶよ。たとえば「いちばん新しい」のような言い方だね。「〜の中でいちばん…」という表現もいっしょに確認しよう。

これが大事！ 〈the ＋ようすを表す語＋ -est〉で「いちばん…」を表す！

〈ようすを表す語＋ -est〉を最上級という。最上級の前に the をつけ，あとには範囲や数を表すことばが続く。

「〜の中で」

This river is the │longest│ in Japan.

（この川は日本の中で│いちばん長い│です。）

「〜の中で」

This is the │cutest│ doll of all.

（これはすべての中で│いちばんかわいい│人形です。）

〈in ＋範囲・場所〉　　　in the class（クラスの中で）/ in Japan（日本の中で）

〈of ＋複数を表すことば〉　of all（みんな［すべて］の中で）/ of the three（3人［3つ］の中で）

◆最上級の作りかた

ほとんどの語：-est をつける　fast（速い［速く］）→ fastest

e で終わる語：-st をつける　safe（安全な）→ safest

注意する語①：y を i にして -est をつける　happy（幸せな）→ happiest

注意する語②：最後の字を重ねて -est をつける　big（大きい）→ biggest

これが大事！ 「だれ［どれ］がいちばん…ですか」は最上級で表す！

人には who，人以外には which を使う。

Who runs the │fastest│ │in│ your class │?│ — Shun does.

（だれがあなたのクラス│の中で│ │いちばん速く│走ります│か│。—シュンです。）

 **練習問題** →解答は別冊 P.9

① 日本文に合うように,(　　)内から適する語句を○で囲みましょう。

(1) ナイル川は世界でいちばん長いです。　ナイル川：the Nile River　世界で：in the world

The Nile River is (long / longer / the longest) in the world.

(2) 彼女のレポートはすべての中でいちばんすばらしいです。

レポート：report　すばらしい：great

Her report is the greatest (in / of / for) all.

(3) このかばんは3つの中でいちばんすてきです。　すてきな：nice

This bag is (very nice / nicer than / the nicest) of the three.

② 次の英文を(　　)内の指示にしたがって書きかえるとき, 　　　に適する語をそれぞれ1つずつ書きましょう。

(1) 東京は大きい都市です。　都市：city

Tokyo is a big city.　(「日本でいちばん」という意味を加えて)

Tokyo is the 　　　　　 city 　　　　　 Japan.

(2) ジャックは速く泳ぎます。　泳ぐ：swim

Jack swims fast.　(「すべてのメンバーの中でいちばん」という意味を加えて)

Jack swims 　　　　　 　　　　　 of all members.

(3) ユカリは彼女の家族の中でいちばん若いです。　若い：young　家族：family

Yukari is the youngest in her family.

(下線部をたずねる文に)

　　　　　 is the 　　　　　 in her family?

 〈the＋ようすを表す語＋-est〉「いちばん…」

おさらい問題 26〜28

① ▢に適する語をそれぞれ１つずつ書きましょう。

もとの形	比較級	最上級
(1) small		
(2) nice		
(3) busy		
(4) hot		

② 次の図に合うように，▢に適する語を下の▢内から１つずつ選んで書きましょう。ただし，適切な形に直して使うこと。

(1) A is ▢ than B.

(2) C is the ▢ of all.

(3) Which is the ▢ of the three?
— Leo is.

Max（8歳）　Leo（3歳）　Coco（5歳）

young　long　big

❸ 日本文に合うように，（　）内の語を並べかえて英文を作りましょう。

(1) この物語はあの物語よりも短いです。　物語：story　短い：short

This story (than / shorter / is) that one.

This story ＿＿＿＿＿＿＿＿＿＿＿＿＿ that one.

(2) 私の母は家族の中でいちばん早く起きます。　家族：family　早く：early

My mother gets up (in / earliest / the) my family.

My mother gets up ＿＿＿＿＿＿＿＿＿＿

my family.

(3) 5人の中でいちばん年上なのはだれですか。　だれ：who

Who (is / oldest / the / of) the five?

Who ＿＿＿＿＿＿＿＿＿＿＿＿＿＿ the five?

❹ 次の英文を（　）内の指示にしたがって書きかえるとき，＿＿に適する語をそれぞれ1つずつ書きましょう。

(1) アンディは速く泳ぐことができます。

Andy can swim fast.　（「彼の姉よりも」という意味を加えて）

Andy can swim ＿＿＿＿　＿＿＿＿ his sister.

(2) 富士山は高い山です。　～山：Mt. ～　高い：high

Mt. Fuji is a high mountain.　（「日本でいちばん」という意味を加えて）

Mt. Fuji is ＿＿＿＿　＿＿＿＿ mountain in Japan.

(3) フランスはドイツよりも広いです。　フランス：France　ドイツ：Germany

<u>France</u> is larger than Germany.　（下線部をたずねる文に）

＿＿＿＿ is ＿＿＿＿ , France or Germany?

(3) フランスとドイツではどちらが広いかたずねる文を作る。

79

29 つづりが長めの語の 比較を表す more, most

比較級 (more＋ ようすを表す語), 最上級 (most＋ ようすを表す語)

なぜ学ぶの?

ようすを表す語に -er をつけると「〜よりも…」を表し，-est をつけると「いちばん…」を表すんだったね。ようすを表す語のつづりが長くなるような場合にはそのルールが変わるんだ。どんなルールがあるのか，チェックしていこう。

これが大事! つづりが長めのようすを表す語は more で比較級，most で最上級を作る！

つづりが長めの語の比較級・最上級の作りかた

もとの形 **famous** (有名な)

比較級 [**more** **famous**] (より有名な)
ようすを表す語はもとの形 (原級)

最上級 [**most** **famous**] (いちばん有名な)

◆ more, most を使う語の例
important(重要な)　　beautiful(美しい)
useful(役に立つ)　　expensive(高価な)
exciting(わくわくさせる) slowly(ゆっくりと)

これが大事! つづりが長めのようすを表す語の比較級は〈more ＋ようすを表す語〉で表す！

Baseball is [more popular] than soccer in the U.S.A.
ようすを表す語 (原級)

（アメリカでは，野球はサッカーよりも [人気があり] ます。）

popular(人気のある)→more popular(より人気のある)

これが大事! つづりが長めのようすを表す語の最上級は〈most ＋ようすを表す語〉で表す！

This movie is the [most interesting] of all.
most の前に the を置く　　　ようすを表す語 (原級)

（この映画はすべての中で [いちばんおもしろい] です。）

interesting(おもしろい)→most interesting(いちばんおもしろい)

練習問題 →解答は別冊 P.10

未来の文

いろいろな形の文

いろいろな接続詞

不定詞

動名詞と不定詞

不定詞を使った文

いろいろな助動詞

比較

受動態

現在完了

いろいろな表現

2年生のおさらい

❶ 次の語をそれぞれ（　　）内の意味になるように書きかえましょう。

(1) difficult　（「より難しい」という意味に）

(2) popular　（「いちばん人気のある」という意味に）

❷ 日本文に合うように，　　　　に適する語を下の　　　　内から1つずつ選んで，適切な語を加えて書きましょう。

(1) この絵画はあの絵画よりも美しいです。　絵画：painting

This painting is 　　　　　　　　　　　　　　than that one.

(2) 私たちにとって健康はいちばん大切です。　健康：health

Health is the 　　　　　　　　　　　　　　to us.

(3) もっとゆっくりと話してください。

Please speak 　　　　　　　　　　　　　　.

> than ～を示さなくても使える。

(4) この劇場は私たちの町でいちばん有名です。　劇場：theater

This theater is the 　　　　　　　　　　　　　　in our town.

> important　famous　beautiful　slowly

ゼッタイ！これだけ
〈more＋ようすを表す語〉
つづりが長めの語の比較級
〈most＋ようすを表す語〉
つづりが長めの語の最上級

> へえ～
> なるほど～

P.74 27 2つの人やものの比較を表す〈ようすを表す語＋ -er ＋ than 〜〉,
P.76 28 3つ以上の人やものの中でいちばんを表す〈the ＋ようすを表す語＋ -est〉

30 「〜のほうが好き」「〜がいちばん好き」を表す better, best

比較級 better, 最上級 best

なぜ学ぶの？ ここでは好きなものについて比較する表現を学ぶよ。たとえば2冊の本を比べて「この本のほうが好きです」と言ったり，3冊以上の本の中で「この本がいちばん好きです」と言ったりすることができるようになるよ。

これが大事！ 「…よりも〜のほうが好き」は better を使って表す！

I like *soba* [better] than *udon*.

（私はうどんよりも そば のほう が好きです。）

like 〜 → like 〜 better than ...
「〜が好きである」 → 「…よりも〜のほうが好きである」

「AとBではどちらのほうが好きですか」とたずねるときも better を使う。

Which do you like [better], summer [or] winter [?]

（あなたは夏 と 冬 では どちら のほう が好きです か 。）

これが大事！ 「〜がいちばん好き」は best を使って表す！

Judy likes pandas the [best] of all animals.

（ジュディはすべての動物 の中で パンダが いちばん 好きです。）

like 〜 → like 〜 the best
「〜が好きである」 → 「〜がいちばん好きである」

「どれがいちばん好きですか」とたずねるときも best を使う。

Which sport do you like the [best][?]

（あなたはどのスポーツが いちばん 好きです か 。）

◆betterとbestはgood［well］の比較級と最上級

good（よい）
well（上手に） →比較級 better 最上級 best

 練習問題 →解答は別冊 P.10

未来の文

いろいろな形の文

いろいろな接続詞

不定詞

動名詞と不定詞

不定詞を使った文

いろいろな助動詞

比較

受動態

現在完了

いろいろな表現

2年生のおさらい

① 日本文に合うように, （　）内から適する語句を○で囲みましょう。

(1) 私は紅茶よりもコーヒーのほうが好きです。　紅茶：tea　　コーヒー：coffee

I like coffee （better / well / good） than tea.

(2) 私の姉は歴史がいちばん好きです。　歴史：history

My sister likes history （better / very much / the best）.

(3) あなたはどの色がいちばん好きですか。　色：color

Which color do you （the best like /
best the like / like the best）？

② 日本文に合うように, （　）内の語を並べかえて英文を作りましょう。

(1) ビリーはネコよりもイヌのほうが好きです。

Billy likes （than / better / dogs） cats.

Billy likes ＿＿＿＿＿＿＿＿＿＿＿＿ cats.

(2) 彼らはすべてのスポーツの中でラグビーがいちばん好きです。　ラグビー：rugby

They like rugby （best / of / the） all sports.

They like rugby ＿＿＿＿＿＿＿ all sports.

(3) あなたはハンバーガーとピザではどちらのほうが好きですか。
　　　　　　　　　　　　　ハンバーガー：hamburger(s)　　ピザ：pizza(s)

Which （you / better / do / like）, hamburgers or pizzas?

Which ＿＿＿＿＿＿＿＿＿＿＿ ,

hamburgers or pizzas?

 ゼッタイ！これだけ　like ～ better than ...　「…よりも～のほうが好き」

like ～ the best　「～がいちばん好き」

31 「同じくらい」を表す 〈as ～ as ...〉

〈as ＋ようすを表す語の原級＋ as〉の文

なぜ学ぶの?
2人の人や2つのものについて、「性質や状態が同じ程度である」と言うときの表現を学ぶよ。「この山はあの山と同じくらい高いです」などと言うことができるようになるよ。「この山はあの山ほど高くありません」という表現も確認しよう。

これが大事! 「…と同じくらい～」は〈as ＋ようすを表す語＋ as ...〉で表す！

ようすを表す語（形容詞・副詞）は**もとの形（原級）**を使う。

同じくらいの広さ

Iwate is as **large** as **Shikoku.**
形容詞の原級
（岩手は四国と同じくらい広いです。）

Tom swims as **fast** as **his brother.**
副詞の原級
（トムは彼のお兄さんと同じくらい速く泳ぎます。）

これが大事! 「…ほど～でない」は〈not as ＋ようすを表す語＋ as ...〉で表す！

This car is not as big as yours.
形容詞の原級
（この車はあなたの車ほど大きくありません。）

＝Your car is bigger than this one.
（あなたの車はこの車よりも大きいです。）

＝This car is smaller than yours.
（この車はあなたの車よりも小さいです。）

注意 〈not as ～ as ...〉は「…と同じくらい～ではない」という意味ではない。

練習問題 →解答は別冊 P.10

❶ 日本文に合うように、[　　]に適する語をそれぞれ1つずつ書きましょう。

(1) スマートフォンはコンピュータと同じくらい役に立ちます。

スマートフォン：smartphone　役に立つ：useful

A smartphone is [　　] useful [　　] a computer.

(2) 私のクラスでは、体育は音楽ほど人気はありません。　体育：P.E.

P.E. is [　　] as [　　] [　　] music in my class.

(3) ウサギはイヌと同じくらい速く走ることができます。　ウサギ：rabbit

Rabbits can run [　　] [　　] [　　] dogs.

❷ 次の英文を（　）内の指示にしたがって書きかえるとき、[　　]に適する語をそれぞれ1つずつ書きましょう。

(1) 私のかばんは重いです。　重い：heavy

My bag is heavy. （「あなたのかばんと同じくらい」という意味を加えて）

My bag is [　　] [　　] [　　] yours.

(2) この建物は古くありません。　建物：building

This building is not old. （「私たちの学校ほど」という意味を加えて）

This building is not [　　] [　　] [　　] our school.

(3) この本はあの本よりも簡単です。

This book is easier than that one. （同じ内容の文に）

That book is [　　] as [　　] as this one.

(3) 下の文では主語が入れかわっている。

 ゼッタイ！これだけ

〈as＋ようすを表す語＋as ...〉「…と同じくらい〜」

〈not as＋ようすを表す語＋as ...〉「…ほど〜でない」

おさらい問題 29〜31

❶ 日本文に合うように，(　　　)内から適する語句を○で囲みましょう。

(1) この絵は私の車よりも高価です。　高価な：expensive

This picture is (very / more / the most)
expensive than my car.

(2) これはいちばん役に立つ情報です。　役に立つ：useful　　情報：information

This is the (more / most / best) useful information.

(3) 東大寺は金閣寺と同じくらい有名です。　有名な：famous

Todaiji is (famous / as famous / more
famous) as Kinkakuji.

(4) あなたはどの歌がいちばん好きですか。　歌：song

Which song do you like (much / more / the best)？

❷ 日本文に合うように，(　　　)内の語を並べかえて英文を作りましょう。

(1) 私にとって，家族はいちばん大切なものです。　もの：thing

Family is (the / important / most) thing to me.
Family is ＿＿＿＿＿＿＿＿＿＿ thing to me.

(2) 彼らはサッカーよりもバスケットボールのほうが好きです。

They (than / basketball / like / better) soccer.
They ＿＿＿＿＿＿＿＿＿＿ soccer.

(3) この本はあの本ほどおもしろくありません。

This book (as / not / interesting / is) as that one.
This book ＿＿＿＿＿＿＿＿＿＿ as that one.

③ 日本文に合うように，□□□ に適する語をそれぞれ1つずつ書きましょう。

(1) テッドのネコは私のイヌと同じくらい大きいです。

Ted's cat is □□□□ big □□□□ my dog.

(2) 私はすべての色の中で黄色がいちばん好きです。　色：color　黄色：yellow

I like yellow □□□□ □□□□ of all colors.

(3) このクラスでは，英語は数学よりも人気があります。　数学：math

English is □□□□ □□□□ than math in this class.

(4) あなたは春と秋ではどちらのほうが好きですか。　春：spring　秋：fall

Which do you like □□□□ , spring □□□□ fall?

④ 次の英文を（　）内の指示にしたがって書きかえるとき，□□□ に適する語をそれぞれ1つずつ書きましょう。

(1) あの湖は美しいです。　湖：lake

That lake is beautiful.　（「この国でいちばん」という意味を加えて）

That lake is □□□□ □□□□ beautiful in this country.

(2) 私の妹はバナナが好きです。　バナナ：banana

My sister likes bananas.　（「リンゴよりも」という意味を加えて）

My sister likes bananas □□□□ □□□□ apples.

(3) スペインは日本よりも広いです。　スペイン：Spain

〔(3) 主語に注目する。〕

Spain is larger than Japan.　（同じ意味を表す文に）

Japan is □□□□ □□□□ □□□□ as Spain.

未来の文

いろいろな形の文

いろいろな接続詞

不定詞

動名詞と不定詞

不定詞を使った文

いろいろな助動詞

比較

受動態

現在完了

いろいろな表現

2年生のおさらい

32 「〜される」を表す〈be 動詞＋過去分詞〉
受動態の使いかた

なぜ学ぶの? ここでは「英語を話します」「部屋を掃除しました」という文の「英語」「部屋」を主語にした表現について学ぶよ。つまり,「英語が話されています」「この部屋は掃除されました」のように「〜される」「〜された」という文が作れるようになるんだ。

基本のルール 受動態「〜される[された]」は〈be 動詞＋過去分詞〉で表す!

● 受動態「〜される[された]」は〈主語＋ be 動詞＋過去分詞〉で表す。
● 規則動詞の過去分詞は過去形と同じ形。
● be 動詞は主語と時制によって使い分ける。

ふつうの文 They use this car every day.
（彼らは毎日この車を使います。）

受動態の文 This car is used every day.
be 動詞＋過去分詞
（この車は毎日使われます。）

これが大事! 動作をする人[もの]は by ...「…によって」で表す!

88

練習問題 →解答は別冊 P.11

❶ 日本文に合うように，（　）内から適する語句を○で囲みましょう。

(1) サッカーは世界中で競技されています。　世界中で：all over the world

Soccer is（play / played / playing）all over the world.

(2) ボブの歌は多くの人々によって愛されています。　多くの：a lot of

Bob's songs are loved（to / for / by）a lot of people.

(3) 私たちは昨日，パーティーに招待されました。　招待する：invite

We（invited / are invited / were invited）to yesterday's party.

❷ 日本文に合うように，🔲🔲に適する語をそれぞれ1つずつ書きましょう。ただし，（　）内の語を適切な形に直して使うこと。

> 主語の数と，現在の文か過去の文かに注目する。

(1) 浴室は毎日掃除されます。　(clean)　浴室：bathroom

The bathroom 🔲🔲 🔲🔲 every day.

(2) 彼女の国では3つの言語が使われています。　(use)　言語：language

Three languages 🔲🔲 🔲🔲 in her country.

(3) 私は昨日，英語の授業で先生によって助けられました。　(help)　英語の授業で：in English class

I 🔲🔲 🔲🔲 🔲🔲 my teacher in English class yesterday.

ゼッタイ！これだけ 受動態〈be動詞＋過去分詞（＋by …）〉
「（…によって）〜される［された］」

> すぴ〜っ

未来の文

いろいろな形の文

いろいろな接続詞

不定詞

動名詞と不定詞

不定詞を使った文

いろいろな助動詞

比較

受動態

現在完了

いろいろな表現

2年生のおさらい

P.88 32 「～される」を表す〈be 動詞＋過去分詞〉, P.92 34 「～されません」を表す〈主語＋ be 動詞＋ not ＋過去分詞〉, P.94 35 「～されますか」を表す〈be 動詞＋主語＋過去分詞～？〉

33 過去分詞の変化のしかた
不規則動詞の過去分詞

なぜ学ぶの? buy の過去形を bought と表すように，過去分詞の中にも不規則に変化するものがあるよ。過去形と過去分詞が同じ形のものや，まったくちがう形になるものなどさまざまだよ。英語の大切な基礎として覚えておく必要があるよ。

これが大事! 不規則動詞の過去分詞は１語ずつ覚える！

---

①過去形と過去分詞が同じ形のもの

Our school [was] [built] thirty years ago.

過去分詞

（私たちの学校は30年前に[建てられました]。）

原形	過去形	過去分詞	原形	過去形	過去分詞
build（～を建てる）	built	built	find（～を見つける）	found	found
make（～を作る）	made	made	sell（～を売る）	sold	sold

②原形・過去形・過去分詞がすべて異なる形のもの

Two languages [are] [spoken] in Canada.

過去分詞

（カナダでは2つの言語が[話されています]。）

原形	過去形	過去分詞	原形	過去形	過去分詞
speak（～を話す）	spoke	spoken	take（～をとる）	took	taken
see（～を見る）	saw	seen	write（～を書く）	wrote	written

③原形・過去形・過去分詞がすべて同じ形のもの

This book [is] [read] by many children.

過去分詞　（この本は多くの子どもたちに[読まれています]。）

原形	過去形	過去分詞
read（～を読む）	read	read
cut（～を切る）	cut	cut
put（～を置く）	put	put

read の過去形と過去分詞は [red] と発音する。

練習問題 →解答は別冊 P.11

① ___ に適する語をそれぞれ1つずつ書きましょう。

原形	過去形	過去分詞
(1) find		
(2) sell		
(3) take		
(4) see		
(5) cut		

② 日本文に合うように，___ に適する語をそれぞれ1つずつ書きましょう。

(1) アカネの詩は英語で書かれています。　詩：poem

Akane's poems are ___ in English.

(2) あの船はアメリカでつくられました。　船：ship　（船などを）つくる：build

That ship ___ ___ in the U.S.A.

(3) これらの本は生徒たちに読まれました。

These books ___ ___ by the students.

> 左のページで動詞の過去分詞を確認しよう！

不規則動詞の過去分詞

①過去形と過去分詞が同じ形／②原形・過去形・過去分詞がすべて異なる形／③原形・過去形・過去分詞がすべて同じ形

未来の文
いろいろな形の文
いろいろな接続詞
不定詞
動名詞と不定詞
不定詞を使った文
いろいろな助動詞
比較
受動態
現在完了
いろいろな表現
2年生のおさらい

34 「～されません」を表す〈主語＋ be 動詞＋ not ＋過去分詞〉
受動態の否定文

なぜ学ぶの？ 受動態の文の作りかたがわかってきたね。ここでは受動態を使って「～されません」「～されませんでした」と否定するときの表現を学ぶよ。これまで学んできた be 動詞を使う文と同じように not を使って表現するんだ。

これが大事！ 受動態の否定文は be 動詞のあとに not を置く！

受動態の否定文「～されません [でした]」は〈主語＋ be 動詞＋ not ＋過去分詞〉で表す。

ふつうの文 People do not [don't] use English in this country.

（この国で人々は英語を使いま せん 。）

受動態の文 English is not [isn't] used in this country.
be 動詞＋ not ＋過去分詞

（この国で英語は 使われていま せん 。）

Do you speak English?

注意 特に言う必要が
ない場合などは,
〈by...〉は省略される。

ふつうの文 Pirates did not [didn't] find the treasure.

（海賊たちは宝物を見つけま せんでした 。）

受動態の文 The treasure was not [wasn't] found by pirates.
be 動詞＋ not ＋過去分詞   「...によって」

（その宝物は海賊たち によって 見つけられま せんでした 。）

原形	過去形	過去分詞
find	found	found

 練習問題 →解答は別冊 P.11

① 日本文に合うように，（　　）内から適する語句を○で囲みましょう。

(1) あれらの窓は，暑い日には閉められません。　暑い：hot

Those windows (are / do / will) not closed
on a hot day.

(2) 昨夜，月は見られませんでした。　月：the moon

The moon was not (see / saw / seen) last night.

(3) 以前，この店でケーキは作られていませんでした。　以前に：before

Cakes (didn't make / weren't making /
weren't made) at this shop before.

② 日本文に合うように，（　　）内の語を並べかえて英文を作りましょう。

(1) あのドアは昨日開けられませんでした。

That door (was / opened / not) yesterday.

That door _____ yesterday.

(2) この自転車は，日本では売られていません。

This bike (sold / in / not / is) Japan.

This bike _____ Japan.

(3) これらの手紙は，私の祖父に読まれませんでした。

These letters (read / not / by / were) my grandfather.

These letters _____ my grandfather.

 受動態の否定文〈主語＋be動詞＋not＋過去分詞（＋by …）〉
「（…によって）〜されません［でした］」

未来の文
いろいろな形の文
いろいろな接続詞
不定詞
動名詞と不定詞
不定詞を使った文
いろいろな助動詞
比較
受動態
現在完了
いろいろな表現
2年生のおさらい

35 「〜されますか」を表す〈be 動詞＋主語＋過去分詞 〜 ?〉

受動態の疑問文

なぜ学ぶの?

ここでは「〜されますか」「〜されましたか」とたずねる文の作りかたを学ぶよ。
これまでに学んだ be 動詞を使う文と同じように語を並べ, 答えるときも be 動詞を使うんだ。

これが大事! 受動態の疑問文は主語の前に be 動詞を置く!

受動態の疑問文「〜されますか [されましたか]」は〈be 動詞＋主語＋過去分詞 〜?〉で表す。

Is the kitchen **cleaned** every day**?**
　　　　　　　　過去分詞　　　　　（台所は毎日**掃除されますか**。）

答えるときも be 動詞を使う。

答え方
Yes, it is.　　　　　　　　　　（はい, 掃除されます。）
No, it is not [isn't].　　（いいえ, 掃除されません。）

Were they **invited** to the party**?**
　　　　　　　　過去分詞　　（彼らはパーティーに**招待されましたか**。）

答え方
Yes, they were.　　　　　　（はい, 招待されました。）
No, they were not [weren't].

　　　　　　　　　　　（いいえ, 招待されませんでした。）

過去分詞を確認しよう!

原形	過去形	過去分詞
bring （〜を持ってくる）	brought	brought
know （〜を知っている）	knew	known
hold （〜を開く, 催す）	held	held
send （〜を送る）	sent	sent

練習問題 →解答は別冊 P.11

1 日本文に合うように，□□□□ に適する語をそれぞれ１つずつ書き，会話文を完成させましょう。

(1) 土曜日の放課後に音楽室は使われますか。　放課後 : after school

Is the music room □□□□ after school on Saturday?

ーいいえ，使われません。

— No, □□□□ is □□□□ .

(2) それらの映画はカナダで愛されていますか。

□□□□ those movies □□□□ in Canada?

ーはい，愛されています。

— Yes, they □□□□ . ← (2) 主語は複数。

2 次の英文を（　）内の指示にしたがって書きかえるとき，□□□□ に適する語をそれぞれ１つずつ書きましょう。

(1) そのすべての写真は，10年前にとられました。　写真をとる : take a picture

All the pictures were taken ten years ago. （疑問文に）

□□□□ all the pictures □□□□ ten years ago?

(2) コウジがこのいすを作ったのですか。　いす : chair

(2) 主語が変わっていることに注目する。

Did Koji make this chair? （同じ意味を表す文に）

□□□□ this chair □□□□ by Koji?

ゼッタイ！これだけ 受動態の疑問文〈be動詞＋主語＋過去分詞（＋by …）〜?〉
「（…によって）〜されますか［されましたか］」

未来の文
いろいろな形の文
いろいろな接続詞
不定詞
動名詞と不定詞
不定詞を使った文
いろいろな助動詞
比較
受動態
現在完了
いろいろな表現
2年生のおさらい

おさらい問題 32～35

① 日本文に合うように，（　　）内から適する語句を○で囲みましょう。

(1) 彼の車はたいてい日曜日に洗われます。　たいてい：usually

His car is usually （washes / washed / washing） on Sundays.

(2) スミス先生の授業では，日本語は使われません。

Japanese （doesn't use / isn't used / isn't using） in Mr. Smith's class.

(3) すべての箱は私の父によって運ばれました。　運ぶ：carry

All boxes were carried （by / in / to） my father.

(4) この写真はニューヨークでとられたのですか。　ニューヨーク：New York

Was this picture （take / took / taken） in New York?

② 日本文に合うように，（　　）内の語句を並べかえて英文を作りましょう。

(1) その祭りには何名かのボランティアが必要とされています。ボランティア：volunteer　必要とする：need

（some / needed / are / volunteers） for the festival.

　　　　　　　　　　　　　　　　　　for the festival.

(2) あれらの窓は昨日，開けられませんでした。　窓：window　開ける：open

（not / opened / were / those windows） yesterday.

　　　　　　　　　　　　　　　　　　yesterday.

(3) この寺は多くの外国人によって訪れられるのですか。寺：temple　外国の：foreign　訪れる：visit

（temple / is / visited / this / by） many foreign people?

　　　　　　　　　　　　　　　　　　many foreign people?

未来の文

いろいろな形の文

いろいろな接続詞

不定詞

動名詞と不定詞

不定詞を使った文

いろいろな助動詞

比較

受動態

現在完了

いろいろな表現

2年生のおさらい

③ 日本文に合うように，　　　　に適する語をそれぞれ１つずつ書きましょう。
ただし，（　）内の語を適切な形に直して使うこと。

(1) アンディのネコは彼の家族に愛されています。　（love）

Andy's cat is 　　　　　　　　　　 his family.

(2) 私のピアノは50年前に作られました。　（make）

> 主語は単数？　複数？
> 現在の文？　過去の文？

My piano 　　　　　　　　　 fifty years ago.

(3) これらのかばんは日本で売られていません。　（sell）

These bags 　　　　　　　　　　　 in Japan.

(4) 以前はここで多くの種類の動物が見られましたか。　（see）　種類 : kind

　　　　　 many kinds of animals 　　　　　

here before?

④ 次の英文を（　）内の指示にしたがって書きかえるとき，　　　　に適する
語をそれぞれ１つずつ書きましょう。

(1) 彼らは昨日，1人の少年を助けました。

They helped <u>a boy</u> yesterday. （下線部を主語にして）

A boy 　　　　　　　　　 by them yesterday.

(2) それらの手紙は簡単な英語で書かれています。

Those letters are written in easy English. （疑問文に）

　　　　　 those letters 　　　　　 in easy English?

(3) ルーシーは毎日，居間を掃除します。　居間 : living room

Lucy cleans <u>the living room</u> every day. （下線部を主語にして）

The living room 　　　　　　　　　 by Lucy
every day.

36 過去から現在のつながりを表す〈have ＋過去分詞〉
現在完了

なぜ学ぶの?

ここでは，過去から現在のつながりを表す表現を学ぶよ。たとえば「(過去から現在まで) ずっと~している」「(過去に) ~したことがある」「(過去に始まったことが現在までに) ~した」といった，現在や過去の文では表せない内容を言えるようになるんだ。

基本のルール

過去から現在につながる動作や状態は，現在完了で表す!

現在完了には以下の３つの意味がある。

① 「(過去から現在まで) ずっと~している」〈継続〉
(例 10年間イヌを飼っている)

② 「(過去から現在までに) ~したことがある」〈経験〉
(例 奈良を3回訪れたことがある)

過去 ▲ ▲ ▲ ● 現在

③ 「(過去に始まったことが現在までに) ~した (ところだ)」〈完了〉
(例 もう夕食を食べた)

これが大事!

現在完了の文は動詞の形が〈have［has］＋過去分詞〉になる!

現在完了〈have［has］＋過去分詞〉➡ 主語によって have と has を使い分ける。

I have worked here for five years.
   └ have ＋過去分詞 ┘   └「~の間」┘
〈継続〉 (私は5年間ここで働いています。)

参考 否定文はhaveのあとにnot，疑問文は主語の前にhaveを置く。

I have not worked here for five years. (私は5年間ここで働いていません。)
Have you worked here for five years? (あなたは5年間ここで働いていますか。)

練習問題 ➡解答は別冊 P.12

❶ 英文の下線部の動詞は,「現在形」,「過去形」,「現在完了」のどれか, それぞれ○で囲みましょう。

⑴ I <u>visited</u> Tokyo three months ago.

（現在形 / 過去形 / 現在完了）

⑵ I have <u>visited</u> Tokyo many times.

（現在形 / 過去形 / 現在完了）

⑶ I <u>visit</u> Tokyo every month.　（現在形 / 過去形 / 現在完了）

❷ 日本文に合うように, (　　) 内から適する語句を○で囲みましょう。

⑴ 私は先週, 祖母に会いました。　祖母 : grandmother

I (saw / have seen) my grandmother last week.

> ⑵「ずっと～住んでいます」に着目

⑵ チカは30年間ずっとここに住んでいます。

Chika (lives / has lived) here for thirty years.

⑶ 彼らは1時間おたがいに話し合っています。　おたがいに : each other

They (talk / have talked) to each other for an hour.

 現在完了〈have[has]＋過去分詞〉
①「(過去から現在まで) ずっと～している」②「(現在までに) ～したことがある」③「(過去に始まったことが現在までに) ～した」

未来の文
いろいろな形の文
いろいろな接続詞
不定詞
動名詞と不定詞
不定詞を使った文
いろいろな助動詞
比較
受動態
現在完了
いろいろな表現
2年生のおさらい

37 「ずっと〜している」を表す〈have +過去分詞〉

現在完了〈継続〉

 なぜ学ぶの？

 「東京に住んでいます」は現在の文，「10年前東京に住んでいました」は過去の文だね。ここでは「10午間ずっと東京に住んでいます」という文の作りかたを学ぶよ。過去から現在まで何かが継続していることを言えるようになるんだ。

これが大事！ 現在完了で「（過去から現在まで）ずっと〜している」を表す！

I have been busy for a month.

have +過去分詞
↑現在完了で〈継続〉を表す

「…の間」

（私は1か月間ずっと忙しいです。）

よーし，始めるぞ！ 1月

1か月前

まだ終わらない〜！ 2月

現在

be 動詞の変化
原形：be
現在形：am, are, is
過去形：was, were
過去分詞：been

〈have [has] +過去分詞+期間や時期を表す語句〉 「…の間[…から]ずっと〜している」

これが大事！ 「…の間」は for，「…から」は since を使って表す！

Yoko has wanted a car since last year.

has +過去分詞

「…から」

（ヨウコは去年からずっと車をほしがっています。）

◆〈for +続いている期間〉「…の間」
　for ten days [weeks / years]：10日［週 / 年］間
◆〈since +始まった時期〉「…から」
　since last week [month / year]：先週［先月 / 去年］から
　since I was ten [a baby]：私が10歳［赤ん坊］のときから

練習問題

→解答は別冊 P.12

❶ 日本文に合うように，（　　）内から適する語句を○で囲みましょう。

(1) 私は3日間具合が悪いです。　具合が悪い：sick

I (am / was / have been) sick for three days.

(2) ビルは長い間ジェーンを知っています。　長い間：for a long time

Bill (knows / is knowing / has known) Jane for a long time.

(3) 私の両親は先週からインドにいます。　両親：parents　インド：India

My parents have been in India (for / from / since) last week.

❷ 日本文に合うように，□□□ に適する語をそれぞれ1つずつ書きましょう。

(1) 彼らは15年間日本に住んでいます。

They □□□ □□□ in Japan for fifteen years.

> (2) 主語に注目。
> have の過去分詞は
> had。

(2) エイミーは去年からイヌを飼っています。　イヌを飼う：have a dog

Amy □□□ had a dog □□□ last year.

> (3) be 動詞の過去
> 分詞を使う。

(3) 10日間ずっと晴れています。　晴れの：sunny

It has □□□ sunny □□□ ten days.

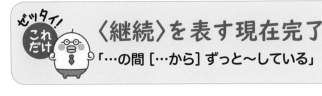

〈継続〉を表す現在完了

「…の間 […から] ずっと〜している」

ずっと
遊んでいよう〜

どうしても解けない場合は 現在完了へ GO! P.98

未来の文

いろいろな形の文

いろいろな接続詞

不定詞

動名詞と不定詞

不定詞を使った文

いろいろな助動詞

比較

受動態

現在完了

いろいろな表現

2年生のおさらい

38 「～したことがある」を表す〈have ＋過去分詞〉
現在完了〈経験〉

なぜ学ぶの？
「昨年その映画を見ました」という単なる過去の文と，「その映画を（今までに）3回見たことがあります」という文は，意味がちがうね。2つ目の文のように過去から現在までの間に「～したことがある」と経験を表すときには，現在完了を使うんだ。

これが大事！ 現在完了で「（過去から現在までに）～したことがある」を表す！

「…回」
I [have] [read] this book three **times**.

[have ＋過去分詞]
↑現在完了で〈経験〉を表す　　（私は3回この本を読んだことがあります。）

| おもしろい！ | 新しい発見があるぞ。 | 何度でも読みたいなぁ。 |

◆回数を表すことば
1回 : once
2回 : twice
…回（3回以上）
　　　 : … times
何度も : many times

過去 — 1回目 ● — 2回目 ● — 3回目 ● — 現在

〈have［has］＋過去分詞（＋回数などを表す語句）〉「（…回）～したことがある」

これが大事！ 「～へ行ったことがある」は〈have［has］been to ～〉を使って表す！

My brother [has] [been] [to] Australia **before**.
　　　　　[has ＋過去分詞]└be の過去分詞　　　　　「以前」

（私の兄は以前，オーストラリアへ行ったことがあります。）
go の過去分詞を使った have gone to ～は「～へ行ってしまった（今はここにいない）」という意味。

参考 「一度も～したことがない」はnever，「今までに～したことがありますか」はeverを使って表す。

I have **never** read this book.（私はこの本を一度も読んだことがありません。）
Have you **ever** read this book?（あなたは今までにこの本を読んだことがありますか。）

練習問題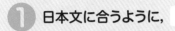

→解答は別冊 P.12

1 日本文に合うように，　　　　に適する語をそれぞれ1つずつ書きましょう。

(1) 私は5回その動物園を訪れたことがあります。

I have 　　　　 the zoo five 　　　　 .

(2) サムは一度, おばさんに手紙を書いたことがあります。

一度：once　　～に手紙を書く：write to ～

Sam 　　　　 written to his aunt 　　　　 .

(3) 私の子どもたちは以前, 中国に行ったことがあります。　子どもたち：children　中国：China

My children 　　　　 　　　　 to China before.

2 日本文に合うように（　　）内の語句を並べかえて英文を作りましょう。

(1) 彼らは以前, この映画を見たことがあります。

They (seen / have / this movie) before.
They 　　　　 before.

(2) 私は何度もスキーをしたことがあります。　スキーをする：ski

I (times / skied / have / many).
I 　　　　 .

(3) ヤノ先生は2回, オーストラリアへ行ったことがあります。　2回：twice

Ms. Yano has (twice / to / Australia / been).
Ms. Yano has 　　　　 .

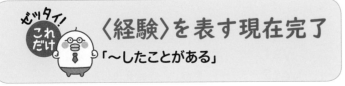

〈経験〉を表す現在完了
「～したことがある」

どうしても解けない場合は現在完了へ GO! P.98

右側タブ：未来の文／いろいろな形の文／いろいろな接続詞／不定詞／動名詞と不定詞／不定詞を使った文／いろいろな助動詞／比較／受動態／現在完了／いろいろな表現／2年生のおさらい

39 「もう［ちょうど］〜した（ところだ）」を表す〈have ＋過去分詞〉

現在完了〈完了〉

なぜ学ぶの？

現在完了を使って，「過去に始まったことが現在どうなっているか」を説明することもできるよ。単純な過去形とはちがって，「現在」を意識した表現なんだ。たとえば「（過去に始めた）掃除を（現時点で）もう終えている」という内容を表せるよ。

 これが大事！ 現在完了で「（過去に始まったことが現在までに）〜した（ところだ）」を表す！

過去形の文

I <u>cleaned</u> my room yesterday.

　　　過去形

（私は昨日，自分の部屋を掃除しました。）

> 「昨日掃除をした事実」だけを表している。
> ➡ 今の自分の部屋はどういう状態かわからない。

過去 ————— 現在

現在完了の文　〈完了〉を表す。

I have already cleaned my room.

　　「もう，すでに」　　過去分詞

（私はもう自分の部屋を掃除してしまいました。）

> 「現在の時点で掃除し終えている」ことを意識している。
> ➡ 今の自分の部屋は掃除したところなのできれい。

過去 ————— 現在

 これが大事！ 「もう〜した」は already，「ちょうど〜したところだ」は just を使う！

Ted has just finished lunch. （テッドはちょうど昼食を終えたところです。）

　　　「ちょうど」　　　過去分詞

〈have［has］already ＋過去分詞〉「もう〜した」
〈have［has］just ＋過去分詞〉「ちょうど〜したところだ」

参考 「（否定文で）まだ〜していません」「（疑問文で）もう〜しましたか」は yetを使って表す。

I have not finished dinner yet. （私はまだ夕食を終えていません。）

Have you finished dinner yet? （あなたはもう夕食を終えましたか。）

練習問題 →解答は別冊 P.13

❶ 日本文に合うように，☐☐☐ に適する語をそれぞれ１つずつ書きましょう。ただし，すべての文で take を適切な形に直して使うこと。

(1) トムは毎日，夕食前に風呂に入ります。 風呂に入る：take a bath

Tom ☐☐☐ a bath before dinner every day.

(2) トムは今，風呂に入っています。

Tom ☐☐☐ ☐☐☐ a bath now.

(3) トムは2時間前に風呂に入りました。

Tom ☐☐☐ a bath two hours ☐☐☐.

(4) トムはもう風呂に入りました。

Tom ☐☐☐ already ☐☐☐ a bath.

❷ 日本文に合うように（　）内の語句を並べかえて英文を作りましょう。

(1) 私たちの電車はちょうど到着したところです。 電車：train　　到着する：arrive

Our train （arrived / has / just）.

Our train ☐☐☐ .

(2) 私はもう彼のメールを読みました。

I （his email / already / read / have）.

I ☐☐☐ .

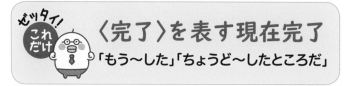

〈完了〉を表す現在完了
「もう〜した」「ちょうど〜したところだ」

今日も
遊びおわったところ…

どうしても解けない場合は現在完了へ GO! P.98

未来の文
いろいろな形の文
いろいろな接続詞
不定詞
動名詞と不定詞
不定詞を使った文
いろいろな助動詞
比較
受動態
現在完了
いろいろな表現
２年生のおさらい

おさらい問題 36～39

① 日本文に合うように,(　　)内から適する語句を○で囲みましょう。

(1) 私は長年, イヌがほしいと思っています。　長年 : for many years

I (want / am wanting / have wanted) a dog for many years.

(2) 私の母はこの前の金曜日からずっと忙しいです。

My mother (is / was / has been) busy since last Friday.

(3) 彼らはもう自分たちの部屋を掃除しました。

They have (just / already / yet) cleaned their rooms.

② 日本文に合うように,(　　)内の語を並べかえて英文を作りましょう。

(1) 私は何度もカナダを訪れたことがあります。

I (Canada / visited / many / have) times.

I ＿＿＿＿＿＿＿＿＿＿＿＿＿＿＿ times.

(2) セイジはちょうど朝食を食べたところです。

Seiji (breakfast / has / had / just).

Seiji ＿＿＿＿＿＿＿＿＿＿＿＿＿ .

(3) 5日間ずっと寒いです。

(cold / been / it / for / has) five days.

＿＿＿＿＿＿＿＿＿＿＿＿＿ five days.

3 日本文に合うように，☐☐☐に適する語をそれぞれ1つずつ書きましょう。

(1) 私は去年からここで働いています。

I ☐☐☐☐ worked here ☐☐☐☐ last year.

(2) ウッド先生は大阪に2回行ったことがあります。

Ms. Wood has ☐☐☐☐ to Osaka ☐☐☐☐ .

(3) 私たちはもう宿題を終えました。

We have ☐☐☐☐ ☐☐☐☐ our homework.

(4) 私の弟は以前，小説を書いたことがあります。　小説：novel

> (4) write の過去分詞を使う。

My brother ☐☐☐☐ ☐☐☐☐ a novel before.

4 次の英文を（　　）内の指示にしたがって書きかえるとき，☐☐☐に適する語をそれぞれ1つずつ書きましょう。

(1) 私はリサといっしょにテニスをします。

I play tennis with Lisa. （「3回したことがある」という意味の文に）

I have ☐☐☐☐ tennis with Lisa three ☐☐☐☐ .

(2) 私はちょうどその新聞を読んだところです。

I have just read the newspaper. （下線部を My mother にかえて）

My mother ☐☐☐☐ just ☐☐☐☐ the newspaper.

(3) 私たちは6年前に東京に来ました。私たちはまだここに住んでいます。　まだ：still

We came to Tokyo six years ago. We still live here.

（ほぼ同じ意味の1文に）

We ☐☐☐☐ lived in Tokyo ☐☐☐☐ six years.

未来の文
いろいろな形の文
いろいろな接続詞
不定詞
動名詞と不定詞
不定詞を使った文
いろいろな助動詞
比較
受動態
現在完了
いろいろな表現
2年生のおさらい

40 買い物での表現
いろいろな表現①

 なぜ学ぶの?
ここでは買い物をするときの表現を学ぶよ。海外旅行などで買い物をするとき，店の人に自分のほしいものを的確に伝えたり，在庫や値段を確認したりできるようになれば，買い物がもっと楽しくなるね。

これが大事！ 「いらっしゃいませ」は May[Can] I help you? で表す！

〈買い物をするときのあいさつ表現〉

May[Can] I help you? （いらっしゃいませ。）

→直訳すると「お手伝いしましょうか」という意味。

答え方
Yes, please. （はい，お願いします。）
No, thank you. （いいえ，けっこうです。）
I'm just looking, thank you. （見ているだけです，ありがとう。）

〈買い物をするときの便利な表現〉

I'm looking for **a cap.**
（ぼうしを探しているのですが。）

Please show me **that one.**
（私にあれを見せてください。）

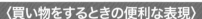

Do you have **a white one?**
（白いものはありますか。）

How much is **this T-shirt?**
（この T シャツはいくらですか。）

May I try **this on?**
（これを試着してもいいですか。）

I'll take **it.**
（それを買います。）

練習問題 →解答は別冊 P.13

未来の文
いろいろな形の文
いろいろな接続詞
不定詞
動名詞と不定詞
不定詞を使った文
いろいろな助動詞
比較
受動態
現在完了
いろいろな表現
2年生のおさらい

① 日本文に合うように, ( ) 内から適する語を○で囲みましょう。

(1) いらっしゃいませ。

(Must / Will / May) I help you?

(2) 私はTシャツを探しています。　Tシャツ：T-shirt

I'm (watching / looking / seeing) for a T-shirt.

(3) このかばんはいくらですか。

How (many / long / much) is this bag?

② 日本文に合うように, ☐☐☐ に適する語をそれぞれ1つずつ書きましょう。

(1) (「いらっしゃいませ」に対して) 見ているだけです, ありがとう。

I'm ☐☐☐ ☐☐☐ , thank you.

(2) 私に赤いぼうしを見せてください。　ぼうし：cap

Please ☐☐☐ ☐☐☐ a red cap.

(3) 別のものはありますか。　別の：another

Do you ☐☐☐ another ☐☐☐ ?

> (3) すでに出たものについて言うときの代名詞を使う。

May[Can] I help you?
「いらっしゃいませ」

おつかれさま！

41 道順をたずねる表現
いろいろな表現②

自分が道に迷ったときに目的地への道順をたずねる表現や，道順をたずねられたときに説明する表現を学ぶよ。たずねるときには，ていねいな表現を使うと印象がいいよね。

これが大事! 「〜への道を教えてくださいますか」は
Could you tell me the way to 〜？で表す！

〈道順をたずねるときの表現〉

Could you tell me the way to the post office?
ていねいなたずね方
（郵便局への道を教えてくださいますか。）

Where is the post office? （郵便局はどこですか。）

〈道順を説明するときの表現〉

・Go along the street.
（通りに沿って行ってください。）

・Turn right at the first corner.
（最初の角を右に曲がってください。）

こっちだな。

〈位置を説明するときの表現〉

・It is next to the flower shop.
（それは花屋のとなりにあります。）

・You will see it on your left.
（それは左側に見えるでしょう。）

・There is a bookstore in front of it.
（それの前に書店があります。）

あった！

練習問題 →解答は別冊 P.14

❶ 日本文に合うように, ( ) 内から適する語句を○で囲みましょう。

(1) 銀行はどこですか。 銀行：bank

(What / When / Where) is the bank?

(2) 左に曲がってください。 左 (に)：left

(Go along / Turn / See) left.

(3) それはレストランのとなりにあります。 レストラン：restaurant

It is (by / near / next) to the restaurant.

❷ 日本文に合うように, ( ) 内の語句を並べかえて英文を作りましょう。

(1) その店は右側に見えるでしょう。

You will see (your / right / on / the shop).

You will see ＿＿＿＿＿＿＿＿＿＿＿＿＿＿ .

(2) 駅の前に薬局があります。 薬局：drugstore

There is (of / in / front / a drugstore) the station.

There is ＿＿＿＿＿＿＿＿＿＿＿＿ the station.

(3) 公園への道を教えてくださいますか。

(the way / you / tell / could / me) to the park?

＿＿＿＿＿＿＿＿＿＿＿＿ to the park?

Could you tell me the way to ～ ?
「～への道を教えてくださいますか」

右側のタブ（縦書き）：
未来の文／いろいろな形の文／いろいろな接続詞／不定詞／動名詞と不定詞／不定詞を使った文／いろいろな助動詞／比較／受動態／現在完了／いろいろな表現／2年生のおさらい

42 電話での表現
いろいろな表現③

なぜ学ぶの?

だれかの家などに電話をかけるときは,「こちらは〜です」と自分の名前を名乗ったり,「〜さんはいますか」と話したい人に取りついでもらったりする必要があるよね。ここでは電話での基本的な会話表現を学ぶよ。

これが大事! 「〜さんはいますか」は May I speak to 〜, please? で表す!

〈電話での名乗りの表現〉

①まず自分の名前を名乗ってから, ②取りついでほしい人の名前を伝える。

① **This is Kate Smith.** (こちらはケイト・スミスです。)
　└→ I'm 〜. ではない。

② **May I speak to Satsuki, please?** (サツキさんはいますか。)
　└→ May I speak to 〜, please? は直訳すると「〜と話してもいいですか」。

〈電話での会話表現〉

Takuro: Hello. This is Takuro Sasaki. (もしもし。こちらはササキタクロウです。)
　　　　 May I speak to Bob, please? (ボブさんはいますか。)

Ms. Hill: Just[Wait] a minute. Sorry, but he is taking a bath.
　　　　(ちょっと待ってください。ごめんなさい, 彼は風呂に入っています。)
　　　　└→ 待ってもらうように頼む表現

　　　　 Can I take a message? (伝言をうかがいましょうか。)
　　　　└→ 伝言があるかたずねる表現

Takuro: I will call again later.
　　　　(あとでかけなおします。)
　　　　└→ かけなおすことを伝える表現

◆本人が電話に出た場合

Bob: 　　Speaking. (私です。)

◆まちがい電話を受けた場合

I think you have the wrong number. (番号をおまちがえだと思います。)

練習問題 →解答は別冊 P.14

1 日本文に合うように，[　　]に適する語をそれぞれ1つずつ書きましょう。

(1) もしもし。こちらはジョン・ブラウンです。

Hello. [　　　　] [　　　　] John Brown.

(2) ちょっと待ってください。

Just [　　　] [　　　] .

2 日本文に合うように，(　　)内の語句を並べかえて英文を作りましょう。

(1) リカさんはいますか。

(to / may / speak / I) Rika, please?

[　　　　　　　　　　　　　　　] Rika, please?

(2) 番号をおまちがえだと思います。

I think (wrong number / have / the / you).

I think [　　　　　　　　　　　　　　　] .

(3) 伝言をうかがいましょうか。　伝言 : message

(take / can / I / a message)?

[　　　　　　　　　　　　　　　] ?

あ〜っ!!
宿題して
ないっ!

May I speak to 〜, please?
「〜さんはいますか」

未来の文

いろいろな形の文

いろいろな接続詞

不定詞

動名詞と不定詞

不定詞を使った文

いろいろな助動詞

比較

受動態

現在完了

いろいろな表現

2年生のおさらい

43 気持ちを伝える表現
いろいろな表現④

なぜ学ぶの?

文と文をつなぐ that を使えば、「私はうれしいです」という文にその〈原因〉や〈理由〉を表す文をつなげられるよ。また、「私は確信しています」という文に「〜ということを」と〈具体的な内容〉を表す文を加えることもできるんだ。

これが大事! 感情の〈原因〉や〈理由〉を表す文は that でつなぐ!

　　　　　　「うれしい」　　　　+　　　〈うれしいと感じる理由〉
I am glad (that) this book helped you.
　　　that は省略することもできる!　　（私はこの本があなたの役に立ってうれしいです。）

〈主語+ be 動詞+感情を表すことば〉+（that）+〈主語+動詞〜〉⇒ that で文と文をつなぐ

that のあとは, 現在・過去・未来の文の形, 助動詞を使った文の形など, どんな動詞の文でも入る。

I am glad （that）+
- you <u>are</u> my friend. （あなたが私の友だちで）
- Tom <u>is going to</u> join us. （トムが私たちに参加する予定で）
- I <u>can</u> work with her. （彼女と働くことができて）

これが大事! 感情の〈具体的な内容〉を表す文も, that でつなぐ!

　　　　　「確信して」　　　 +　　　〈確信している内容〉
I am <u>sure</u> (that) Meg is right. （私はきっとメグが正しいと思います。）

　　　　　「心配して」　　　 +　　　〈心配している内容〉
I am <u>afraid</u> (that) it will rain tomorrow.
　　　　　　（私は明日, 雨が降るのではないかと心配しています。）

◆感情を表すことば+ that の表現

be glad （that）〜：〜してうれしい

be sure （that）〜：きっと〜だと思う / 〜を確信している

be afraid （that）〜：（あいにく）〜と思う / 〜ではないかと心配する
　　　　　└好ましくないことを思うときに用いる

練習問題 →解答は別冊 P.14

① 日本文に合うように，_____ に適する語をそれぞれ1つずつ書きましょう。

(1) 私はあなたがここにいてくれてうれしいです。

I am _____ that you are here.

(2) 私は彼らが試合に勝つと確信しています。 試合：game　勝つ：win

I am _____ _____ they will win the game.

(3) 私はあいにくこのコンピュータを壊してしまったのではないかと思います。

break「壊す」の過去形：broke

I'm _____ _____ I broke this computer.

② 日本文に合うように，（　　）内の語句を並べかえて英文を作りましょう。

(1) 私はきっとこの辞書があなたを助けると思います。 辞書：dictionary

I am (that / sure / this dictionary) will help you.

I am _____ will help you.

(2) 私はバスに乗り遅れるのではないかと心配しています。 乗り遅れる：miss

I (I / am / will / afraid / that) miss the bus.

I _____ miss the bus.

(3) 私は傘が見つかってうれしいです。

> (3)「傘が発見されて」と考える。

I (am / was / glad / my umbrella) found.

I _____ found.

ゼッタイ！
これ
だけ

be glad (that) 〜 「〜してうれしい」

be sure (that) 〜 「きっと〜だと思う」「〜を確信している」

be afraid (that) 〜 「(あいにく)〜と思う」「〜ではないかと心配する」

未来の文
いろいろな形の文
いろいろな接続詞
不定詞
動名詞と不定詞
不定詞を使った文
いろいろな助動詞
比較
受動態
現在完了
いろいろな表現
2年生のおさらい

➡解答は別冊 P.14

おさらい問題 40〜43

1 次の場面に合う表現を ┊┄┄┄┊ 内からそれぞれ1つずつ選んで，┄┄┄ に記号を書きましょう。

(1) 入店してきた客に店員が声をかけるとき。

(2) 客が向こうにある商品を指して店員に見せるよう頼むとき。

(3) 道順をたずねてきた相手にまっすぐ行くようにと教えるとき。

(4) 電話をかけてきた相手に少し待つよう頼むとき。

> ア　Go along the street.
> イ　Please show me that.
> ウ　Just a minute.
> エ　May I help you?

2 日本文に合うように，┄┄┄ に適する語をそれぞれ1つずつ書きましょう。

(1) それは図書館のとなりにあります。

It is ┄┄┄┄ ┄┄┄┄ the library.

(2) 〔電話で〕もしもし。こちらはサリー・アダムズです。

Hello. ┄┄┄┄ ┄┄┄┄ Sally Adams.

(3) 私は，あいにく電車がもう行ってしまったのではないかと思います。

I am ┄┄┄┄ ┄┄┄┄ the train has

already gone.　go「行く」の過去分詞：gone

> (3) 何かを心配している感情を表すことばを使う。

(4) 私は男性用のかばんを探しています。　男性：men（man の複数形）

I'm ┄┄┄┄ ┄┄┄┄ a bag for men.

116

未来の文

いろいろな形の文

いろいろな接続詞

不定詞

動名詞と不定詞

不定詞を使った文

いろいろな助動詞

比較

受動態

現在完了

いろいろな表現

２年生のおさらい

❸ 日本文に合うように, (　　) 内の語句を並べかえて英文を作りましょう。

(1) 〔電話で〕ホワイトさんはいますか。

(to / may / speak / I) Ms. White, please?

＿＿＿＿＿＿＿＿＿＿＿＿＿＿＿＿ Ms. White, please?

(2) 駅への道を教えてくださいますか。

(you / me / could / the way / tell) to the station?

＿＿＿＿＿＿＿＿＿＿＿＿＿＿＿＿

to the station?

(3) 〔(2) に対して〕あの角を右に曲がってください。　角 : corner

(at / that / right / turn / corner).

＿＿＿＿＿＿＿＿＿＿＿＿＿＿＿＿ .

(4) 私はきっと彼がお金持ちになると思います。　金持ちの : rich

I am (will / he / be / sure) rich.

I am ＿＿＿＿＿＿＿＿＿＿＿＿＿＿ rich.

❹ 次の英文を (　　) 内の指示にしたがって書きかえるとき, ＿＿ に適する
語をそれぞれ１つずつ書きましょう。

(1) 私はそのニュースを聞いてうれしいです。　hear「〜を聞く」の過去形 : heard

I'm glad to hear the news. （同じ意味を表す文に）

I'm glad ＿＿＿＿ I heard the news.

(2) この自転車は300ドルです。　ドル : dollar (通貨の単位)

This bike is 300 dollars. （下線部をたずねる文に）

＿＿＿＿ ＿＿＿＿ is this bike?

(2) 値段をたずねる表現。

2年生のおさらい①

ここにあるのは，各単元の主な英文です。**1**, **2**, **3**, …は単元を表しています。

1 「これからのこと」を表す be going to
2 be going to を使って否定する・たずねる　　　➡ P.8〜P.11 未来を表すbe going toの文

> I am going to cook tomorrow. （私は明日，料理する 予定です 。）
>
> Paul is not going to swim in the lake.
> 　　　　　　　　　（ポールは湖で泳ぐ つもりはありません 。）
>
> Are you going to clean your room ?
> 　　　　　　　　　（あなたは自分の部屋を掃除する つもりですか 。）
>
> 「〜するつもりはありません」は be 動詞のあとに not を置く。「〜するつもりですか」は主語の前に be 動詞を置く。

3 「これからのこと」を表す will
4 will を使って否定する・たずねる　　　➡ P.12〜P.15 willの文

> We will walk in the park today. （私たちは今日，公園を散歩 します 。）
>
> Sam will not answer the question.
> 　　　　　　　　　（サムはその質問に答え ないでしょう 。）
>
> Will they buy any food ? （彼らは何か食べ物を買う でしょうか 。）
>
> will のあとの動詞は原形。

6 「〜そう」を表す look・sound, 「〜になる」を表す become　➡ P.20〜P.21 look, sound, becomeの文

> This cake looks delicious. （このケーキはおいし そうに見えます 。）
>
> That sounds interesting. （それはおもしろ そうですね 。）
>
> She became a singer. 　　　　（彼女は歌手 になりました 。）
>
> My town became famous. （私の町は有名 になりました 。）
>
> become のあとは，ようすを表す語と名詞のどちらも続けることができる。

118

7 「相手にものを見せる」を表す〈show ＋相手＋もの〉　→ P.22〜P.23 SVOOの文

I **showed** <u>Mr. Ito</u> my dog.（私は伊藤先生 に 私のイヌ を見せました。）

Ben will **give** <u>her</u> a present.

（ベンは彼女 に プレゼント をあげる でしょう。）

「〜に…を見せます」や「〜に…をあげます」の文は, 動詞のあとの語順がポイント！

8 「ある・いる」を表す There is[are] 〜
9 There is[are] 〜を使って否定する・たずねる　→ P.24〜P.27 There is[are] 〜の文

There are <u>two cats</u> by the dog.（イヌのそばに 2匹のネコ がいます。）

There is not <u>a TV</u> in my room.（私の部屋にテレビ はありません。）

Was there <u>a library</u> near here?（ここの近くに図書館 がありましたか。）

1つのもののときは is, 2つ以上のもののときは are を使う。過去の文では was と were になる。

10 確かめたり, 念を押したりする表現　→ P.28〜P.29 付加疑問文

<u>This</u> is Emma's pen, isn't it?（これはエマのペンですね。）

<u>Mike and Jiro</u> play basketball, don't they?

（マイクとジロウはバスケットボールをするのですね。）

相手が自分と同じ意見かを確かめたり, 念を押したりするときに使う表現。

12 文と文をつなぐ when と because　13 「もし〜ならば…」を表す if
14 「〜だと」「〜ということ」を表す that
→ P.34〜P.39 〈時〉と〈理由〉を表す文 /〈仮定・条件〉を表す文 / think that …, know that …

I played baseball when <u>I was a student.</u>

（学生だった とき, 私は野球をしていました。）

I want that car because <u>I like its shape.</u>

（形が好き なので, 私はあの車がほしいです。）

Please help me if <u>you are not busy.</u>

（もし 忙しくなけ れば, 私を手伝ってください。）

I think (that) <u>English is important.</u>

文と文をつなぐ語。

（私は英語は大切だ と 思います。）

2年生のおさらい問題①

❶ 日本文に合うように，□□□□に適する語を右の［____］内から1つずつ選んで書きましょう。ただし，必要に応じて適切な形に直して使うこと。

(1) 私は明日，ルーシーにこの写真を見せます。

I will □□□□ Lucy this picture tomorrow.

(2) あなたの考えはよさそうですね。　考え：idea

Your idea □□□□ good.

(3) そのマンガは日本で人気になりました。　マンガ：comic

That comic □□□□ popular in Japan.

```
look
show
sound
become
```

（3）過去の文。

(4) このネコたちは空腹そうに見えます。　空腹な：hungry

These cats □□□□ hungry.

❷ 日本文に合うように，□□□□に適する語をそれぞれ1つずつ書きましょう。

(1) 彼らは来週，ここに来る予定ですか。　来週：next week

□□□□ they □□□□ to come here next week?

(2) ブラウン先生は，私たちのチームが勝つだろうと思っています。　勝つ：win

Mr. Brown thinks □□□□ our team □□□□ win.

(3) あなたはよくあのレストランへ行くのですね。　よく：often　レストラン：restaurant

You often go to that restaurant, □□□□
□□□□ ?

(4) 私が10歳だったとき，家の近くには2つの公園がありました。　〜の近くに：near

There □□□□ two parks near my house
□□□□ I was ten.

❸ 日本文に合うように, ( ) 内の語句を並べかえて英文を作りましょう。

(1) 箱の中に辞書はありますか。　箱：box

(there / in / is / a dictionary) the box?

_____ the box?

(2) 私に水をください。

Please (some / me / water / give).

Please _____ .

(3) 今度の日曜日, もし時間があったら私たちは買い物に行くでしょう。

We (go / if / will / shopping / we) have time next Sunday.

We _____

have time next Sunday.

(3) 未来の内容でも, if のあとは現在の形。

❹ 次の英文を ( ) 内の指示にしたがって書きかえるとき, ▢ に適する語をそれぞれ1つずつ書きましょう。

(1) ボブのお姉さんはミュージシャンです。　ミュージシャン：musician

Bob's sister is a musician.　(「～ですね」という意味を加えて)

Bob's sister is a musician, _____ _____?

(2) ケンは毎年, ロンドンを訪れます。　ロンドン：London

Ken visits London every year.　(下線部を next にかえて)

Ken is _____ to _____ London next year.

(3) 彼女は忙しいので, パーティーに来ることができません。　なので：so

She is busy, so she can't come to the party.

(同じ意味を表す文に)

She can't come to the party _____

_____ is busy.

121

未来の文

いろいろな形の文

いろいろな接続詞

不定詞

動名詞と不定詞

不定詞を使った文

いろいろな助動詞

比較

受動態

現在完了

いろいろな表現

2年生のおさらい

2年生のおさらい②

ここにあるのは，各単元の主な英文です。🔟，🔢，🔢，…は単元を表しています。

🔟「〜するために」「〜して…」を表す〈to＋動詞の原形〉 ➡ P.44〜P.45 不定詞の副詞的用法

Ryo is running to catch the bus.

（リョウはバスに乗るために走っています。）

I am happy to see you. （私はあなたに会えてうれしいです。）

> 動作の〈目的〉や感情の〈原因〉〈理由〉を表す。

🔢「〜すること」を表す〈to＋動詞の原形〉 ➡ P.46〜P.47 不定詞の名詞的用法

We like to travel around the world.

（私たちは世界中を旅することが好きです。）

Bob started to sing his new song.

（ボブは新しい歌を歌い始めました。）

Yuri wants to be a math teacher.

（ユリは数学の教師になりたがっています。）

> like to 〜「〜するのが好きである」，want to 〜「〜したい」のように，動詞と to をセットにして覚えるとよい。

🔢「〜するための…」「〜するべき…」を表す〈to＋動詞の原形〉 ➡ P.48〜P.49 不定詞の形容詞的用法

I need time to study.

（私は勉強するための時間が必要です。）

He has a lot of work to do. （彼にはするべき仕事がたくさんあります。）

My brother wants something to eat.

（私の弟は何か食べるものをほしがっています。）

> time, work などの名詞や，something などの代名詞のあとに〈to＋動詞の原形〉を置く。

19 「〜すること」を表す〈動詞の -ing 形〉
20 動詞のあとに続く不定詞・動名詞のルール　P.52〜P.55 動名詞の使いかた

Shota likes watching birds.　（ショウタは鳥を見ることが好きです。）

Skiing is fun.　（スキーをすることは楽しいです。）

Please stop talking here.　（ここでは話すのをやめてください。）

stop, enjoy, finish のあとは不定詞ではなく動名詞〈動詞の -ing 形〉が続く。

stop 〜 ing	〜することをやめる
enjoy 〜 ing	〜して楽しむ
finish 〜 ing	〜し終える

21 「〜のしかた」を表す〈疑問詞＋ to ＋動詞の原形〉　P.58〜P.59 疑問詞を使った不定詞の表現

Kate knows how to wear a *yukata*.
（ケイトはゆかたをどのように着ればよいか知っています。）

I learned how to play the violin.
（私はバイオリンの弾きかたを習いました。）

I don't know what to buy for Amy.
（私はエイミーに何を買えばよいかわかりません。）

how to 〜「どのように〜すればよいか／〜のしかた」, what to 〜「何を〜すればよいか」と同じように, where や when などの疑問詞も使える。

22 「〜することは…だ」を表す〈to ＋動詞の原形〉　P.60〜P.61 〈It is ... (for＋（人）) to＋動詞の原形〉の文

It is easy for Tom to make *sushi*.
（トムにとって寿司を作ることは簡単です。）

Was it fun for you to sing songs?
（あなたにとって歌を歌うことは楽しかったですか。）

It is not hard for me to drive a car.
（私にとって車を運転することは大変ではありません。）

 it は訳さないんだったね。

2年生のおさらい問題②

❶ 日本文に合うように, (　　) 内から適する語句を○で囲みましょう。

(1) 私は祖父母に会うために岩手に行きました。　祖父母：grandparents

I went to Iwate (see / saw / to see) my grandparents.

(2) 彼女はアメリカで働くことを望んでいます。　hope に続くのは, 不定詞?　動名詞?

She hopes (work / working / to work) in America.

(3) ベンは浴室を掃除し終えました。　浴室：bathroom　finish に続くのは, 不定詞?　動名詞?

Ben finished (cleaning / cleaned / to clean) the bathroom.

(4) 私のネコは何か食べるものが必要です。

My cat needs (something eat / something to eat / to something eat).

❷ 日本文に合うように, ☐☐☐ に適する語をそれぞれ1つずつ書きましょう。

(1) あなたはコンピュータの使いかたを覚えていますか。　覚えている：remember

Do you remember ☐☐☐ ☐☐☐ use the computer?

(2) 私は作家になりたいです。　作家：writer

I want ☐☐☐ ☐☐☐ a writer.

(3) いっしょに歌って楽しみましょう。　楽しむ：enjoy

Let's ☐☐☐ ☐☐☐ together.

(4) みんなにとって眠ることは大切です。　眠る：sleep　大切な：important

☐☐☐ is important ☐☐☐ everyone ☐☐☐ sleep.

❸ 日本文に合うように, ( ) 内の語を並べかえて英文を作りましょう。

(1) 私たちはパーティーに参加できてうれしいです。　参加する : join

We (glad / join / to / are) the party.

We ⬚⬚⬚⬚⬚⬚⬚⬚⬚ the party.

(2) あなたはどこで英語の本を買えばよいか知っていますか。

Do you (to / where / know / buy) English books?

Do you ⬚⬚⬚⬚⬚⬚⬚⬚⬚

English books?

(3) 私は買い物に行く時間がありません。

> (3)「買い物に行くための時間」と考えよう。

I don't (time / go / have / to / shopping).

I don't ⬚⬚⬚⬚⬚⬚⬚⬚⬚ .

(4) ケーキを作るのは簡単ではありませんでした。　簡単な : easy

(make / easy / was / to / it / not) a cake.

⬚⬚⬚⬚⬚⬚⬚⬚⬚ a cake.

❹ 次の英文をほぼ同じ内容の英文に書きかえるとき, ⬚⬚ に適する語をそれぞれ1つずつ書きましょう。

(1) ニックは絵を描くのが好きです。　絵を描く : draw a picture (draw pictures)

Nick likes to draw pictures.

Nick likes ⬚⬚⬚ pictures.

(2) 英語を勉強することはおもしろいですか。　おもしろい : interesting

Is studying English interesting?

Is ⬚⬚⬚ interesting to ⬚⬚⬚ ⬚⬚⬚ ?

未来の文
いろいろな形の文
いろいろな接続詞
不定詞
動名詞と不定詞
不定詞を使った文
いろいろな助動詞
比較
受動態
現在完了
いろいろな表現
2年生のおさらい

2年生のおさらい③

ここにあるのは，各単元の主な英文です。**23**，**24**，**25**，…は単元を表しています。

23「～しなければならない」を表す must と have to　➡ P.64～P.65 助動詞must, have to

I [must] <u>do</u> my homework.（私は宿題をし[なければなりません]。）

We [have to] <u>return</u> home.（私たちは家に帰ら[なければなりません]。）

Yuji [has to] <u>wash</u> the dishes.

（ユウジは皿を洗わ[なければなりません]。）

[どちらもあとに動詞の原形が続く。]

24 否定文では意味が異なる must と have to　➡ P.66～P.67 must not と don't have to

You [must not] [mustn't] open this box.

（この箱を開け[てはいけません]。）

You [do not] [don't] [have to] go shopping.

（あなたは買い物に行く[必要はありません]。）

Lisa [does not] [doesn't] [have to] wash her car.

（リサは自分の車を洗う[必要はありません]。）

[must not ～は「～してはいけない」, don't[doesn't] have to ～は「～する必要はない」という意味。]

25 could, may と should の使いかた　➡ P.68～P.69 助動詞could, may, should

[Could] [you] carry my bag[?]（私のかばんを運ん[でくださいますか]。）

[May [Can]] [I] sit here[?]　（ここに座っ[てもいいですか]。）

You [should] cut your hair.（あなたは髪を切っ[たほうがいいです]。）

[Could you ～? は相手にものを頼むとき, May [Can] I ～? は許可を求めるとき, should は提案やアドバイスをするときに使う。]

27 2つの人やものの比較を表す〈ようすを表す語＋ -er ＋ than ～〉

28 3つ以上の人やものの中でいちばんを表す〈the ＋ようすを表す語＋ -est〉

➡ P.74～P.77 比較級(-er) / 最上級(-est)

My cat is [smaller] than yours.

（私のネコはあなたのネコよりも[小さい]です。）

Amy gets up [earlier] than her sister.

（エイミーは彼女の姉よりも[早く]起きます。）

This river is the [longest] in Japan.

（この川は日本の中で[いちばん長い]です。）

2つのものを比べるときは〈ようすを表す語＋ -er ＋ than ～〉，3つ以上のものを比べるときは〈the ＋ようすを表す語＋ -est〉で表す。

29 つづりが長めの語の比較を表す more, most　➡ P.80～P.81 比較級(more), 最上級(most)

Baseball is [more popular] than soccer in the U.S.A.

（アメリカでは，野球はサッカーよりも[人気があり]ます。）

This movie is the [most interesting] of all.

（この映画はすべての中で[いちばんおもしろい]です。）

つづりが長めのようすを表す語は，前に more, most を置く。

30 「～のほうが好き」「～がいちばん好き」を表す better, best　➡ P.82～P.83 比較級better, 最上級best

I like *soba* [better] than *udon*.　（私はうどんよりもそば[のほう]が好きです。）

Judy likes pandas the [best] of all animals.

（ジュディはすべての動物の中でパンダが[いちばん]好きです。）

better と best は，good「よい」，well「上手に」の比較級と最上級。

31 「同じくらい」を表す〈as ～ as …〉　➡ P.84～P.85 〈as＋ようすを表す語の原級＋as〉の文

Iwate is [as] large [as] Shikoku.　（岩手は四国[と同じくらい]広いです。）

This car is not as big as yours.

（この車はあなたの車ほど大きくありません。）

〈as ～ as …〉の「～」には，ようすを表す語の原級（もとの形）が入る。

127

2年生のおさらい問題③

❶ 次の場面に合う表現を下の ┌──┐ 内からそれぞれ1つずつ選んで，
に記号を書きましょう。

(1) 窓を開けてもいいか相手に確認するとき。

(2) 窓を開けてはいけないことを相手に伝えるとき。

(3) 窓を開けてくれないかと相手に依頼するとき。

> ア　Could you open the window?
> イ　May I open the window?
> ウ　You must not open the window.

❷ 日本文に合うように， に適する語をそれぞれ1つずつ書きましょう。

(1) あなたはこのCDを聞くべきです。

　　　　　　　　　　　　　listen to this CD.

(2) 私のイヌはあなたのネコよりも小さいです。

My dog is 　　　　　　　　　your cat.

(3) これはすべての中でいちばん難しい問題です。　難しい：difficult　問題：question

This is the 　　　　difficult question

　　　　all.

(4) 台湾は九州と同じくらい広いです。　台湾：Taiwan

Taiwan is 　　　　large 　　　　Kyushu.

比較の表現を整理
しておこう！

未来の文

いろいろな形の文

いろいろな接続詞

不定詞

動名詞と不定詞

不定詞を使った文

いろいろな助動詞

比較

受動態

現在完了

いろいろな表現

２年生のおさらい

❸ 次の英文を（　　）内の指示にしたがって書きかえるとき，□□□ に適する語をそれぞれ１つずつ書きましょう。

⑴ 私たちは７時前に家に帰らなければなりません。

We must go home before seven. （同じ意味を表す文に）

We 　　　　　　 　　　　　　 go home before seven.

⑵ この車は速く走ります。

This car runs fast. （「世界でいちばん」という意味を加えて）

This car runs 　　　　　　 　　　　　　 in the world.

⑶ 私は英語が好きです。

I like English. （「数学よりも」という意味を加えて）

I like English 　　　　　　 　　　　　　 math.

⑷ この映画はあの映画ほどおもしろくありません。　おもしろい：interesting

This movie is not as interesting as that one.

（同じ意味を表す文に）

That movie is 　　　　 interesting 　　　　 this one.

⑷ 主語が入れかわっているよ！

❹ 日本文に合うように，（　　）内の語を並べかえて英文を作りましょう。

⑴ あなたは今日，料理しなくてもいいですよ。

(have / cook / you / to / don't) today.

　　　　　　　　　　　　　　　　　　 today.

⑵ あなたはどの季節がいちばん好きですか。　季節：season

Which (like / the / season / do / best / you)?

Which 　　　　　　　　　　　　　　　　 ?

2年生のおさらい④

ここにあるのは，各単元の主な英文です。32, 33, 34, …は単元を表しています。

32 「〜される」を表す〈be動詞＋過去分詞〉　　→ P.88〜P.89 受動態の使いかた

This car [is] [used] every day. (この車は毎日[使われます]。)

My grandmother [was] [helped] by Emma.

(私の祖母はエマによって[助けられました]。)

「〜されます」「〜されました」は〈be動詞＋過去分詞〉で表す。

33 過去分詞の変化のしかた　　→ P.90〜P.91 不規則動詞の過去分詞

Our school [was] [built] thirty years ago.

(私たちの学校は30年前に[建てられました]。)

Two languages [are] [spoken] in Canada.

(カナダでは2つの言語が[話されています]。)

This book [is] [read] by many children.

(この本は多くの子どもたちに[読まれています]。)

不規則に変化する動詞をチェックしておこう！

34 「〜されません」を表す〈主語＋be動詞＋not＋過去分詞〉　→ P.92〜P.93 受動態の否定文

English [is not] [isn't] used in this country.

(この国で英語は[使われていま][せん]。)

The treasure [was not] [wasn't] found

by pirates.

(その宝物は海賊たち[によって][見つけられま][せんでした]。)

「〜されません」は〈主語＋be動詞＋not＋過去分詞〉で表す。

35 「～されますか」を表す〈be 動詞＋主語＋過去分詞 ～ ?〉 → P.94～P.95 受動態の疑問文

Is the kitchen cleaned every day? （台所は毎日 掃除されますか 。）

Were they invited to the party?

（彼らはパーティーに 招待されましたか 。）

「～されますか」は〈be 動詞＋主語＋過去分詞 ～ ?〉で表す。

37 「ずっと～している」を表す〈have ＋過去分詞〉 → P.100～P.101 現在完了〈継続〉

I have been busy for a month. （私は1か月間 ずっと 忙しい です 。）

Yoko has wanted a car since last year.

（ヨウコは去年から ずっと 車 をほしがっています 。）

for「…間」と since「…から」を使い分ける。

38 「～したことがある」を表す〈have ＋過去分詞〉 → P.102～P.103 現在完了〈経験〉

I have read this book three times.

（私は3回この本 を読んだことがあります 。）

My brother has been to Australia before.

（私の兄は以前, オーストラリア へ行ったことがあります 。）

been は be 動詞の過去分詞。have [has] been to ～で「～に行ったことがある」という意味。

39 「もう[ちょうど]～した（ところだ）」を表す〈have ＋過去分詞〉 → P.104～P.105 現在完了〈完了〉

I have already cleaned my room.

（私はもう自分の部屋 を掃除してしまいました 。）

Ted has just finished lunch.

（テッドはちょうど昼食 を終えたところです 。）

完了の文では, already「すでに」, just「ちょうど」, yet「もう」「まだ」がよく使われる。

➡解答は別冊 P.16

2年生のおさらい問題④

❶ 日本文に合うように，（　　）内から適する語句を○で囲みましょう。

(1) ここでは4つの言語が使われています。　言語：language

Four languages are (use / used / using) here.

(2) その窓は毎朝開けられますか。

(Is / Does / Did) the window opened every morning?

(3) 私は20年間東京に住んでいます。

I have lived in Tokyo (in / for / by) twenty years.

(4) この車は以前，日本で売られていませんでした。　sold：sell の過去分詞

This car (didn't sell / wasn't selling / wasn't sold) in Japan before.

❷ 日本文に合うように，（　　）内の語句を並べかえて英文を作りましょう。

(1) あなたのギターはアメリカで作られたのですか。

(your guitar / made / in / was) America?

_____ America?

(2) 彼の手紙は英語で書かれています。

(letter / in / is / written / his) English.

_____ English.

(3) 私はこの映画を3回見たことがあります。　映画を見る：see a movie

I (this movie / times / seen / three / have).

I _____ .

❸ 日本文に合うように，□□□□□ に適する語をそれぞれ１つずつ書きましょう。

(1) 私はもう夕食を済ませました。

I □□□□□ □□□□□ finished dinner.

(2) 彼らは一度，ニューヨークに行ったことがあります。　ニューヨーク：New York

They have □□□□□ to New York □□□□□ .

(3) それらの部屋は昨日，掃除されませんでした。　掃除する：clean

Those rooms □□□□□ □□□□□ □□□□□
yesterday.

❹ 次の英文を（　）内の指示にしたがって書きかえるとき，□□□□□ に適する
語をそれぞれ１つずつ書きましょう。

(1)「少女がジュディに手伝われた」と考えよう。

(1) ジュディがその少女を手伝ったのですか。

Did Judy help the girl?　（下線部を主語にして）

□□□□□ the girl helped □□□□□ Judy?

(2) 私は忙しいです。

I am busy.　（「先週からずっと」という意味を加えて）

I have □□□□□ busy □□□□□ last week.

(3) ケンがこれらの質問をたずねました。　質問：question

Ken asked these questions.　（同じ意味を表す文に）

These questions □□□□□ □□□□□ by Ken.

(4) 私の父はその本を読みました。

My father read the book.

（「ちょうど読んだところです」という意味の文に）

My father □□□□□ just □□□□□ the book.

▶不規則動詞の変化表

不規則に変化する動詞の形を
確認しよう！

原形（もとの形）	現在形	過去形	過去分詞	-ing 形
be（～である，～にいる）	**am, is / are**	was / were	been	being
become（～になる）	**become(s)**	became	become	becoming
begin（始める）	**begin(s)**	began	begun	beginning
bring（持ってくる）	**bring(s)**	brought	brought	bringing
build（建てる）	**build(s)**	built	built	building
buy（買う）	**buy(s)**	bought	bought	buying
catch（つかまえる）	**catch(es)**	caught	caught	catching
come（来る）	**come(s)**	came	come	coming
cut（切る）	**cut(s)**	cut	cut	cutting
do（する）	**do, does**	did	done	doing
drink（飲む）	**drink(s)**	drank	drunk	drinking
eat（食べる）	**eat(s)**	ate	eaten	eating
feel（感じる）	**feel(s)**	felt	felt	feeling
find（見つける）	**find(s)**	found	found	finding
get（得る）	**get(s)**	got	got, gotten	getting
give（与える）	**give(s)**	gave	given	giving
go（行く）	**go(es)**	went	gone	going
have（持つ，食べる）	**have, has**	had	had	having
hear（聞く）	**hear(s)**	heard	heard	hearing
keep（保つ）	**keep(s)**	kept	kept	keeping
know（知っている）	**know(s)**	knew	known	knowing

原形 (もとの形)	現在形	過去形	過去分詞	-ing 形
leave (出発する)	**leave(s)**	left	left	leaving
make (作る)	**make(s)**	made	made	making
mean (意味する)	**mean(s)**	meant	meant	meaning
meet (会う)	**meet(s)**	met	met	meeting
put (置く)	**put(s)**	put	put	putting
read (読む)	**read(s)**	read	read	reading
ride (乗る)	**ride(s)**	rode	ridden	riding
run (走る)	**run(s)**	ran	run	running
say (言う)	**say(s)**	said	said	saying
see (会う, 見る)	**see(s)**	saw	seen	seeing
sell (売る)	**sell(s)**	sold	sold	selling
send (送る)	**send(s)**	sent	sent	sending
show (見せる)	**show(s)**	showed	shown, showed	showing
sing (歌う)	**sing(s)**	sang	sung	singing
sit (すわる)	**sit(s)**	sat	sat	sitting
sleep (眠る)	**sleep(s)**	slept	slept	sleeping
speak (話す)	**speak(s)**	spoke	spoken	speaking
swim (泳ぐ)	**swim(s)**	swam	swum	swimming
take (持っていく, 撮る)	**take(s)**	took	taken	taking
teach (教える)	**teach(es)**	taught	taught	teaching
tell (話す, 教える)	**tell(s)**	told	told	telling
think (思う, 考える)	**think(s)**	thought	thought	thinking
understand (理解する)	**understand(s)**	understood	understood	understanding
write (書く)	**write(s)**	wrote	written	writing

スタッフ

編集協力	有限会社編集室ビーライン
校正・校閲	秋山安弘　石川道子　敦賀亜希子　山本知子
	株式会社東京出版サービスセンター
英文校閲	Jason Andrew Chau
本文デザイン	TwoThree
カバーデザイン	及川真咲デザイン事務所（内津剛）
組版	株式会社ユニックス
イラスト	小林由枝（熊アート）　福田真知子（熊アート）
	角愼作
録音	ユニバ合同会社
ナレーション	Jenny Skidmore　Ryan Drees　小谷直子

とってもやさしい

中2英語

これさえあれば

授業がわかる

改訂版

解答と
解説

旺文社

未来の文

1 「これからのこと」を表す be going to

→ 本冊 P.9

❶ (1)am going　(2)is going to
　 (3)are, to sing

(解説)　(1)「~する予定です」は be going to で表します。

(2)be 動詞は She に合わせて is を使って, is going to にします。

(3) 主語 Ben and Meg は複数なので, be 動詞は are にします。to のあとに動詞の原形を続けます。

❷ (1)is going to
　 (2)are going to go

(解説)　(2)「買い物に行く」= go shopping

2 be going to を使って 否定する・たずねる

→ 本冊 P.11

❶ (1)am not　(2)Is, to / Yes, is

(解説)　(1)be 動詞を使って答えます。

(2)「~するつもりですか」は, 主語の前に be 動詞を置きます。that man に合わせて Is を使います。

❷ (1)are not going
　 (2)What is, do

(解説)　(1)「~するつもりはありません」は, be 動詞のあとに not を置きます。

(2)「ヨウコは何をするつもりですか」という文にします。

3 「これからのこと」を表す will

→ 本冊 P.13

❶ (1)come　(2)be　(3)will see

(解説)　(1)will のあとの動詞は原形です。

(2)be 動詞の原形は be です。

❷ (1)will　(2)will get　(3)I'll help

(解説)　(3)I will の短縮形 I'll を使います。

4 will を使って否定する・たずねる

→ 本冊 P.15

❶ (1)will not　(2)Will / Yes, will

(解説)　(1)will を使って答えます。

(2)「~するでしょうか」は主語の前に Will を置きます。

❷ (1)won't eat　(2)Will that girl join

(解説)　(1)tomorrow =「明日」は未来を表す語です。will not の短縮形 won't を使います。

5 be going to と will のちがい

→ 本冊 P.17

❶ (1)going　(2)are going to　(3)will walk

(解説)　(1)be going to の文です。

(3)will のあとの動詞は原形です。

❷ (1)going to　(2)is, buy [get]　(3)will play

(解説)　(2)be 動詞は Koji に合わせて is を使います。to のあとの動詞は原形です。

おさらい問題 1 ~ 5

→ 本冊 P.18~19

❶ (1)going to　(2)will walk
　 (3)will not watch

(解説)　(1)next Monday =「今度の月曜日」は未来を表す語句なので, be going to を使います。

(2)〈will +動詞の原形〉を使います。

(3)next week =「来週」　will のあとに not を置きます。

❷ (1)are going, visit　(2)is not, to

(解説)　(1)next year =「来年」　be going to の文です。

(2)be 動詞のあとに not を置きます。

❸ (1)Will, clean　(2)are not going
　 (3)I'll live　　　 (4)What is, to

(解説)　(1)「~を掃除する」= clean

(2) 主語 Tim and I は複数なので, be 動詞は are を使います。

(3)I will の短縮形 I'll を使います。「住む」= live

(4)「何を」とたずねる文なので, What を使います。

④ (1)won't go shopping today
(2)Are you going to buy
(3)It will be sunny

（解説）（1)won't は will not の短縮形です。
(3) 天候を表すときは，ふつう It を主語にします。

いろいろな形の文

6 「～そう」を表す look・sound，「～になる」を表す become

→ 本冊 P.21

① (1)look　(2)sounds　(3)became

（解説）（1)「～に見える」は〈look ＋ようすを表す語〉で表します。主語は複数で現在の文なので，look を使います。
(2)「～に聞こえる」は〈sound ＋ようすを表す語〉。
(3)「～になる」は〈become ＋名詞 [ようすを表す語]〉。

② (1)You look tired　(2)That sounds nice

（解説）（1)look のあとにようすを表す語 tired，(2) sound(s) のあとにようすを表す語 nice がきます。

7 「相手にものを見せる」を表す〈show ＋相手＋もの〉

→ 本冊 P.23

① (1)show　(2)gave

（解説）（1)「～に…を見せる」は〈show ＋相手＋もの〉で表します。
(2)「～に…をあげる」は〈give ＋相手＋もの〉で表します。gave は give の過去形です。

② (1)showed me a map
(2)give you a dictionary
(3)Our father makes us breakfast

（解説）（3)「～に…を作る」は〈make ＋相手＋もの〉で表します。

8 「ある・いる」を表す There is [are] ～

→ 本冊 P.25

① (1)There is　(2)were

（解説）「～に…があります」の文は，あるものの数が1つの場合は There is ～，複数の場合は There are ～で表します。過去の文では is は was，are は were になります。

② (1)There is a cat
(2)There are some parks
(3)There was a bag on

（解説）（1) 冠詞 a は「1つ [1人 / 1匹] の」を表し，名詞の前につきます。
(3)「～の上に」＝ on

9 There is[are] ～を使って否定する・たずねる

→ 本冊 P.27

① (1)Is there　(2)Were there / there

（解説）「…に～がありますか [いますか]」は，there の前に be 動詞を置き，答えるときも there を使います。
(1) 主語が単数で現在の文なので Is there ～? で表します。
(2) 主語が複数で過去の文なので Were there ～? で表します。

② (1)There isn't
(2)How many, are

（解説）（1)「…に～はありません [いません]」の文は，be 動詞のあとに not を置きます。ここでは is not の短縮形 isn't を使います。
(2)「いくつの～がありますか」は，〈How many ＋名詞の複数形＋ are there ～ ?〉で表します。

10 確かめたり，念を押したりする表現

→ 本冊 P.29

① (1)aren't　(2)isn't she　(3)don't

（解説）（1)are があるので are not の短縮形 aren't を使います。
(2)is があるので is not の短縮形 isn't を使います。
(3) 主語が you で現在の文なので，don't を使います。

② (1)isn't it　(2)doesn't he

（解説）（2) 主語が3人称単数で現在の文なので，doesn't を使います。

おさらい問題 6〜10

→ 本冊 P.30〜31

❶ (1) look　(2) are　(3) show
　　(4) aren't

解説 (1) 「〜に見える」は〈look ＋ようすを表す語〉
です。
(2) 主語が複数なので There are 〜で表します。
(3) 「〜に…を見せる」は〈show ＋相手＋もの〉です。
(4) are があるので are not の短縮形 aren't を使います。

❷ (1) me dinner　(2) Was there
　　(3) don't you

解説 (1) 〈make ＋相手＋もの〉で表します。made
は make の過去形です。
(2) there の前に be 動詞 Was を置きます。
(3) 主語が you で現在の文なので don't を使います。

❸ (1) looked　(2) There isn't
　　(3) showed her　(4) isn't he

解説 (1) 〈look ＋ようすを表す語〉で表します。「見
えました」なので過去形 looked にします。
(2) ここでは is not の短縮形 isn't を使います。
(3) show の過去形 showed を使います。
　「彼女に」＝ her
(4) is があるので is not の短縮形 isn't を使います。

❹ (1) gave my sister a small bag
　　(2) became a writer
　　(3) How many students are there

解説 (1) 〈give ＋相手＋もの〉で表します。give
の過去形は gave です。
(2) 〈become ＋名詞〉で表します。become の過去
形は became です。
(3) 〈How many ＋名詞の複数形＋ are there 〜?〉
で表します。

いろいろな接続詞

11 文と文をつなぐ語

→ 本冊 P.33

❶ (1) but　(2) because　(3) that

解説 (1) 「〜ですが…」と前の内容と逆のことを言

うときは but を使います。
(2) 「〜なので…」と理由を言うときは，because を
使います。
(3) 「〜だと思う」は think (that) 〜で表します。

❷ (1) if　(2) when　(3) because

解説 (1) 「もし〜ならば…」は if で表します。
(2) 「〜のとき…」と時を表す内容を加えるときは，
when を使います。

12 文と文をつなぐ when と because

→ 本冊 P.35

❶ (1) when　(2) because　(3) When

解説 (3) 「〜のとき…」を表す when は，文の前半
に置くこともできます。

❷ (1) when I saw him
　　(2) because I was sick

解説 (1) saw は see の過去形です。

13 「もし〜ならば…」を表す if

→ 本冊 P.37

❶ (1) if　(2) have

解説 (2) if のあとは未来のことも現在の文で表します。

❷ (1) if it is rainy
　　(2) If you know the answer
　　(3) call me if he comes

解説 (1) 天候を表すときは，ふつう it を主語にします。
(2) 「もし〜ならば…」を表す if は，文の前半に置くこ
ともできます。
(3) 「〜に電話をかける」＝ call

14 「〜だと」「〜ということ」を表す that

→ 本冊 P.39

❶ (1) that　(2) that　(3) think

解説 (2) 「〜だということを知っている」は know
(that) 〜で表します。
(3) 空らんの数から，that を省略します。

❷ (1) know that　(2) don't think

解説 (2)「～ではないと思う」は、ふつう do not [don't] think (that) ～で表します。空らんの数から、ここでは that を省略し、do not の短縮形 don't を使います。

おさらい問題 11 ～ 14

➡ 本冊 P.40～41

❶ (1) because　(2) rains　(3) that

解説 (1)「～なので…」= because
(2)「もし～ならば…」= if　if のあとに続く部分は、未来のことでも現在の文の形になります。

❷ (1) when I was　(2) if you are free
(3) know she is a singer
(4) because it is interesting

解説 (1)「～のとき…」= when
(3) ここでは that が省略されています。
(4) 文の前半の理由を、because のあとに続けます。

❸ (1) When he　(2) because I
(3) think that

解説 (1) when が文の前半にくる形です。
(2) ～ , so ...「～なので…」を、because を使って書きかえます。
(3)「～だと思う」= think (that) ～

❹ (1) because　(2) doesn't think
(3) if, don't　(4) When, was

解説 (3) if のあとに続く部分は現在の文になるので、don't を使います。
(4)「～していました」は過去進行形〈was ＋動詞のing 形〉で表します。

不定詞

15 〈to＋動詞の原形〉を使った表現

➡ 本冊 P.43

❶ (1) to do　(2) to drink　(3) to learn

解説 (1)〈to ＋動詞の原形〉で「～するために」を表します。

(2)〈want to ＋動詞の原形〉=「～したい」
(3) things を to learn がうしろから説明する形です。

❷ (1) to live　(2) to make　(3) to read

解説 (1)「～に住みたい」= want to live in ～
(2)「～を作るために」= to make ～
(3)「本を読むための時間」= time to read books

16 「～するために」「～して…」を表す〈to＋動詞の原形〉

➡ 本冊 P.45

❶ (1) to　(2) to help　(3) to talk [speak]

解説 (2)「～を手伝う」= help
(3)〈be happy to ＋動詞の原形〉=「～してうれしい」

❷ (1) to see　(2) to be　(3) sorry to hear

解説 (2) to be ～=「～になるために」　be は be 動詞の原形です。
(3)〈be sorry to ＋動詞の原形〉=「～して残念だ」

17 「～すること」を表す〈to＋動詞の原形〉

➡ 本冊 P.47

❶ (1) want to　(2) like to

解説 (2)〈like to ＋動詞の原形〉=「～することが好きである」

❷ (1) started to play　(2) want to be
(3) need to take a bath

解説 (1)〈start to ＋動詞の原形〉=「～し始める」
(2) want to be ～=「～になりたい」
(3)〈need to ＋動詞の原形〉=「～する必要がある」

18 「～するための…」「～するべき…」を表す〈to＋動詞の原形〉

➡ 本冊 P.49

❶ (1) to go　(2) to learn
(3) something to read

解説 〈to ＋動詞の原形〉がうしろから名詞や代名詞を説明すると、「～するための…」「～するべき…」を表します。
(3)〈something to ＋動詞の原形〉=「何か～するもの」

❷ (1)to play　(2)to visit
　(3)something, drink

解説 (2)「訪れる」= visit
(3)「何か飲むもの」= something to drink

おさらい問題 15 ～ 18

➡ 本冊 P.50〜51

❶ (1)to play　　(2)to be
　(3)to learn　(4)to work

解説 (1)「〜するために」=〈to ＋動詞の原形〉
(2)want to be 〜=「〜になりたい」
(3) 名詞 textbook をうしろから to learn 〜「〜を学ぶための」で説明します。
(4)〈start to ＋動詞の原形〉=「〜し始める」

❷ (1)to talk[speak]　(2)to do
　(3)like to　(4)to go

解説 (1)〈be glad to ＋動詞の原形〉=「〜してうれしい」
(2) 名詞 things をうしろから to do「するべき」で説明します。
(3)〈like to ＋動詞の原形〉=「〜することが好きである」

❸ (1)to swim
　(2)need something to
　(3)love to go shopping
　(4)have time to join

解説 (2)「何か食べるもの」= something to eat
(3)〈love to ＋動詞の原形〉=「〜することが大好きである」
(4) 名詞 time をうしろから to join =「〜に参加する（ための）」で説明します。

❹ (1)want to　(2)to get

解説 (1)「〜したい」は〈want to ＋動詞の原形〉で表します。
(2)〈be happy to ＋動詞の原形〉=「〜してうれしい」を使って表します。got は get の過去形です。

動名詞と不定詞

19 「〜すること」を表す〈動詞の -ing形〉

➡ 本冊 P.53

❶ (1)singing　(2)drawing
　(3)Speaking

解説 (1)like 〜ing =「〜することが好きである」
like はあとに〈to ＋動詞の原形〉と〈動詞の -ing形〉のどちらも続けることができます。
(2)enjoy 〜ing =「〜して楽しむ」 enjoy のあとに続くのは〈動詞の -ing形〉だけです。
(3)〈動詞の -ing形〉は主語にもなります。

❷ (1)finished reading
　(2)stop raining　(3)Playing, is

解説 finish や stop のあとに続くのは〈動詞の -ing形〉だけです。
(1)finish 〜ing =「〜し終える」
(2)stop 〜ing =「〜することをやめる」 天候を表す文では、ふつう it を主語にします。
(3)〈動詞の -ing形〉が主語になる文です。主語 Playing に合わせて be動詞は is を使います。

20 動詞のあとに続く不定詞・動名詞のルール

➡ 本冊 P.55

❶ (1)to work　(2)cleaning
　(3)listening

解説 あとに〈to ＋動詞の原形〉だけが続く動詞
… want, hope, decide など
あとに〈動詞の -ing形〉だけが続く動詞
… finish, enjoy, stop など
あとに〈to ＋動詞の原形〉と〈動詞の -ing形〉のどちらも続けられる動詞
… like, love, start [begin] など
(1)hope to 〜=「〜することを望む」
(3)love 〜ing =「〜することが大好きである」

❷ (1)to drink　(2)playing　(3)learning

解説 (3)start 〜ing =「〜し始める」

おさらい問題 19 〜 20

➡ 本冊 P.56〜57

❶ (1)swimming　(2)dancing
　　(3)walking　　(4)to become

解説 (1)like 〜ing =「〜することが好きである」
(2)enjoy のあとに続くのは〈動詞＋ ing〉だけです。
(3)walking =「歩くこと」が主語の文です。
(4)hope のあとに続くのは〈to ＋動詞の原形〉だけです。

❷ (1)Using　(2)finished reading
　　(3)to　　　(4)stop snowing

解説
(1)Using 〜 =「〜を使うこと」が主語の文です。
(2)finish 〜ing =「〜し終える」
(3)decide to 〜 =「〜することに決める」
(4)stop 〜ing =「〜することをやめる」　動詞 snow
　「雪が降る」の -ing 形を使います。

❸ (1)イ　(2)イ　(3)エ

解説
(1)enjoy 〜ing =「〜して楽しむ」
(2)love 〜ing =「することが大好きである」

❹ (1)start to grow　(2)Eating breakfast is
　　(3)Stop taking pictures
　　(4)will finish doing her homework

解説 (1)〈start to ＋動詞の原形〉=「〜し始める」
(2)Eating 〜 =「〜を食べること」が主語の文です。
(3)「写真をとる」= take pictures
(4)「〜の宿題をする」=〈do 〜's [my/her など] ＋
homework〉

不定詞を使った文

---

21 「〜のしかた」を表す〈疑問詞＋ to ＋動詞の原形〉

➡ 本冊 P.59

❶ (1)how　(2)what　(3)where

解説 (1)「どのように〜すればよいか」=〈how to
＋動詞の原形〉
(2)「何を〜すればよいか」=〈what to ＋動詞の原形〉

(3)「どこへ [で] 〜すればよいか」=〈where to ＋動
詞の原形〉

❷ (1)learn how to cook
　　(2)know what to say

解説 (2)「何と言えばよいか」= what to say

22 「〜することは…だ」を表す〈to＋動詞の原形〉

➡ 本冊 P.61

❶ (1)It, to　(2)It, for, to
　　(3)Was it, to

解説 「〜することは…だ」の文は、〈It is ... to ＋動
詞の原形〉で表します。この It は仮の主語で，日
本語には訳しません。
(2)「(人) にとって」は〈for ＋ (人)〉で表します。
(3)「〜することは…ですか」の文は，主語 it の前に
be 動詞を置きます。過去の文なので，be 動詞は
Was にします。

❷ (1)It is difficult for
　　(2)was not hard to

解説 (2)「〜することは…ではありません」の文は，
be 動詞のあとに not を置きます。ここでは過去の
文になっています。

おさらい問題 21 〜 22

➡ 本冊 P.62〜63

❶ (1)It, for　(2)what to
　　(3)how to　(4)was not

解説 (1)〈It is ... for ＋ (人) to ＋動詞の原形〉
で表します。
(2)「何を〜すればよいか」=〈what to ＋動詞の原形〉
で表します。
(3)「どう〜すればよいか」=〈how to ＋動詞の原形〉
で表します。
(4) 過去の文なので was not を使います。

❷ (1)how　(2)fun for you
　　(3)where to go

解説 (1)「〜の使いかた」= how to use 〜
(2)「楽しいこと」= fun
(3)「どこへ行けばよいか」= where to go

❸ (1)when to move
  (2)is important for
  (3)what to wear
  (4)Was it easy to

解説 (1)「いつ〜すればよいか」＝〈when to ＋動詞の原形〉

❹ (1)It, run　(2)how to

解説 (1)〈動詞の -ing 形〉が主語の文を〈It is … to ＋動詞の原形〉の文にします。
(2)the way to 〜＝「〜への道順」を how to get to 〜＝「〜への行きかた」で表します。

いろいろな助動詞

---

23 「〜しなければならない」を表す must と have to

➡ 本冊 P.65

❶ (1)must　(2)have to　(3)has to

解説 「〜しなければならない」は助動詞 must か〈have[has] to ＋動詞の原形〉で表します。
(3) 主語 Jane に合わせて, has to を使います。

❷ (1)have to　(2)must clean　(3)has to

解説 (2) 空らんの数から must を使います。

24 否定文では意味が異なる must と have to

➡ 本冊 P.67

❶ (1)have to　(2)must not
  (3)not have

解説 (1)「〜する必要はない」は〈do not[don't] have to ＋動詞の原形〉で表します。
(2)「〜してはいけない」は〈must not ＋動詞の原形〉で表します。
(3) 主語 George に合わせて, does not have to を使います。

❷ (1)must not eat
  (2)don't have to be

解説 (1)「食べすぎる」＝ eat too much
(2)be 動詞の原形は be です。

25 could, may と should の使いかた

➡ 本冊 P.69

❶ (1)イ　(2)ア

解説 (1)「〜してくださいますか」と依頼するときは, Could you 〜？を使います。
(2)「〜してもいいですか」と許可を求めるときは, May [Can] I 〜？を使います。

❷ (1)Could　(2)May[Can] I　(3)You should

解説 (3)「〜すべきだ」「〜したほうがいい」は should で表します。should のあとの動詞は原形になります。

おさらい問題 23 〜 25

➡ 本冊 P.70〜71

❶ (1)have　(2)Could　(3)May
  (4)should

解説 (1)「〜しなければならない」＝〈have to ＋動詞の原形〉
(2)「〜してくださいますか」＝ Could you 〜？
(3)「〜してもいいですか」＝ May[Can] I 〜？
(4)「あなたは〜すべきだ」＝ You should 〜 .

❷ (1)must　(2)must not
  (3)doesn't have

解説 (1)to がないので must を使います。
(2)「〜してはいけない」＝〈must not ＋動詞の原形〉
(3)「〜する必要はない」＝〈don't[doesn't] have to ＋動詞の原形〉

❸ (1)Could you wait　(2)have to go
  (3)You should go　(4)don't have to call

解説 (2)「帰宅する」＝ go home
(3)「寝る」＝ go to bed
(4)「〜に電話をかける」＝ call

❹ (1)must not　(2)doesn't have to

解説 (1)〈禁止〉の表現〈Don't ＋動詞の原形〉＝「〜してはいけない」は,〈must not ＋動詞の原形〉で言いかえることができます。
(2)「〜する必要はない」は don't[doesn't] have to 〜で表します。ここでは主語 My sister に合わせて, doesn't have to を使います。

比較

→ 本冊 P.73

26 人やものを比較するときの表現（-er, -est）

❶ (1)longer　(2)fastest
(3)younger　(4)greatest

（解説） (1)(3) 比較級は〈ようすを表す語＋ -er〉の形です。
(2)(4) 最上級は〈ようすを表す語＋ -est〉の形です。

❷ (1)smaller than　(2)newer
(3)coldest　(4)the highest

（解説） (1)(2) 2つのものを比べているので，〈ようすを表す語＋ -er〉の形を使います。
(3)(4) 3つ以上のものを比べて「いちばん…」なので，〈the ＋ようすを表す語＋ -est〉を使います。

27 2つの人やものの比較を表す〈ようすを表す語＋ -er ＋ than 〜〉

→ 本冊 P.75

❶ (1)longer　(2)larger than　(3)bigger, or

（解説）「〜よりも…」は〈ようすを表す語＋ -er ＋ than 〜〉で表します。
(2)large の比較級は r をつけて larger とします。「〜よりも」= than
(3) 2つのものを比べて「AとBではどちらがより…ですか」は〈Which 〜 ＋比較級, A or B？〉で表します。big の比較級は g を重ねて bigger とします。

❷ (1)is easier than　(2)runs faster than
(3)is newer than hers

（解説） (1)easy の比較級は y を i にかえて -er をつけて easier とします。
(2)run faster than 〜 =「〜よりも速く走る」

28 3つ以上の人やものの中でいちばんを表す〈the ＋ようすを表す語＋ -est〉

→ 本冊 P.77

❶ (1)the longest　(2)of
(3)the nicest

（解説）「いちばん〜」は〈the ＋ようすを表す語＋ -est〉で表します。
(2)of all =「すべての中で」
(3)nice の最上級は -st をつけて nicest とします。

❷ (1)biggest, in　(2)the fastest
(3)Who, youngest

（解説） (1)big の最上級は g を重ね -est をつけて biggest とします。「日本で」= in Japan
(2) 副詞も最上級にすることができます。
(3)「だれ [どれ] がいちばん〜ですか」の文は，最上級で表します。人を比べるときは who を使います。

おさらい問題 26〜28

→ 本冊 P.78〜79

❶ (1)smaller, smallest　(2)nicer, nicest
(3)busier, busiest　(4)hotter, hottest

（解説） (2)e で終わる語の比較級は -r，最上級は -st をつけます。
(3)y を i にかえて -er，-est をつけます。
(4) 最後の字を重ねて -er，-est をつけます。

❷ (1)bigger　(2)longest　(3)youngest

（解説） (1)「AはBよりも大きいです」という文を作ります。big の比較級は bigger です。
(2)「Cはすべての中でいちばん長いです」という文を作ります。
(3)「3匹の中でどれがいちばん若いですか」という文を作ります。

❸ (1)is shorter than
(2)the earliest in　(3)is the oldest of

（解説） (1)〈ようすを表す語＋ -er ＋ than 〜〉で表します。
(2)〈the ＋ようすを表す語＋ -est〉で表します。
(3) 人を比べているので who が使われています。「5人の中で」= of the five

❹ (1)faster than　(2)the highest
(3)Which, larger

（解説） (1)「〜よりも速く」= faster than 〜
(2)「いちばん高い〜」= the highest 〜

(3)「フランスとドイツではどちらがより広いですか」という文にします。人以外を比べるときは which を使います。

29 つづりが長めの語の比較を表す more, most
→ 本冊 P.81

❶ (1)more difficult
　(2)(the) most popular

解説 つづりの長い語の比較級には more, 最上級には (the) most をつけます。どちらもようすを表す語はもとの形 (原級) を使います。

❷ (1)more beautiful　(2)most important
　(3)more slowly　　(4)most famous

解説 (1) 2つのものを比べているので,〈more +ようすを表す語〉の形を使います。
(2)(4) 3つ以上のものを比べて「いちばん〜」なので,〈the most +ようすを表す語〉を使います。
(3)「もっとゆっくりと」= more slowly

30 「〜のほうが好き」「〜がいちばん好き」を表す better, best
→ 本冊 P.83

❶ (1)better　(2)the best　(3)like the best

解説 (1)「…よりも〜のほうが好き」は better を使って表します。
(2)「〜がいちばん好き」は the best を使って表します。
(3)「あなたはどの…がいちばん好きですか」=〈Which +名詞+ do you like the best?〉

❷ (1)dogs better than
　(2)the best of
　(3)do you like better

解説 (3)「あなたはAとBではどちらのほうが好きですか」=〈Which do you like better, A or B?〉

31 「同じくらい」を表す 〈as 〜 as ...〉
→ 本冊 P.85

❶ (1)as, as　(2)not, popular as
　(3)as fast as

解説 (1)「…と同じくらい〜」は〈as +ようすを表す語+ as ...〉で表します。ようすを表す語はもとの形 (原級) を使います。
(2)「…ほど〜でない」は〈not as +ようすを表す語 + as ...〉で表します。
(3)「速く」= fast

❷ (1)as heavy as　(2)as old as
　(3)not, easy

解説 (3) 主語が That book になっていることに注目します。as が入っているので,「あの本はこの本ほど簡単ではありません」という文を作ります。easier のもとの形 easy を使います。

おさらい問題 29 〜 31
→ 本冊 P.86〜87

❶ (1)more　　　　(2)most
　(3)as famous　(4)the best

解説 (1) 2つのものを比べているので,〈more +ようすを表す語〉の形を使います。
(2) 3つ以上のものを比べて「いちばん〜」なので,〈the most +ようすを表す語〉を使います。
(3)「…と同じくらい〜」は〈as +ようすを表す語+ as ...〉で表します。
(4)「〜がいちばん好き」は the best を使って表します。

❷ (1)the most important
　(2)like basketball better than
　(3)is not as interesting

解説 (1)「大切な」= important
(2)「…よりも〜のほうが好き」は better を使って表します。
(3)「…ほど〜でない」は〈not as +ようすを表す語 + as ...〉で表します。

❸ (1)as, as　(2)the best
　(3)more popular　(4)better, or

解説 (3)「人気がある」= popular
(4)「あなたはAとBではどちらのほうが好きですか」=〈Which do you like better, A or B?〉

④ (1)the most　(2)better than
　(3)not as large

解説 (1) ようすを表す語 beautiful の前に the most をつける形です。

(2)better than を使います。

(3) 空らんの外に as が出ていることから,「日本はスペインほど広くありません」という文を作ります。larger のもとの形である large を使います。

受動態

<table><tr><td>**32**</td><td>「～される」を表す〈be 動詞＋過去分詞〉</td></tr></table>

➡ 本冊 P.89

❶ (1)played　(2)by
　(3)were invited

解説 (1)「～され (てい) る」は〈be 動詞＋過去分詞〉で表します。

(2) 動作をする人 [もの] は by ...「…によって」で表します。

(3) 過去の文なので, be 動詞は were を使います。

❷ (1)is cleaned　(2)are used
　(3)was helped by

解説 (1) 主語は単数で現在の文なので, is を使います。

(2) 主語は複数で現在の文なので, are を使います。

(3) 主語は I で過去の文なので, was を使います。

<table><tr><td>**33**</td><td>過去分詞の変化のしかた</td></tr></table>

➡ 本冊 P.91

❶ (1)found, found　(2)sold, sold
　(3)took, taken　　(4)saw, seen
　(5)cut, cut

解説 (1)(2) 過去形と過去分詞が同じ形です。

(3)(4) 原形・過去形・過去分詞がすべて異なる形です。

(5) 原形・過去形・過去分詞がすべて同じ形です。

❷ (1)written　(2)was built　(3)were read

解説 (1)〈be 動詞＋過去分詞〉で表します。「書く」＝ write の過去分詞は written です。

(2) 主語は単数で過去の文なので, was を使います。

「(船などを) つくる」＝ build の過去分詞は built です。

(3) 主語は複数で過去の文なので, were を使います。「読む」＝ read の過去分詞 read 発音が [red] となることに注意しましょう。

<table><tr><td>**34**</td><td>「～されません」を表す〈主語＋be 動詞＋ not ＋過去分詞〉</td></tr></table>

➡ 本冊 P.93

❶ (1)are　(2)seen　(3)weren't made

解説 「～されません」は be 動詞のあとに not と過去分詞を置きます。

(2)「見る」＝ see の過去分詞は seen です。

(3) 主語は複数で過去の文なので, were を使います。ここでは were not の短縮形 weren't が使われています。make の過去分詞は made です。

❷ (1)was not opened
　(2)is not sold in
　(3)were not read by

解説 (2)「売る」＝ sell の過去分詞は sold です。

(3)「読む」＝ read の過去分詞は read です。

<table><tr><td>**35**</td><td>「～されますか」を表す〈be 動詞＋主語＋過去分詞 ～ ?〉</td></tr></table>

➡ 本冊 P.95

❶ (1)used / it, not
　(2)Are, loved / are

解説 「～されますか」の文は, 主語の前に be 動詞, 主語のあとに過去分詞を置きます。答えるときも be 動詞を使います。

(1) 答えるときは the music room を代名詞 it で受けるようにします。

(2) 主語は複数で現在の文なので, are を使います。

❷ (1)Were, taken　(2)Was, made

解説 (2)「このいすはコウジによって作られたのですか」という文を作ります。主語は単数で過去の文なので, Was を使います。

おさらい問題 32 ～ 35

➡ 本冊 P.96～97

❶ (1)washed　(2)isn't used

(3)by　　　　(4)taken

解説 (1)「～される」は〈be 動詞＋過去分詞〉で表します。

(2)be 動詞のあとに not と過去分詞を置きます。ここでは is not の短縮形 isn't が使われています。

(3)「…によって」＝ by ...

(4)「（写真を）とる」＝ take の過去分詞は taken です。

❷ (1)Some volunteers are needed
　 (2)Those windows were not opened
　 (3)Is this temple visited by

解説 (1)「何名かの」＝ some

(3) 主語の前に be 動詞，主語のあとに過去分詞を置きます。

❸ (1)loved by　　　(2)was made
　 (3)are not sold　　(4)Were, seen

解説 (2) 主語は単数で過去の文なので，was を使います。「作る」＝ make の過去分詞は made です。

(3) 主語は複数で現在の文なので，are を使います。「売る」＝ sell の過去分詞は sold です。

(4) 主語は複数で過去の文なので，were を使います。「見る」＝ see の過去分詞は seen です。

❹ (1)was helped　　(2)Are, written
　 (3)is cleaned

解説 (1)「昨日，1 人の少年が彼らによって助けられました」という文を作ります。主語は単数で過去の文なので，was を使います。

(2)「書く」＝write の過去分詞は written です。

(3)「居間は毎日ルーシーによって掃除されます」という文を作ります。主語は単数で現在の文なので，is を使います。

現在完了

36 過去から現在のつながりを表す
〈have ＋過去分詞〉

→ **本冊** P.99

❶ (1) 過去形　(2) 現在完了　(3) 現在形

解説 「今，現在のこと」は現在形，「過去のこと」は過去形，「過去から現在までのこと」は現在完了で

表します。

❷ (1)saw　　(2)has lived
　 (3)have talked

解説 (1)last week は「過去」のことを表すので，過去形の saw を選びます。

(2)(3)for thirty years や for an hour は「（過去から現在までの）30年間 [1時間]」を表すので，現在完了〈have [has] ＋過去分詞〉を選びます。

37 「ずっと～している」を表す
〈have ＋過去分詞〉

→ **本冊** P.101

❶ (1)have been　　(2)has known
　 (3)since

解説 「…の間 […から] ずっと～している」は〈have [has] ＋過去分詞＋期間や時期を表す語句〉で表します。

(1)be 動詞 am, are, is の過去分詞は been です。

(2) 主語が 3 人称単数のときは〈has ＋過去分詞〉を使います。

(3) 始まった時期を表して「…から」は since を使います。

❷ (1)have lived　　(2)has, since
　 (3)been, for

解説 (2) 主語 Amy に合わせて〈has ＋過去分詞〉を使います。last year は始まった時期を表しているので，since「…から」を使います。

(3) 天候を表すときは，ふつう It を主語にします。ten days は期間を表しているので，for「…の間」を使います。

38 「～したことがある」を表す
〈have ＋過去分詞〉

→ **本冊** P.103

❶ (1)visited, times　　(2)has, once
　 (3)have been

解説 「（…回）～したことがある」は〈have[has] ＋過去分詞（＋回数などを表す語句）〉で表します。

(1)「5回」＝ five times

(2) 主語 Sam に合わせて〈has ＋過去分詞〉を使います。「一度」＝ once

(3)「～へ行ったことがある」は〈have[has] been

to 〜〉で表します。

❷ (1) have seen this movie
(2) have skied many times
(3) been to Australia twice

解説 (1)「見る」= see の過去分詞は seen です。
(2)「何度も」= many times
(3)「2回」= twice

39 「もう［ちょうど］〜した（ところだ）」を表す〈have ＋過去分詞〉
→ 本冊 P.105

❶ (1) takes (2) is taking
(3) took, ago (4) has, taken

解説 (1)「毎日」のことなので現在の文です。
(2)「今」のことなので現在進行形の文です。
(3)「2時間前」のことなので過去の文です。take の過去形は took です。
(4)「もう〜した」は現在完了〈have[has] already ＋過去分詞〉で表します。take の過去分詞は taken です。

❷ (1) has just arrived
(2) have already read his email

解説 (1)「ちょうど〜したところだ」は〈have[has] just ＋過去分詞〉で表します。
(2) read「読む」の過去分詞は read [red] です。

おさらい問題 36 〜 39
→ 本冊 P.106〜107

❶ (1) have wanted (2) has been
(3) already

解説 すべて現在完了〈have[has] ＋過去分詞〉の文です。
(1)(2)「ずっと〜している」と継続を表す文。
(3)「もう〜した」と完了を表す文。「もう」= already

❷ (1) have visited Canada many
(2) has just had breakfast
(3) It has been cold for

解説 (1)「何度も」= many times
(2) 主語 Seiji に合わせて〈has just ＋過去分詞〉で表します。ここでの had は「食べる」= have の

過去分詞です。「ちょうど」= just
(3) 天候を表す文なので It を主語にします。been は be 動詞の過去分詞です。

❸ (1) have, since (2) been, twice
(3) already finished[done]
(4) has written

解説 (1) last year は始まった時期なので，since を使います。
(2)「〜へ行ったことがある」は〈have[has] been to 〜〉を使って表します。「2回」= twice
(4) 主語 My brother に合わせて〈has ＋過去分詞〉で表します。「書く」= write の過去分詞は written です。

❹ (1) played, times (2) has, read
(3) have, for

解説 (1)「3回」= three times
(2) 主語 My mother に合わせて〈has ＋過去分詞〉にします。「読む」= read の過去分詞は read です。
(3)「私たちは6年間東京に住んでいます」という文を作ります。six years は期間を表しているので，for「…の間」を使います。

いろいろな表現

40 買い物での表現
→ 本冊 P.109

❶ (1) May (2) looking (3) much

解説 (1)「いらっしゃいませ」= May[Can] I help you?
(2)「〜を探す」= look for 〜
(3) 値段は How much 〜? でたずねます。

❷ (1) just looking (2) show me
(3) have, one

解説 (1)「見ているだけです」= I'm just looking.
(2)「〜に…を見せる」=〈show ＋相手＋もの〉で表します。
(3) すでに出たものに対して「別のもの」と言うときは another one を使います。

41 道順をたずねる表現

➡ 本冊 P.111

❶ (1)Where　(2)Turn　(3)next

解説 (1)「どこ」と場所をたずねる文は Where を使います。
(2)「曲がる」= turn
(3)「〜のとなりに」= next to 〜

❷ (1)the shop on your right
　(2)a drugstore in front of
　(3)Could you tell me the way

解説 (1)「あなたの右側に」= on your right
(2)「〜の前に」= in front of 〜
(3)「〜への道」= the way to 〜と，「…を (私に) 教えてくださいますか」= Could you tell me …? を使った表現です。

42 電話での表現

➡ 本冊 P.113

❶ (1)This is　(2)a minute[moment]

解説 (1) 電話で「こちらは〜です」と言うときは，This is 〜. で表します。
(2)「ちょっと待ってください」は Just[Wait] a minute.。Just[Wait] a moment. という言い方もあります。

❷ (1)May I speak to
　(2)you have the wrong number
　(3)Can I take a message

解説 (1) 電話で「〜さんはいますか」と言うときは，May I speak to 〜, please? で表します。
(2)「電話番号をまちがえる」= have the wrong number
(3)「伝言を聞く」= take a message

43 気持ちを伝える表現

➡ 本冊 P.115

❶ (1)glad[happy]　(2)sure that
　(3)afraid that

解説 (1)I am glad[happy] (that) 〜. =「私

は〜して [〜ということが]うれしい」
(2)I am sure (that) 〜. =「私はきっと〜だと思う [〜を確信している]」
(3)I am afraid (that) 〜. =「私は (あいにく) 〜と思う [〜ではないかと心配する]」

❷ (1)sure that this dictionary
　(2)am afraid that I will
　(3)am glad my umbrella was

解説 (2)that に続く内容は，未来の文の形です。
(3) 省略されている that に続く内容は，過去の受動態の文の形です。「見つける」= find の過去分詞は found です。

おさらい問題 40 〜 43

➡ 本冊 P.116〜117

❶ (1)エ　(2)イ　(3)ア　(4)ウ

解説 (1)「いらっしゃいませ」= May[Can] I help you?
(2)「〜に…を見せる」=〈show ＋相手＋もの〉の表現です。
(3)「通りに沿って行ってください」= Go along the street.
(4)「ちょっと待ってください」= Just a minute.

❷ (1)next to　　　(2)This is
　(3)afraid that　(4)looking for

解説 (1)「〜のとなりに」= next to 〜
(2)「(電話で) こちらは〜です」= This is 〜.
(3)「私は (あいにく) 〜と思う」= I am afraid (that) 〜.　that に続く内容は現在完了の文の形です。
(4)「〜を探す」= look for 〜　現在進行形にします。

❸ (1)May I speak to
　(2)Could you tell me the way
　(3)Turn right at that corner
　(4)sure he will be

解説 (1)「〜さんはいますか」= May I speak to 〜, please?
(2)「〜への道を教えてくださいますか」= Could you tell me the way to 〜?
(3)「右に曲がる」= turn right

(4)「私はきっと～だと思う」= I am sure (that) ～.
ここでは that が省略されています。

④ (1)that　(2)How much

解説 (1)I am glad (that) ～. =「私は～して [～ということが] うれしい」を使います。
(2)「この自転車はいくらですか」という文を作ります。値段をたずねる How much ～? を使います。

2年生のおさらい問題①

⇒ 本冊 P.120～121

❶ (1)show　　(2)sounds
　　(3)became　(4)look

解説 (1)「～に…を見せる」=〈show ＋相手＋もの〉
(2)「～に聞こえる」=〈sound ＋ようすを表す語〉
(3)「～になる」=〈become ＋ようすを表す語〉
(4)「～に見える」=〈look ＋ようすを表す語〉

❷ (1)Are, going　(2)that, will
　　(3)don't you　(4)were, when

解説 (1)「～する予定ですか」は be going to ～の疑問文で表します。
(2)「～だと思う」= think (that) ～
(3) 主語が you で現在の文なので,「～ですね」と念を押す文は don't を使います。
(4)「～のとき…」と時を表す内容を加えるときは, 接続詞 when を使います。

❸ (1)Is there a dictionary in
　　(2)give me some water
　　(3)will go shopping if we

解説 (1)「～に…がありますか [いますか]」の文は, there の前に be 動詞を置きます。
(2)「～に…をあげる」=〈give ＋相手＋もの〉
(3) ～ , so …「～なので…」は, 接続詞 because を

④ (1)isn't she　(2)going, visit
　　(3)because she

解説 (1)is があるので is not の短縮形 isn't を使います。Bob's sister を she で受けます。
(2)next year =「来年」なので, 未来を表す be going to ～の文にします。
(3) ～ , so …「～なので…」は, 接続詞 because を

使って書きかえます。

2年生のおさらい問題②

⇒ 本冊 P.124～125

❶ (1)to see　　(2)to work
　　(3)cleaning　(4)something to eat

解説 (1)〈to ＋動詞の原形〉で「～するために」を表します。
(2)hope のあとに続く「～すること」は〈to ＋動詞の原形〉だけです。
(3)finish のあとに続く「～すること」は〈動詞の -ing 形〉だけです。
(4)〈something to ＋動詞の原形〉=「何か～するもの」

❷ (1)how to　(2)to be
　　(3)enjoy singing　(4)It, for, to

解説 (1)「～のしかた」=〈how to ＋動詞の原形〉
(2)「～になりたい」= want to be ～
(3)「～して楽しむ」= enjoy ～ing
(4)「(人) にとって～することは…です」の文は,〈It is … for ＋ (人) to ＋動詞の原形〉で表します。

❸ (1)are glad to join
　　(2)know where to buy
　　(3)have time to go shopping
　　(4)It was not easy to make

解説 (1)「～してうれしい」= be glad to ～
(2)「どこへ [で] ～すればよいか」=〈where to ＋動詞の原形〉
(3) 名詞 time をうしろから to go shopping =「買い物に行く (ための)」で説明します。
(4)「～することは…ではありません」の文は,〈It is not … to ＋動詞の原形〉で表します。ここでは過去の文なので, be 動詞は was になります。

④ (1)drawing　(2)it, study English

解説 (1)like のあとに「～すること」がくるときは〈to ＋動詞の原形〉と〈動詞の -ing 形〉のどちらも続けることができます。
(2)〈動詞の -ing 形〉が主語の文を〈It is … to ＋動詞の原形〉を使った文にします。

2年生のおさらい問題③

➡ 本冊 P.128〜129

❶ (1) イ　(2) ウ　(3) ア

解説　(1) 相手に許可を求めるときの表現 May [Can] I 〜?「〜してもいいですか」が適切です。
(2) 禁止を表す表現 You must not 〜.「〜してはいけません」が適切です。
(3) 相手に依頼するときの表現 Could you 〜?「〜してくださいますか」が適切です。

❷ (1) You should　(2) smaller than
　(3) most, of　　(4) as, as

解説　(1)「あなたは〜すべきだ」= You should 〜.
(2)「〜よりも…」は〈ようすを表す語＋ -er ＋ than 〜〉で表します。
(3)〈the most ＋ようすを表す語〉の形を使います。「すべての中で」= of all
(4)「…と同じくらい〜」は〈as ＋ようすを表す語＋ as …〉で表します。

❸ (1) have to　(2) the fastest
　(3) better than　(4) more, than

解説　(1)「〜しなければならない」を表す must は, have to で言いかえることができます。
(2)〈the ＋ようすを表す語＋ -est〉の形を使います。
(3)「…よりも〜のほうが好き」は like 〜 better than … を使って表します。
(4)〈more ＋ようすを表す語〉の形を使って,「あの映画はこの映画よりもおもしろいです」の文を作ります。

❹ (1) You don't have to cook
　(2) season do you like the best

解説　(1)「〜しなくてもよい［〜する必要はない］」は〈don't have to ＋動詞の原形〉で表します。
(2)「あなたはどの…がいちばん好きですか」=〈Which＋名詞＋do you like the best?〉

2年生のおさらい問題④

➡ 本冊 P.132〜133

❶ (1) used　(2) Is　(3) for
　(4) wasn't sold

解説　(1)(2)(4)「〜される」は〈be 動詞＋過去分詞〉で表します。
(2) 主語は単数で現在の文なので, is を使います。
(3) twenty years は期間を表しているので, for を使います。
(4)「売る」= sell の過去分詞は sold です。

❷ (1) Was your guitar made in
　(2) His letter is written in
　(3) have seen this movie three times

解説　(1)「〜されます［ました］か」の文は, 主語の前に be 動詞, 主語のあとに過去分詞を置きます。
(2)「書く」= write の過去分詞は written です。「英語で」= in English
(3)「（…回）〜したことがある」は〈have[has] ＋過去分詞（＋回数などを表す語句）〉で表します。

❸ (1) have already　(2) been, once
　(3) were not cleaned

解説　(1)「もう〜した」は〈have[has] already ＋過去分詞〉で表します。
(2)「（…回）〜したことがある」は〈have[has] ＋過去分詞（＋回数などを表す語句）〉で表します。「一度」= once
(3)「〜されません（でした）」の文は, be 動詞のあとに not と過去分詞を置きます。主語は複数で過去の文なので, were を使います。

❹ (1) Was, by　(2) been, since
　(3) were asked　(4) has, read

解説　(1)「その少女はジュディによって助けられたのですか」という文を作ります。主語は単数で過去の文なので, was を使います。動作をする人は〈by...〉で表します。
(2) be 動詞 am, are, is の過去分詞は been です。last week は始まった時期なので, since を使います。
(3)「これらの質問はケンによってたずねられました」という文を作ります。主語は複数で過去の文なので, were を使います。ask=「たずねる」は規則動詞なので, 過去分詞は asked です。
(4)「ちょうど〜したところだ」は〈have[has] just ＋過去分詞〉で表します。「読む」= read の過去分詞は read（発音は [red]）です。